i
imaginist

想象另一种可能

理
想
国
imaginist

财富的逻辑 2

所有的泡沫终将破灭

陈志武 著

THE LOGIC OF WEALTH

西北大学出版社

图书在版编目(CIP)数据

财富的逻辑．2，所有的泡沫终将破灭 / 陈志武著．
—西安：西北大学出版社，2015.9
（ ；2）
ISBN 978-7-5604-3652-4

Ⅰ．①财… Ⅱ．①陈… Ⅲ．①中国经济－经济发展－研究
Ⅳ．①F124

中国版本图书馆CIP数据核字（2015）第 088746 号

财富的逻辑2
所有的泡沫终将破灭

陈志武　著

西北大学出版社出版发行
（西北大学内　邮政编码：710069　电话：029-88302601　88305287）
新华书店经销
山东临沂新华印刷物流集团有限责任公司
（临沂高新技术产业开发区新华路　邮政编码：276017）
开本：635毫米×960毫米　1/16　印张：23.25
2015年9月第1版　2015年9月第1次印刷
字数：280千字
ISBN 978-7-5604-3652-4　定价：58.00元

目 录

序 言　现代财富机器的制度基础……………………………………001

法治和产权保护体系是一个社会能否从简单的"无商不富"过渡到"无股权不大富"的基础。

第一部分　金融与财富

第 1 章　中国人为什么爱存钱………………………………………011

中国人是根据"收入流"来花钱,而美国人是根据"收入流"加"财富存量的增值"来花钱。为什么中国人不能更有信心地消费呢?答案在于三方面:市场化程度,金融发达程度,还有就是所有制。

第 2 章　证券市场发展与共同富裕…………………………………019

股份的证券化交易是缓和贫富悬殊的一种方式,给中产阶级在收入上"与时俱进"的机会。

第 3 章　美国基金公司为何比银行创造的富豪更多………………029

分析财富是怎样产生的,将其成功的"秘诀""公布于众",让大家都受益,这样才在实质上更能让社会朝人人"机会平等"的方向迈进。

第二部分 股市与财富

第 4 章 如何评价股市的贡献......043

股市与其他证券市场的存在不只是为了企业融资,也是为了消费者、为了老百姓配置自家资产的未来而提供各种证券品种,让他们有机会更有效地规避风险、安排未来的福利。股市还有一个极重要的作用,那就是为整个经济和社会提供价值评估信号。

第 5 章 中国股市质量变差了吗......049

从 1991 年到 2005 年,中国股票的同向波动程度平均为 90%,也就是说,任一周内有 90% 的股票一起涨或一起跌,中国股市基本无法区分好与坏的上市公司。

第 6 章 股市半桶水......061

没有公正独立的司法环境,没有法院对行政部门的司法审查,就不可能有真正的现代股票市场,证券市场也不会成为真正意义上的企业融资途径。

第 7 章 为管理层股票期权正名......071

民营上市公司在财务和经营上远优于国有上市公司,这说明让管理层持股是一种良好的激励机制。在美国,高科技公司的技术创新能力的增长也间接说明,管理层和职工股票期权机制是技术创新的直接引擎。

第 8 章 安然之谜......081

安然系在企业结构上与中国许多"金字塔"式企业控制结构类似。在运作上,也与中国的许多企业类似……

第 9 章 非理性亢奋:世界通信的故事......097

能够在 20 年、50 年或更长时间里保持以每年 20% 以上的速度增长利润的公司几乎不存在,那是概率为零的事件。可是,在股市非理性繁荣的岁月里,反映在世界通信股价中的市场预期是:该公司能永远以超过 20% 的速度增长其利润。

第 10 章 股市泡沫的危害:解读美国股市危机......113

任何人为炒成的泡沫最后只能破灭。股市泡沫可以是社会大众自发地、不约而同地炒成的,也可以是政府政策炒成的。虽然泡沫形成方式不同,破灭方式也可以不同,但破灭的事实一样。

第 11 章　泡沫破灭引发经济衰退：重温 1929 年美国股灾 ………… 125

股市泡沫的培植、经济的超速增长，常常是技术发展、制度变迁和社会氛围等众多因素作用的结果。由于股市预期的财富增长速度大大超出了实质经济能支持的速度，社会又没有及时的纠错机制来制止虚拟经济与实质经济的进一步分离，泡沫的继续膨胀就不可避免。

第 12 章　证券投资的风险管理 ……………………………………… 134

在社会缺乏诚信和法律制度又不完善的情况下，指望机构投资者一夜之间改变中国股市面貌是极不现实的。说到底，其主要原因还是对市场管制太多。允许各类市场启动，让更多民营企业上市并引进做空机制，最终会让基金管理业找到更好的立足点。

第 13 章　社保基金应采用指数投资法 ……………………………… 141

如果在金融经济学和投资学中有任何一个像力学中的牛顿万有引力定律这样的结论，那么这个结论必然是：人为管理的投资基金无法长久打败股市大盘指数。

第 14 章　从人的行为偏差谈"指数投资法" ……………………… 150

除非社保基金一分也不投入股市（这一点不现实），否则就应该把分配到股市的资金份额以被动的方式投入大盘指数，这样才能使老百姓的钱不受管理人的交易行为偏差的左右。

第三部分　媒体与财富

第 15 章　中国经济发展为何离不开开放的新闻媒体 ……………… 161

开放的新闻媒体则不仅可以独立地提供完整的、公正的市场信息，而且它们能成为中国市场经济的重要纠错机制。开放的新闻媒体不仅对政治民主十分必要，而且可以在经济增长和创造就业方面发挥举足轻重的作用。

第 16 章　开放的新闻媒体是市场经济的必要制度机制 …………… 169

受法律保护的开放的新闻媒体是市场经济发展的一个必要的制度机制。也就是说，如果没有媒体的自由监督，市场经济发展到一定的阶段就要出问题，就会出现市场关闭的现象。

第 17 章　经济学与媒体是如何互动发展的 197

　　中国的经济学研究首先应该领会过去两百多年在世界发展起来的经济学，在此基础上去创造，这样中国才不仅有"经济"，而且还有"经济学"。

第 18 章　媒体和市场对公司治理的监管效率 213

　　市场和媒体对公司的监督通常更直接，甚至在事态刚刚发生或正在发生时就可产生效果。政府行政监管的直接责任应以设立并维护合理的市场机制为核心，把对公司的直接监管和监督留给董事会、市场和媒体。

第 19 章　从诉讼案例看媒体言论的法律困境 237

　　尽管中国媒体在市场经济发展和社会公共利益的维护中起到越来越重要的作用，在"政府喉舌"和"社会大众喉舌"间选择的立足点也日益多样化，但是，它们得到的法律保护到底有多少呢？

第四部分　法律与财富

第 20 章　立法，立法，再立法吗 269

　　不管是针对新行业还是老行业，中国的立法者一谈到立法，就习惯性地想到针对从业者的"约束性"条文，想到要"把他们管起来"，而不是要约束行政部门的权力，反倒是一边倒地增加、扩张行政部门的权力。其结果是不仅没有推动新行业的发展，反而使其空间被压到最小，违背立法初衷，那又何必呢？

第 21 章　证监会、法院与人大：如何分管证券市场 279

　　政府只有在以下情况下才有必要介入市场交易中：第一，两方势力不对等、信息严重不对称；第二，强势方的侵权或违法行为会对公众产生伤害。因此，证监会的所有运作都应以保护弱势投资者为根本宗旨。

第 22 章　司法独立、判例法与股东权益保护 295

　　如果要建立真正有助于证券市场发展的司法制度、要保护股东权利，除了司法程序细节外，大的司法环境还必须改变。没有真正独立的司法，投资者就不会有真正可靠的法律保护。

第 23 章 "判例法"的优势 302

判例法是基于"自下而上"的原则,基于第一线的法官根据具体案情去掌握运用的精神,由此"造"出的法律更能反映对专业、对具体案情较了解的法官的判断,能反映普通人的观念,使法律的可操作性提高。

第 24 章 集体诉讼是保护股民的有效方法 313

在受侵害者众多,又无经济激励去单个诉讼索赔的情况下,集体诉讼是一种最有效的司法程序,也最有利于社会安定,有利于司法公正。

第 25 章 美国如何对待内幕交易 325

美国打击"内幕交易"的法律实践中惯用的理论大体有两种。一种理论认为,内幕信息本身是无形产权的一种。这种财产的所有权应当属于公司本身,这种信息应当以最能促进公司股东福利的方式进行使用。非法的内幕交易等同于对私有财产的侵犯。

第 26 章 追查"东京究" 344

该案是第一次从互联网的角度对美国与证券相关的法律提出挑战,美国司法界和证券业甚为关注,其结果也非常具有里程碑意义。

序言
现代财富机器的制度基础

> 法治和产权保护体系是一个社会能否从简单的"无商不富"过渡到"无股权不大富"的基础。

过去30年改革开放的成就,来得很快,似乎也来得容易。试想,打开国门,放开私人创业的手脚,还给老百姓投资、生产、定价、运输和销售的权利,就可以带来这么快的增长,人们的收入和生活水平就能得到这么快、这么大的提升,这让人自然要问:为什么这种政策不早几年、早几十年推出,非得等到经历1958年后的大饥荒、"文革"十年浩劫之后才做呢?这么简单的政策举措就能带来这么大的效果,似乎来得有点太容易了。其实,这种成功的背后有某种根本性的原因,有某种已经存在、等待了些许年月的"列车",让中国只要决定乘上这一"列车",就能迅猛发展。这趟"列车"就是我们现在常说的全球化,就是两百多年工业革命带来的技术成果和有利于跨国贸易的国际秩序。

另一方面,正因为成就来得太快,也相对轻松,容易带来非理性亢奋,得出错误结论,这不仅使我们容易把功劳全归结于自己,而且也让我们得出诸如"发展跟法治无关""经济增长跟产权保护无关""民主只是少数知识分子的抽象诉求"等短视性结论。不可否认，经过晚清、民国及共和国一代一代维新人士、有识之士一百多年的努力，到1978年，中国才具备数量巨大的工人和科技人才群体，并拥有了相当规模的工业基础。一旦中国自己选择市场化方向并对外开放，很快，仅仅通过模仿现代工业，利用西方世界建立的国际贸易秩序，中国的经济就能实现腾飞。现代技术和全球化秩序带来的潜力实在太大，给像中国这样的后发国家提供了前所未有的机会，让后发国家仅仅通过模仿也能一夜腾飞。

客观地讲，一个封闭多年、人口众多的计划经济国家，当它重新走上市场化道路、加入全球化秩序时，积压多年的后发潜力在初始时期必然会快速发挥，经济会迅猛增长，就像摘果子，沉甸甸的果子位置最低，理所当然一下子就能摘到手。过去30年改革开放的成果就是那些位置最低的沉甸甸的果子，但不能因为摘到了这些位置最低、最容易摘的果子，我们从此就认定摘果子不需要高梯子了。实际情况是：越往高位，果子就越难摘，越需要高梯子。

为什么中国三十来年的经历不能说明"发展跟法治无关""经济增长跟产权保护无关"呢？我们就以致富方式为例，做一讨论。

——从"无商不富"到"无股权不大富"

这些年谈论最多，也最令人兴奋的话题，是盖茨、戴尔、李彦宏、江南春等这些亿万富翁是多么富。盖茨的个人财产有600多亿美元！而且盖茨、戴尔是在二十几岁，李彦宏、江南春是在三十几岁就成了亿万富翁！相比于传统社会，这些数字普通人连想都不敢想。2008年，中国一般城镇居民的人均可支配收入在1.5万元左右。那么，李彦宏14亿美元的个人财富就相当于65万城镇居民一年的可支配收入，而盖茨的财富等于2760万城镇居民的年收入。不管对传统社会，还是对今天的人来说，这些也都是天文数字。

问题是，为什么这些创业者会这么富？他们的财富机器跟传统商人有什么差别？如果把这些富翁的"财富机器"都称为"现代财富机器"的话，那么，法治、产权保护体系在中间又起什么作用？或者说，在现代法治社会出现之前，是否有可能培植出这种规模的现代财富机器？

我知道，有两种说法历来流行。其一是剥削论，可能会说资本家是靠剥削获得这种超额财富的。我认为这是一种不具建设性的解释，就好比看到任何事情时只说一句"事出有因"，然后不再细究原因，不管了；见到财富就以一句"剥削"定论，到最后，我们什么也没学到，没让自己或者他人增加见识。如果说微软、戴尔、百度、阿里巴巴的员工待遇不如其他公司，那可以去具体调查这些公司的员工待遇，在调查比较之后基于事实下结论。否则，更具建设性、对社会更有益的做法就是去回答：为什么同样是普通家庭出身的盖茨、戴尔、李彦宏、马云可以成为亿万富翁，而其他人却没有？他们的成功对广大社会的正面启示是什么？决策者应该做什么才能让更多的普通人也有机会"步其后尘"？

其二是"他们拿绝对大头，我们拿小头的小头"，这种说法还是只停留在事实陈述，把数据重说了一遍，就像剥削论那样没有建设性。为什么我们只能拿小头？如果他们没有政府权力当头，如果他们公司跟客户的买卖是自愿交易而不是强制性的，那么，就不存在剥削。更有建设性的是去回答：为什么他们有这种定价权而我们不一定有？怎样做让我们也能拥有这种"赚大头"的地位？抱怨不可避免，但不一定有建设性。

俗话说，"无商不富"。这话说得有道理，只是传统的"商"最多只能带来小富。现在是"无股权不富"，至少是无股权难以"大富"。差别在哪里呢？传统商业都是以制造产品、卖产品、卖服务来赚当前的钱为特点，这样你得一天一天地去赚、去积累，但毕竟人的生命有限，每天的买卖赚得再多，一辈子就只有这么多天，而且还要考虑生病、节假日等因素。

但是，有了股权交易市场，比如股票市场之后，财富增长的空间就根本改变了。因为在正常情况下，股权价格是未来无穷多年的利润预期的总贴现值。也就是说，如果一个公司办成功了而且职业化的管理也到位，让公司享有独立于创始人、大股东的"法人"人格，那么，这个公司就具有无限多年生存经营下去的前景，拥有这个公司的股权就等于拥有了这种未来无限多年收入流的权利。当你卖掉这种股权时，等于是在卖出未来无限多年的利润流的总贴现值，这就是为什么靠股权赚钱远比靠传统商业利润赚钱来得快、财富规模来得大！你想，一个人靠自己一天天累积利润，靠自己的长寿来最大化个人财富，怎么能跟一个通过股权交易把未来无限多年的利润今天就变现的人比呢？后者的未来利润总和是不受自然人的寿命限制的，是无限的。

这就是盖茨、李彦宏、施正荣等能在二十几、三十几岁就成为亿万富翁的核心原因，这种情况在历史上从来没有过。

—— 法治和产权保护是普及"股权致富"的基础

我们会说，传统中国也有股份合伙企业，那些股份虽然没有活跃的交易市场，但不也是可以买卖吗？为什么以前就不能以"股权致富"呢？这就涉及现代和传统社会的核心差别问题，亦即产权保护体系和契约交易（证券交易）所要求的配套制度架构问题，是决定能赚"大钱"还是只能有"小钱"的问题。

首先，一个公司的管理是否能够足够职业化、非人格化，决定了公司的寿命是否能超过创始人的生理寿命，并"无限地"活下去。如果公司的管理不能与创始人、主要股东的自然人格脱离开，如果公司的利益和股东的私人利益不能分开，公司没有独立的"法人"人格，这个企业就没有自身的独立生命，顶多是自然人为了小打小闹的短期生意而设，企业的生命跟创始人的生理寿命捆绑在一起。也就是说，靠股权致富而不是靠今天卖产品致富的第一要素是，公司具有独立于自然人的无限"法人"生命，这是股权价值等于未来无限多年利润流的贴现总值的前提，否则股权不值钱！只有企业有长久生命力，"股权致富"才有基础。

就以费孝通、张之毅先生所著的《云南三村》中的玉村为例。1943年当张先生回访玉村考察时，他发现玉溪旧有富商基本都走向衰败："文兴祥家的衰败情况：本人已于1942年死去，其两个儿子已分家，均在家闲着。因无人手经营及洋纱缺货，洋纱号已停业。……冯祥家的衰败情况：本人已于1942年死去，死后家里兄弟七人分成七份，每家分得四十亩田，洋纱一包（值三万多元，1942年时价），铺面二间三层。洋纱号停业。"

张先生总结道："我们看过以上玉溪四户富商之家的衰败情况后，最深刻的印象是像文兴祥、冯祥这两位本人兴家的人一经死去，商号即因无人经营而停业。……由于本人在世经营商业时，家中兄弟子女等家人，几乎都是闲散过活，并多有烟、赌等不良嗜好，以致家人中没有一个成器的，所以本人一死，一家即后继无人。"

费孝通、张之毅两先生调查到的情况不是特例，而是中国传统社会的普遍现象，甚至到今天仍然是"富不过三代"！近代中国虽然有过北京的同仁堂药店、瑞蚨祥绸缎店及江西药材店等"百年老店"，但这些只是千千万万家族企业中的凤毛麟角，不是普遍现象。

　　为什么文兴祥、冯祥这些创业者在世时没有培养"接班人"？公司的管理显然没有程序化，非人格化。为什么除了自己的亲属、亲戚外不能在更广泛的范围内招募职业经理人？从这个意义上，由于儒家所主张的社会秩序（包括信誉秩序）几乎是排他性地基于血缘，不超出血缘，所以，儒家社会的"人际交易"范围和信赖范围基本不超出血缘网络，职业经理人不仅缺乏其生长所需的契约法律土壤，而且即使有了，也不一定有企业要，因为除非这些职业经理人是亲戚，否则企业东家怎么相信你呢？也正由于宋朝时期儒家文化在中国社会的地位得到根本性强化，使血缘外的信任体系更难有机会发展，非人格化的法律体系也就没机会出现和发展。这样一来，中国传统家族企业难以走上非人格化的职业经理人道路。没有非人格化、跨区域的法治，企业的管理就超不出血缘，进而使中国企业走不出只有一代、两代，最多三代的宿命！因此，儒家文化是中国社会难以靠"股权致富"的文化制度性障碍。

　　所以，**公司的非人格化、非血缘化管理是将其寿命无限延伸的前提保证，而实现公司职业化管理又以契约精神、法治秩序为前提**。否则，没有几家企业会看重长远，只会关注短期效益，进而"股权致富"不可能成为社会中的一种普遍致富模式。

　　其次，即使企业能够发展到非人格化管理，能够无限多年生存下去，亦即利润流可以无限长久，那么，企业的股权作为一种长期产权是否能得到保护，这又极为关键。如果产权（特别是无限长久的产权）得不到保护，或者产权的界定根本就不明晰，公司的生命不管有多长，其股权还是难以有交易市场，至少没有人愿意出高价，也不会有"股权致富"的通道。所谓"无恒产者无恒心"，没有产权保护，自然没有人去相信公司无限生命的价值！

与此相关的是实物资产的产权化。在云南玉村，如果实物本身可以作为产权独立地存在和交易的话，那么，即使冯祥死了，他的兄弟七人也用不着将洋纱厂拆分成七份，让企业关门，而是可以将其分成七股产权，并同时让企业本身继续运作。当然，这又涉及围绕产权的法律支持问题。

最后，除了公司能长久生存、产权无限期受到保护外，股权的交易市场必须足够广泛，交易成本必须足够低，交易量必须足够大，否则，股权没有流动性，价值也不会太高，"无股权不大富"就难以成立。这就再次涉及法治、监管、权力制衡的问题。

所以，**法治和产权保护体系是一个社会能否从简单的"无商不富"过渡到"无股权不大富"的基础**。

当然，正因为过去30年中国经济的增长靠的是"硬苦力"，只要中国人愿意没日没夜地勤劳工作，即使只能靠传统的短期商业利润致富，尽管不是"大富"，那也行。只不过，这不是中国社会的长久愿望，因为中国人也有权利过上质量更高的生活。至少，中国到目前为止的阶段性经济成就并没有证明法治、产权保护对经济发展不重要，只是说明产权保护对低利润的经济增长不一定重要。

最后我要说的是，虽然中国的法治、产权保护还有漫长的路要走，但为什么在今天的中国像李彦宏、沈南鹏、马云等也能享受到"股权致富"的威力呢？他们的共同特点是让公司在境外改制并到境外上市。也就是说，由于金融和公司法律的全球化，中国境内的企业可以选择变为另一个法律体的公司，受那个国家法律的保护和约束，这种公司注册和相关法律的选择权，从实际效果上给中国境内企业提供了一个"股权致富"的通道。这种选择的存在反过来也迫使中国法治和产权保护体系得到发展，最后，只有中国本身的法治进程达到一定水平时，"股权致富"才能成为本国社会的一种普遍模式。

　　本书所收集的文章大都发表在2007年中期之前，这些文章虽然不能针对任何问题都入木三分，但都尝试从不同角度讨论金融、法治、新闻媒体对致富的基础性作用。其中一些文章从表面看与"财富创造"不相关，但细看它们都很相关，这也是现代财富观的特征。我们的目的不在于以"剥削"去贴标签，而在于理解现代财富机器背后的机理。各篇文章在结构上相对独立，因此，即使挑着读，也基本不影响其可读性。由于这些文章起初是为不同媒体而写，因此除了注释所用数据资料的来源之外，基本没有能够一一列出相关参考资料和文献，这是本书最大的遗憾，希望各位同人能够谅解。

[第一部分]

金融与财富

☆ 中国人为什么爱存钱

☆ 证券市场发展与共同富裕

☆ 美国基金公司为何比银行创造的富豪更多

第 1 章

中国人为什么爱存钱

> 中国人是根据"收入流"来花钱,而美国人是根据"收入流"加"财富存量的增值"来花钱。为什么中国人不能更有信心地消费呢?答案在于三方面:市场化程度,金融发达程度,还有就是所有制。

有两组数据耐人寻味:一组是 2005 年中国的储蓄率为 46%,挣 100 元存下 46 元;另一组是美国人的储蓄率为 -0.5%,也就是每挣 100 元要花掉 100.5 元。这到底是怎么回事?难道真的是中国人很负责任,而美国人不顾明天死活只顾今天享受?

我们可以把这个现象归结为两个原因:一个是经济的市场化程度,另一个是金融的发达程度。二者,尤其是后者,对家庭消费决策具有重要影响。在《财富的逻辑 1》中,我们谈到住房按揭贷款、汽车贷款、教育贷款、医疗保险、退休养老保险等金融品种对缓和储蓄压力的作用,这些金融品种可以降低人们对未来生活的担忧,也可以帮助个人平衡一辈子的消费水平,关于这些,本章就不再重复了。

但是,金融的意义远不止此。在相当程度上,由于中国金融的不发达,人们在消费决策时是根据已到手的收入决定消费多少,由"过去的收入"决定今天该花多少钱。而美国人是根据"未来的收

---

* 本文原文发表于《新财富》2006 年 3 月号。

入"决定今天该花多少钱。对中国人来说,个人的消费预算取决于过去的储蓄及当前已到手的收入,等收入到手才消费,甚至到手后还有46%留到以后消费。相比之下,美国人的消费预算由当前和未来收入的总折现值来决定。未来各种收入的折现值实际上是个人财富在今天的总值。这样一来,即使今年的可支配收入低,但只要未来的收入期望增加得足够多,财富的增长照样可以让你不仅把今年的收入都花费掉,而且还敢借钱花,即提前消费。简单说,**中国人是根据"收入流"来花钱,而美国人是根据"收入流"加"财富存量的增值"来花钱**。

以2005年为例,中国新增储蓄1.8万亿元,居民存款余额为14万亿元(大约1.75万亿美元),存钱很多。而同年美国人没存钱,总体上还借钱。可是,美国私人资产的年终总价值为51万亿美元,净增5万亿美元(是中国居民存款余额的2.8倍),人均财富存量净增约2万美元。这些私人资产包括私人房地产、生产性资产、证券和基金,还不包括个人的人力资本的增值部分。美国人没存下一分钱的新收入,可他们的财富存量却照样上涨5万亿美元。换句话说,如果个人消费预算的基础不仅包括当年的收入,而且包括个人资产的增值部分,那么美国人2005年人均可消费金额约为5万美元,因此,虽然他们把当年3万美元的收入全部花完,但实际上还存了2万美元,占可花费金额的40%。所以,他们还是在存钱,只不过存的不是当年的收入,而是资产增值部分。考虑到人们对未来收入信心的增加,2005年美国人的人力资本也升值不少,如果把这部分也算进去,美国人2005年还是存下不少财富。

当然,在上面的分析中,我们注意到美国人花钱时会把收入和财富增值放到一起来算,而中国人可能只考虑实际收入的多少,不敢提前消费未来的收入。为什么会有这种差别呢？随着中国经济的增长，中国的土地价值、房产及其他资产价值不是也升值了吗？**为什么中国人不能更有信心地消费呢？答案在于三方面：市场化程度，金融发达程度，还有就是所有制。**

—— 财产是国有还是私有，决定了人们的财富感

对于多数美国家庭来说，他们最重要的流动性财富或者说资产是其私人拥有的土地和房产，财产的私有使每个人很具体地感觉到这是自己的财富，有非常具体的财富感。相比之下，在中国，土地是国有或者集体所有，没有任何中国人会因为某块土地的升值而感到自己"更富了"，原因是那些土地实际上不属于任何人，不是你的，也不是我的，所以在人们考虑到底可以多花还是少花钱时，不会受到土地升值的影响。从这个角度看，今天中国城市的房产终于变成私有了，中国人的财富感得到了一种本质上的变革，房价的涨跌和租金的升降终于进入越来越多家庭的消费预算中。

按照同样的道理，美国的企业都是私有的，这些企业价值的涨跌当然直接反映到众多家庭的消费预算上。中国却不然，许多企业还是国有的，中石油、中国电信、宝钢等企业的价值是上涨还是下跌，利润是100亿元还是1000亿元，对中国家庭的财富感没有影响。实际上，由于这些大型国有企业靠垄断增收，它们的盈利越多，意味着老百姓为垄断支付的就越多，对老百姓的开支预算是负效果，不是正效果。

因此，国有制占一国经济的比重越大，老百姓就越是只能根据实际收入决定消费的高低。反之，在美国那样的国家，人们的消费水平

就可以跟土地等资产价值的涨跌挂钩。

但是，仅有土地私有、资产私有化还不够，土地和其他各类资产还必须得商品化、市场化，必须可以自由买卖流通，否则这些财富只能是死财富，还是不能完全地进入个人消费预算里。没有流通性的资产是不能轻易变现的，如果是这样，资产价值的涨跌只是名义上的，不能被立即消费。因此，活跃的土地市场、房产市场、资产市场是关键。在美国，不仅什么资产都可以自由买卖，而且都有很活跃的交易市场，许多种资产的流通性都接近现金。

在中国，虽然农民和其他人现在可以转让、购买某些土地的使用权，但其交易范围严格受限，交易程序和手续非常漫长。乡镇与农村的房产基本没有被商品化、市场化，其交易市场基本不存在，并且也不能被用作抵押到银行贷款。因此，这些资产都缺乏变现途径，是死财富，这就大大抑制了乡镇与农村的消费需求。在大中城市，虽然商品房市场越来越火热，但时下要求进一步限制房产交易的呼声很强，要求加强管制，增加交易税和房产税，为交易设置各种障碍。如果真的这样，那必然把中国目前最具流通性的资产又变成死资产，割断消费跟这部分财富的联系，压低城市的消费水平。

——发展金融业减少储蓄压力

当然，即使实现土地等资产的私有，并且也放开实物资产交易，可能还是无法完全把中国老百姓的财富变成他们消费预算的一部分。毕竟，除了土地、房产这些实物资产外，其他诸如人力资本这样的资产或者说财富都是无形的，不便于直接交易。比如，如果张三刚读完博士并找到了工作，那么他的主要财富可能不是土地或房产，而是他未来年复一年的工作收入流,这些收入流今天的总折现值即为他的人力资本价值。

这是什么意思呢?以中国第一个留美学生容闳为例,在美国留学八年的他从耶鲁大学毕业之后,在海上坐船五个多月,于1855年初回到老家澳门,见到作别十年的老母亲。按照容闳的自述,回家后他与母亲见面的情况是这样的:

> 我们见面都流着泪,高兴、感激和感恩,复杂的感情融合在一起。我告诉她我刚刚结束了五个月的可厌可烦的航行。我读的大学是耶鲁,美国一流大学之一,所学课程需要四年完成,这就是我在美国待了这么久而未能及早回国的缘故。我还告诉她,我毕业了,获得了文学士学位——与中国的秀才头衔相仿,凡获得这一学位的人被理解为一流人才,而这头衔被题写在一个用上等纸即羊皮纸做成的大学毕业证书上。母亲带着孩子般的天真问这学位能换多少钱,我说它不能马上就换成钱,但它能使一个人在挣钱方面比那些没有受过教育的人要挣得更快更容易些;并且它能赋予他这个人在众多男人们中间更大的影响和势力,凭着所受的大学教育,他更有可能成为那些男人们的领袖,当然,尤其是,他不仅有才干,而且又具有永久性的高尚品质。我告诉母亲说,我所受到的大学教育本身的价值远超过金钱,不过我相信自己是能挣得很多钱的。(《容闳自传——我在中国和美国的生活》,石霓译注,百家出版社,2003年8月版,第51—52页)

这段故事不只是在近代西学东渐史上意义重大,而且从根本上展示了"人力资本"的含义。容闳的学位和学问即是他的人力资本的具体表现,值多少钱呢?今天我们知道,它的价值等于容闵未来收入流的总折现值。由于未来的收入连容闵自己都无法肯定,这种收入流的价值评估当然不容易,但那是另一个话题。问题是,就像容闵母亲所问的:"这学位能换多少钱?"也就是说,这人力资本确实值很多钱,但如果不能把这笔财富变现,至少部分变现,如果今天不能享受这笔财富(哪怕是一部分),在他母亲看来,这又值什么钱呢?

关键在于金融发达还是不发达。金融发展的作用之一是让那些容闵们、张三们有办法把未来的收入流提前变现,使人力资本从死财富变活。当然,由于人本身不能做抵押,必须用其他实物资产做抵押品,其直接效果是让人们变相把未来的劳动收入证券化。比如,住房按揭贷款、汽车贷款就是这样,虽然表面上是用你买的房产和汽车做抵押品,但真正依靠的是你未来的收入流,指望着你未来的收入能支付完这些贷款。这种提前消费的好处是让你把人力资本变活了,让你不至于在最能花钱、最想花钱的年轻时期偏偏没钱花,而等你老了,花不动钱也不想花钱的时候,恰恰钱最多。

1998年之后,中国先在50个大中城市推出住房按揭贷款,在此前后又推出汽车贷款,这些当然缓和了城市家庭的部分储蓄压力,让他们的消费预算大大拓宽,能够将一部分人力资本提前变现,并能很快买到房子、汽车,也能有更多的现金让小孩上更好的学校等等。但到目前,这些金融品种对广大小城市、乡镇和农村是不开放的,他们没办法提前享受到人力资本的好处。这就解释了为什么北京等大城市的储蓄率远低于全国46%的平均水平。

美国的住房按揭贷款、汽车贷款市场非常发达,不管在城市还是乡村,美国人都可用土地、房产、汽车做抵押将未来的收入流变现。任何个人和企业的稳定收入流也可用来做质押贷款。美国有1

亿多人拥有信用卡，而且不用先交钱就能使用。此外，企业股票上市也很容易，没有行政审批限制，美国工业产值80%以上是由上市公司生产的。所有这些发达的金融证券市场使美国的各种资产具有充分的流通性，使几乎所有的资产都能很快地变现。在这种社会里，人们在决定要花多少钱的时候，没有理由只根据当年的收入多少来计划，他们当然应该把其资产的升值部分考虑进去。

让各种资产通过证券金融品种流通起来，其效果还不仅仅是改善了资产的变现能力，而且也提高了资产的价值，金融交易本身也是在创造财富。 比如，如果一个未上市企业的利润增加100万元，该公司股权的价值会增加多少呢？这往往说不清。可是，如果一个上市公司的利润增加100万元，假设其股票的市盈率为20倍，那么该公司的市值就会涨2000万元。换句话说，没有流通起来的死资产的价值有限，远低于活资产的价值。在这种情况下，今天收入的增加不仅影响到今天的收入，而且还会提高对整个未来收入流的预期，产生更大的财富效应，使人们更愿消费。

—— 资产运营市场化与证券化促进消费

我们中国人只花今天和过去的钱，而且还花得不情愿，花得心惊胆战，总想着省钱。美国人正好相反，他们不仅把今天挣的钱花掉，还把未来的收入预支过来花。之所以如此，一方面是因为在中国医疗保险、退休养老、失业保险、消费者金融品种等都还很欠缺，人们对未来充满了担忧，在这种情况下当然不敢不多存钱，而在美国则是另一幅图景，其金融、保险都很发达。另一方面，中国的生产性资产仍然以公有制为主，土地是国有，甚至连人力资本在一定程度上也为单位所有。在众多管制下，许多资产不能在市场上自由交易，生产资料的市场化程度仍很低，这些制度安排使人们无法从资产升值中感受到好处，人们的财富感里不可能包含任何土地、国有企业等国有资产的成分，这些资产的升值自然不会影响老百姓的消费倾向或储蓄倾向。在美国，几乎所有资产和土地都是私有的，而且几乎所有的东西都能像商品一样自由交易。特别是通过资产票据化、证券化的交易，而不是实物交易，美国的证券与金融市场让几乎所有的东西都具有很高的流通性，这不仅使美国家庭的财富很"活"，各种财富都不是"死"的，而且使他们感到更富，所以就更愿意提前消费。

第 2 章
证券市场发展与共同富裕

> 股份的证券化交易是缓和贫富悬殊的一种方式,给中产阶级在收入上"与时俱进"的机会。

贫富悬殊问题日益严重,这已是公认的事实。如果这些收入差距不逐步缓和,势必对社会稳定构成进一步的挑战。造成贫富两极分化的原因很多,包括制度上的:只要政府对各类资源(尤其是金融资源)的垄断还存在,只要政府还继续控制许多行业的准入权,谁能获取这些垄断资源和行业准入,谁的财富就能快速增长。

当然,今天日益加剧的贫富差距也有时代性、技术性的因素,包括生产、运输、销售和通信技术变革对社会的冲击。这些技术变革或者说"现代化"因素使"商业垄断"的形成变得更为可行,也必然带来企业组织形式的变迁。在越来越多的希望集团、华联超市、国美电器出现并垄断各个行业的时候,普通人从事"小本生意"的机会只会越来越少,社会中的收入分布只会越来越两极化。那么,我们如何通过相应的金融创新来缓和贫富悬殊日渐加剧的压力呢?证券市

---

* 本文根据发表于《新财富》2003 年 8 月号的同名文章改写而成。在本文的素材收集过程中,作者得到谢平、周年洋与徐忠的帮助。

场在实现"共同富裕"这一理想中的作用又是什么呢?

说到这里,我们不妨再看看美国。比如说,2002年富豪索罗斯(George Soros)的收入是6亿美元,比平均收入为3万美元左右的普通工人高出2万倍,这种收入差别的确离谱。但是,在美国几乎从来没有因为收入不均而引发的"革命"。那么,金融创新与市场结构是如何维系美国社会稳定的呢?

——一百年前的中国社会

为了回答这些问题,让我们简单回顾一下晚清中国的生产与商业形式。晚清前的中国跟19世纪的美国一样:几乎所有人都从事农业。那时,铁路才刚刚起步,没有汽车和拖拉机,没有电话,甚至没有电报,机械化生产也谈不上普及。当然,那时候根本不可能出现像刘永好的希望集团那样大规模的饲料企业,任何规模化的饲料生产、运输与销售都不可能。既然那时的企业做不大,自然也没有一夜暴富的可能性。

在传统的中国社会,各村和各镇基本上是相互分隔的局部市场,人工运货的距离可长达二三十公里,想要更远则体力上难以支撑。即使通过马或者驴可使运输距离增加,但由于没有现今的宽阔的公路网,马车运输的货物规模和成本还是足以限制生产与市场规模的扩张。因此,张三可在张家镇、李四在李家镇各办一家饲料店,由于每家都得靠手工加工制作饲料,任何一家都不容易做得太大;张家镇和李家镇甚至都可以容纳几家饲料店。从这种意义上讲,正因为每家饲料店规模很小,需要的创业资本不多,只要有创业的意愿和能力,多数人都有机会筹集到资金,进入"企业家"阶层。

对于任何社会，多数人有从事"小本生意"的致富机会，而且这种致富机会人人平等，这一点非常重要，因为这是培育并维持一个足够大的"中等收入阶层"或"中产阶级"的必要条件。一旦中产阶级占多数，社会稳定就会是很自然的事情。有意思的是，在传统的中国社会，张三或许选择开饭馆、开理发店或者种田，但由于都"做不大"，大家不仅"创业机会"均等，而且收入也相差不大。当年的地主也许真的富有，但没有几家的收入是普通百姓的几千倍、几万倍。

在传统社会中，宗族既是一种社会学意义上的群体，又是经济学意义上的互助共同体：当一家因盖房而需要一大笔开支时，其他成员会借给他钱；而当一家出现天灾人祸时，其他成员也会尽量向其提供救济。宗族起到了信贷、保险的经济作用。此外，族群在当时也是极重要的创业融资"证券市场"。张三如果想创业，最可靠的融资途径可能是本家族内的成员。这种"证券市场"虽然小，但那时创业需要的资金不会太多，家族内融资通常也"够用"。由于生产技术与运输技术上的限制，在传统的中国社会里不太容易出现有规模的商业垄断，"亿万富豪"也不太可能出现。因此，没有必要靠金融创新、靠大众证券市场来调节收入的不平等，股权证券化的必要性不大。

—— 现代技术带来的冲击

今天，我们可能会认为是改革开放、是市场化造就了像刘永好这样的富豪。其实，这种说法只对了一半，因为仅靠市场、靠改革本身，还不能使你在短短十几年中创造几十亿的财富。刘永好的经历是值得我们所有中国人骄傲的经典致富故事，也应是我们创业致富的榜样。从1982年开始，刘氏四兄弟以1000元人民币做起点，先是养良种鸡，后再改成养鹌鹑；到1986年，原来的1000元膨胀成1000万元。虽然起初的成长得益于现代养殖技术与运输技术，但真正让刘家兄弟腾飞的还是在猪饲料生产、运输与销售上。1988年，刘氏兄弟开始转向猪饲料市场，推出"希望牌"1号产品。到1990年3月，其月产量达4500吨，成为西南地区最大的饲料厂。

1992年开始，希望集团面向全国进行规模性并购，先是在湖南、江西、湖北和四川收购了4家国有饲料厂，随后5年里又兼并、收购了40多家，到2000年在全国共收购、新建100多家饲料加工厂。此时，希望集团在饲料业的规模已是势不可当。

说到这里，我们不禁要问：如果没有机械化的生产技术、没有汽车等运输工具、没有电话等通信手段，那么这种规模性生产与销售怎么可能？难以想象在晚清时期的通信与交通环境下，一个公司能协调管理遍及各地的100多家饲料加工厂，更不用说协调管理好更大的销售网。

在美国的工业化过程中也有许多类似的故事。比如，在1881年的美国南部北卡罗来纳州，一个名叫杜克（James Duke）的人发明了制造香烟的机器，当时人工卷烟最多一天一人能卷2000支，但杜克的机器一天能卷13万支。随即，杜克收购了南部乃至全美的卷烟厂，成立了"美国烟草公司"（American Tobacco Corp.）。制烟机使制烟成本大降、产量大升，一夜之间扭转了美国香烟供不应求的局面，仅一家公司就使生产量大大过剩。于是，杜克接下来的挑战是如何通过广告来扩大人们对香烟的需求，遂开美国大众商业广告的先河。

今天中国的销售行业也有不少成功的"规模化"故事。华联超市和国美电器已经在各自的零售领域中势不可当（前者在食品与杂货，后者在电器销售领域）。这些规模化零售公司的直接效果之一是消费者能更便宜、更方便地买到物品，对消费者和创业者是双赢。

但是，希望集团、美国烟草公司、华联超市等规模化企业也带来许多挑战：人们做"小本生意"的机会越来越少，不利于中产阶级的扩大。在希望集团收购了众多饲料厂并形成一定的行业垄断之后，任何只能以小规模生产饲料的企业都难以在成本和销售网络上与希望集团竞争，后者的规模优势也使任何有意进入饲料业的人望而却步（除非张三或者李四有新的突破性生产、运输技术）。在零售领域中有了华联超市、国美电器等企业后，普通人开杂货店的机会就大大减少。这样一来，规模生产与规模销售就改变了人们可行的创业空间，许多"勉勉强强"的小规模创业机会不复存在。

当然，张三们和李四们可以挖掘别的创业机会，也可选择做希望集团、联想集团或者其他公司的职员：只要公司的收入增长，张三和李四的工薪也能增长。可是，仅靠工薪的增长来增加个人收入，虽然能多少使大家共同富裕，但在经济快速增长时，那些不持有任何经营性产权的人无法靠产权的增值而提高收入。结果，收入差距难免越来越大。这里的关键是：如何弥补众多家庭因规模化生产与规模化销售而失去的一般性创业机会（中等收入机会）呢？

—— 证券化与证券市场的作用

我们看到，今天的贫富差距并非市场化改革的必然结果，至少部分是由现代科技所致。既然规模化企业是导致收入两极分化的部分原因，那么克服这种分化动力的方法便是把这些大企业的股份细化并以证券形式上市，让所有大众都可自由买卖这些细分后的公司股份。因此，**股份的证券化交易是缓和贫富悬殊的一种方式，给中产**

阶级在收入上"与时俱进"的机会。这样一来，尽管工薪阶层不直接经营企业，但他们也能以股东身份分享创业与企业增长的好处（这里的前提当然是"股市能正常运行"）。

2001年3月11日，刘永好的新希望农业股份公司在深圳证券所上市，为更多中国人分享其未来成果开了大门。2000年年底，刘永好等股东创办的中国民生银行也挂牌上市。到今天，中国股市还只是对少数民营企业开放，整个股市规模有限，开放式基金也刚刚起步。在真正成为调平社会收入分布的工具之前，中国股市仍有漫长的路要走。

经济学中我们通常用基尼（Gini）指数来测度一国最富与最穷人群之间的收入差距。按照该指数，2001年美国与中国都为0.41，也就是说，最高与最低收入群之间的差距在两国类似。但，为什么这种收入差距在美国不成问题，而在中国可能成为大问题呢？除了政治与社会制度因素之外，经济方面的原因主要有两个：

第一，不管张三、李四的家庭背景如何，在美国他们照样有同等的发财致富机会。像19世纪的摩根（J. P. Morgan）和当代的电脑巨富戴尔（Michael Dell）、盖茨（Bill Gates）、英特尔的创始人及惠普的创始人等亿万富豪们，他们都是一般家庭出身，这些传奇式创业致富的故事让每个人都觉得：如果我足够勤奋，或许我自己或者我的后代也能像他们那么成功！这种"致富机会平等"的感觉会自然减少人们的仇富心态。

第二，美国多数人属于中产阶级（我们注意到，基尼指数只反映收入分布图两端的情况，并不能反映中产阶级的收入水平）。虽然美国经济主要受制于大企业，但股市和基金市场的发展使中等收入家庭能通过股票投资成为实际的有产者。在1900年，美国大约有

400万股民，到1980年股民人数升到3020万，1989年为5230万，到2002年则为8430万，是全美2.8亿人口的30%，每三人中有一位股民。到2002年，至少有一半的美国家庭都直接或通过基金间接持有上市公司股票。也就是说，在近些年美国经济特别是股市大大上涨的过程中，看到自己财富跟着涨的不只是那些戴尔们和盖茨们，还有8430万普通收入的老百姓。发达的股市把众多公司的股权变为人人都可持有的东西。在这种境况下，千千万万家庭自然会对自己的经济状况心满意足。

一般而言，一国的证券市场发展会直接决定其老百姓参与股权投资的程度。跟中国相比，虽然意大利的股市起步很早，但其发展程度跟中国股市差不多，公司治理问题也非常严重。日本和德国的股市发展为中等，而美国与英国的证券市场则发展得最完善。第26页图一给出这6个国家一般家庭的财富在不动产和金融证券资产间的组合状况，其中，中国的数据来自中国人民银行2002年对大中城市居民的调查报告，而其他国家的调查数据则包括城市和乡村居民。

从图一中看到，意大利家庭投入金融资产的财富平均只占家庭总财富的13%（部分原因是意大利人不信任证券投资，更相信有形的房地产投资，他们的商业性房产投资平均占总财富的22%），中国城市家庭平均有35%的财富投入金融资产，日本家庭有38%，英国45%，美国家庭投入金融证券的财富最高，平均占61%。因此，证券化程度越高的国家，其普通家庭越能通过证券市场有效配置其财富组合。由于金融证券比非金融资产（如房地产）更具流动性，前者提供的投资组合配置效益会更高、更灵活（是"活钱"，而不是"死钱"）。

股市的发达程度除了反映在上市公司数量和规模之外，也最终

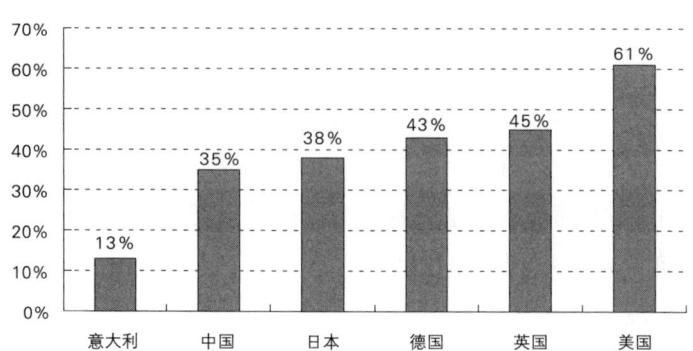

图一：普通家庭把多少财富投资到金融证券资产中

注：中国的数据来自中国人民银行2002年对大中城市居民的调查报告，而其他国家的数据则包括城市和乡村居民。金融证券资产包括银行存款、债券、股票、基金、保险、退休金。房地产、非上市企业股份等则不在金融证券资产中

会反映到普通家庭的金融资产投资组合上，也就是，股市越发达，每家参与股权投资的程度应该越高。图二（见第27页）列出每个国家的普通家庭平均把多少金融财富投入股权。在中国，投入股权的资金平均占城市家庭的金融资产的7.7%，意大利为11.3%，日本为15.5%，德国为16.9%，英国19.9%，美国为34.6%。显然，美国家庭的股市投资参与程度最高，其中产阶层规模最大。这或许能解释为何虽然美国的贫富两极分化远比日本与德国严重，但美国并没因此比日本、德国出现更多的社会动荡。

第27页表一给出了这些国家普通家庭的金融投资组合情况，从中可以更清楚地看出证券市场发展对一般老百姓的经济福利的意义。值得注意的是，中国城市家庭平均有84.5%的金融资产投在银行存

图二：股票投资占普通家庭金融资产的比例

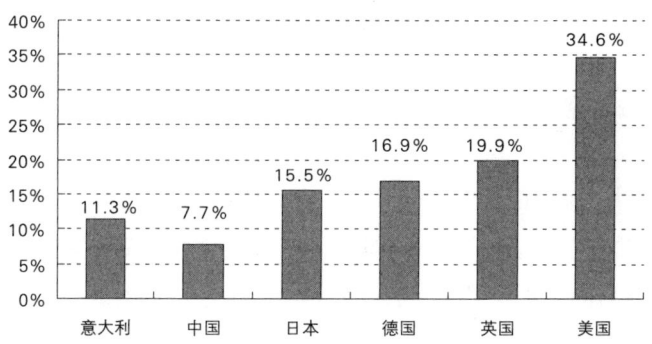

表一：普通家庭的金融资产投资组合分布
（金融创新最终反映在老百姓的福利上）

比较项目 比例 国别	银行存款	股票投资	债券投资	保险投资	退休金
意大利	35.7%	11.3%	38%	10.5%	4.5%
中国	84.5%	7.7%	5.9%	1.9%	—
日本	52.1%	15.5%	5.2%	20.1%	7.1%
德国	37.0%	17.0%	17.0%	29%（保险加退休金）	
英国	21.5%	19.9%	9.2%	49.4%（保险加退休金）	
美国	23.6%	34.6%	5.2%	2.6%	34.0%

款，得到的是低风险但也是跟经济增长关系较小的低利息，因此人们能从产权升值中得到的好处极小。

—— 金融创新使社会共同富裕

关于股市、债市、基金等证券市场的讨论侧重点以往都放在"如何帮助企业融资"这一角度上。延续前文的思路，我们进一步发现证券市场的发展、金融创新的开拓实际上对消费者、对老百姓同等重要。说到底，国家不能为了发展经济而发展经济，企业也不能为了发展而发展，最终所有这一切都是为了一个目的：改善社会大众的福利。

在现代技术的推动下，规模化生产与规模化销售使整个社会的生产力大大提高，企业的兼并重组也是一项对社会有利的事情。对这些重组应该减少行政管制，应该为更多的希望集团、更多的国美电器的出现创造条件。但是，**在更多的规模化垄断性企业形成的同时，证券市场的发展必须跟上，否则会使更多的中等收入家庭向低收入靠拢，社会收入差距会拉得更大**。允许众多公司上市并通过金融创新让更多家庭持有股权，这是改变目前贫富悬殊局面的上策，也是保持社会稳定、实现经济民主的必由之路。

第 3 章

美国基金公司为何比银行创造的富豪更多

> 分析财富是怎样产生的,将其成功的"秘诀""公布于众",让大家都受益,这样才在实质上更能让社会朝人人"机会平等"的方向迈进。

《新财富》推出"中国400首富"的价值表现在许多方面,其中最为重要的可能是帮助我们发现在中国的致富模式,帮助我们理解为什么有些行业更易让个人发财而另一些行业则不然。分析成功的模式不仅可以为社会中所有成员指明致富的道理与方式,而且也为下一步的市场制度性改革提供有益的启示。尤其值得一提的是,时下人们更多看到的是中国社会贫富的差距,于是,讨论更多的是如何在表面上减少贫富差距。笔者认为,这种只注重收入"结果平等"的视角非常缺乏建设性。相反,如果像《新财富》这样,**分析财富是怎样产生的,将其成功的"秘诀""公布于众",让大家都受益,这样才在实质上更能让社会朝人人"机会平等"的方向迈进**。一个公平、高效的社会应更多侧重"机会平等",而不是简单的"结果平等"。因此,通过了解个人财富的行业分布及其形成的制度环境原因,我们能更明确如何让更多人有创业致富的机会。

---

* 本文根据同名发表于《新财富》2003年4月号的文章改写而成。感谢冯玉对本文的帮助。

—— 中国与全球首富的行业比较

图一给出了《新财富》"中国400首富"和《福布斯》"全球首富"的行业分布情况。从图中看到，在中国，20%的首富来自制造业，19%来自房地产业，5.8%来自矿业，5.5%来自化工。仅这4个传统行业就占了400首富的50.3%，超过一半。由于中国经济的比较优势主要在于制造业和其他传统工业，这种分布结局实为预料之中。另外，这些行业也是到目前为止市场化程度较高的行业，因此市场化程度的高低也是决定一个行业的致富机会多少的主因。相比之下，以美国为主的全球首富行业分布中则分别以金融业（10.3%）、零售业（8.8%）、媒体及娱乐业（8.6%）、服务业（7.8%）和软件与高科技业（7.4%）领先，这5个行业占总富豪人数的42.9%。值得

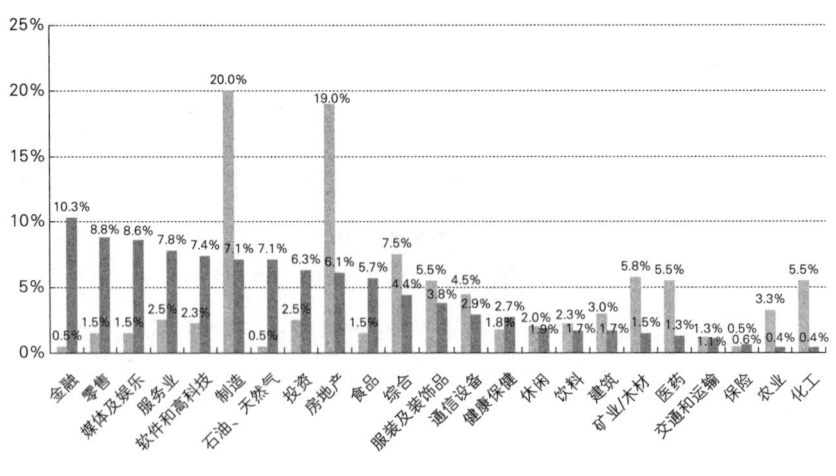

图一：行业首富人数占总人数比例的比较

注意的是，这5个行业均不是以制造"硬"设备为主，都是以拥有无形资产、提供"无形商品"而突出。

如果从财富总额的行业分布看，中国与美国的差别则更显著。从图二中看到，在中国，仅房地产（23.8%）和制造业（17.4%）就占了400首富总财富的41.2%。而在美国，零售业的首富拥有全球首富总财富的14.1%，软件与高科技业占11.1%，媒体及娱乐业则拥有10.3%。这些差别进一步证实，在中国，目前为止房地产和制造业是最主要的发财行业，但美国最好的创业致富机会则在"无形资产"、服务性行业。

特别值得注意的是，在《福布斯》首富榜上金融业的富豪基本以基金公司创始人为主，而不是以银行家为主。比如，金融行业排第一的首富是阿比盖尔·约翰逊女士（Abigail Johnson，全球富豪榜排第

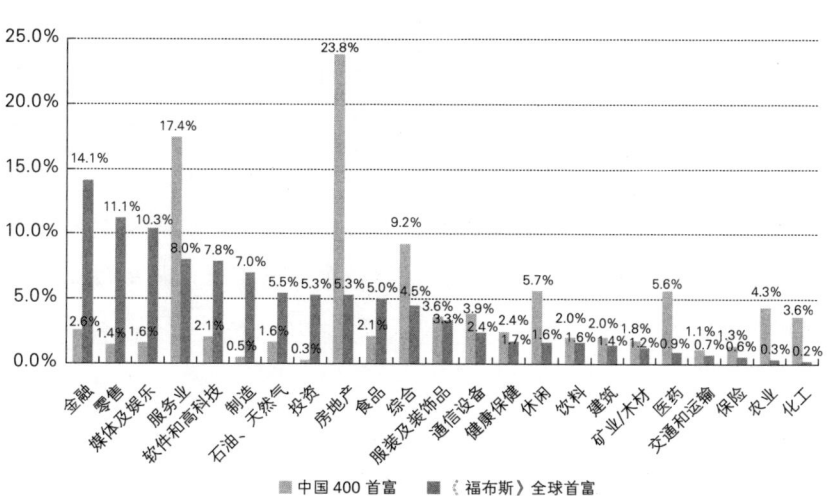

图二：行业财富占总财富比例的比较

25位，财产82亿美元），她从父亲（Edward Johnson，全球富豪榜排第72位）手中接过美国最大的共同基金管理公司——富达（Fidelity Investments）。在金融行业中排第二的是对冲基金大鳄乔治·索罗斯，他的财产为70亿美元，在全球榜上排第38位。以杠杆收购、资本运作而出名的卡尔·爱康（Carl Icahn）在全球榜上排第48位，财产58亿美元，他的财富来自成功经营私募基金——KKR集团（Kohlberg Kravis Roberts & Co.L.P.）。另一个以杠杆收购为主的私募基金创始人汤姆·戈尔斯（Tom Gores），以15亿美元的财富在全球榜上排第278位，他运作的基金是Platinum Equity（白金资产管理公司）。

相比之下，"中国400首富"中只有两位是金融行业：张杨（排第61位，财产11.68亿人民币）和王栓红（排第312位，财产3亿人民币）。其中，王栓红的格林集团以期货经纪起家，部分业务是房地产开发。张杨的"国中控股"于2001年3月买进一家证券公司。因此，"中国400首富"到目前与金融业关系不大，更不用说靠创办基金公司致富了。

以上这些对比除了说明中国的行业格局与比较优势跟其他国家有别之外，同时也指出中国创业者可能的努力方向。这些年的发展使中国社会财富普遍增长，这不仅意味着对非物质性消费需求会继续增加，进而创造更多的服务性创业机会，而且对金融理财、证券投资管理服务的需求也会越来越多，这为中国的约翰逊和索罗斯的出现创造了条件。但是，我们是否已具备个人资本进入基金行业的制度和政策环境呢？

——实物商品与金融服务的本质差别

到今天为止,跟其他金融业务一样,即使个人资本要进入基金管理行业,也只能通过一些控股结构性安排才能实现,或者以"灰色"形式存在。既然辛辛苦苦通过一些结构性安排后私人资本还是可以进入基金和其他金融业务,那么为何不直接开放这些领域呢?保留这些障碍只会增加创业成本。

实际上,除了目前政策上的壁垒之外,基金与个人理财行业的发展至少还面临着几方面的障碍。首先,目前还不具备基金公司赖以发展的司法与诚信环境。这听起来像套话,但如果我们再看一下第 30 页图一和第 31 页图二,就会发现之所以房地产、制造业、化工、矿业、医药、服装业会更容易产生中国的首富,也是因为这些行业生产、销售的产品是看得见、摸得着的实物。**实物商品市场最容易发展,对法律和诚信的依赖也相对较少,原因是如果交易的内容是有形、有色、有味的实物,则买卖双方信息比较对称,买方不容易受骗,道德风险相对较小**。在这种情况下,市场交易显然不需要太多的法律保障与诚信基础。这也是为什么即使是在没有有效法治的国家里,实物市场照样可发展起来的原因。

可是,也恰恰因为这一特点,**没有法治的国家里可能也只能发展实物商品市场,而无法开发出有规模的以知识产权和诚信为基础的"无形产品"市场**。当基金公司出售股份时,交易的内容不是有形的实物,而是一份金融合同、一纸票据。这几年关于上市公司治理问题的讨论很多,对大股东掏空小股东、管理层侵害股东资产的问题已有很深的认识。其实,至少多数上市公司从事的是实业,它们的投资资产是有形的厂房、设施等不动产,因此即使大股东或管理层掏走这些不动产，他们也不能将这些不动产很快变现。一旦这些掏空行为被发现，或许还来得及追回，所以上市公司不动产的不流动性反而成为大股东掏空中小股东利益的障碍。相比之下，证券投资公司持有的资产是随时可变现的流通证券，如果基金公司掏空了变现后的股东资产，那么现钞是不好追回的，这使潜在的道德风险大大增加，对诚信与法律的依赖也随之加强。当投资者挑选证券基金时，基金公司的透明度和所提供信息的准确性就变得更重要；当基金投资者的权益受到侵害时，司法救济就更为必要。因此，跟股市本身比，基金业的发展更是离不开独立、可靠的司法和开放、自由的新闻媒体。而这几方面又恰恰是中国目前所欠缺的。因此，如果连股票市场赖以发展的司法与诚信环境都还欠缺，要大规模地发展对法治与诚信更为依赖的基金管理业恐怕是更远的事。

宏观经济学者往往称，之所以发展中国家侧重实物商品制造业，是因为这些国家的劳动力廉价，而发达国家的劳动力昂贵，它们更应侧重高价值的无形资产的创造。这种逻辑显得很有道理。可是，芝加哥大学的几位教授发现：其实，即使那些对产权保护不好（即法治欠缺）的国家想要侧重发展高价值的无形资产行业，它们也无法如愿以偿，道理如上所说。结果，法治水平不高的发展中国家只好侧重实物商品制造，而以法治为特色的发达国家则更侧重金融业及高科技行业（见第30页图一、第31页图二）。

可能正因为基金行业的潜在道德风险与掏空风险特别高，目前证监会对基金公司的管制非常之细，从基金销售到基金的管理、基金的投资组合、基金的交易程序等，均受到证监会的严格管制。如果必须由行政部门这么辛苦地扶持、管制来发展基金业，那么难以想象这个行业能有多少发展的空间。

——股市发展与退休金立法对基金业的影响

股市自身的发展自然是基金公司发展的先决条件之一。基金股份可看作是股市的一种衍生证券（derivative securities），它是靠购买基础证券（primitive securities）来形成投资组合，然后将投资组合以股份的形式出售。不管是开放式基金、封闭式基金，还是对冲基金，都可以从衍生证券的角度来理解。在历史上，人们推出过多种期货、期权和其他衍生证券，但结果是有些期货合同（比如石油期货、股指期货）能长久交易活跃，甚至能持续到今天，而另一些期货合同则寿命不长。究其原因，学者们发现，决定一种衍生证券成败的最重要因素是：其依赖的基础证券市场必须很活跃，并且已经发展得很好。换句话说，**在中国基金业能有快速发展之前，股票市场必须先发展好，交易活跃，投资者对股票的需求高，对股市有足够的信心和信赖**。否则，基于股市之上的基金市场就无从谈起。

基金管理在美国也是金融行业中最新的领域，这或许能说明为什么富达投资的创始人约翰逊家族和对冲基金先驱者乔治·索罗斯分别是今天全球金融业第一、第二的富豪。相比之下，银行业、证券经纪、保险等却更为传统，有着漫长的发展史，因此在这些老金融业务中就很难创造出更多首富。

在美国，最早的共同基金（也称开放式基金）是"马萨诸塞投资者信托基金"（Massachusetts Investors Trust），成立于1924年3月21日。一年之后，其投资者增至200人，所管基金金额增加到39.2万美元。到1929年股灾之前共同基金有过一些发展，但随着1929年大股灾的发生，整个基金业跟着股市一起进入长期萧条。到1951年时，全美的共同基金数量差不多为100家，持有基金股份的人数为100万左右。其间，直到1940年之前，整个基金行业除了受1934年的《证券交易法》和1933年的《证券法》约束之外，并无特别为基金业而立的法律，更没有专门对基金业的行政管制部门。1940年，美国国会通过了《投资公司法》，才正式明确了基金管理的法律框架，并授权美国证监会监管基金业。

富达投资成立于1946年。很显然，现在掌握这个全球最大基金公司的阿比盖尔·约翰逊的父亲爱德华·约翰逊，在当年看准了基金管理所蕴藏的商机。尽管富达投资今天管理的各类共同基金超过150家，资产超过1万亿美元，基金股东数超过1700万人，但在1946年，该行业的未来却充满变数。一方面，二战刚结束，许多从前线回来的士兵开始成家立业，他们显然会为自己的后代教育和未来养老而存钱投资，由于他们中间多数人无股市投资知识和经验，因此对基金管理服务的需求必然很大。另一方面，到1946年，股市仍没有恢复到1929年股灾前的水平，依旧不够景气，这对新开业的基金公司确实是一个负面因素。再一方面，对于爱德华·约翰逊和他的同行们来说，美国社会到那时还并不了解基金管理的作用和好处，因此，何时社会能更加认同基金也是一大变数。

到20世纪60年代初，全美共同基金数也只不过155家（见第37页图三），所管资本共158亿美元。10年后，基金数目增至269家，共管资金483亿美元。到1980年年初，基金总数为524家，共管资金945亿美元。

美国基金业的最大里程碑事件应该是1978年国会通过法案，允许公司雇员将每月工资的一部分在税前放入退休账户，然后投入各类基金，这就是所谓的401（k）退休账户。需要说明的是，这种账户的钱只能投入基金，"401（k）"这一名称是因为美国税法的

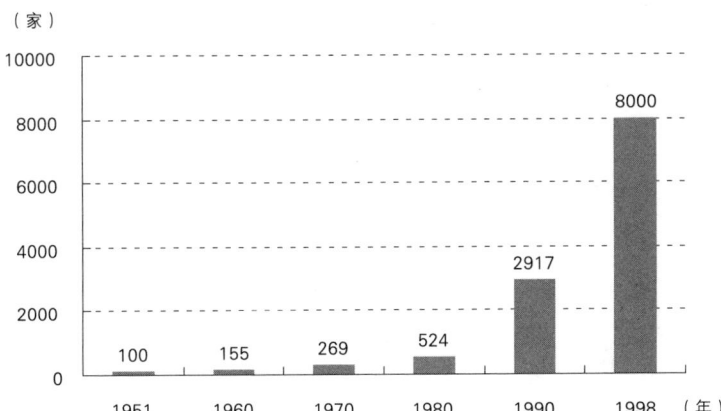

图三：美国历年的共同基金数

第401（k）小节确定了这类账户的规则。该法案于1980年1月生效。之后，1981年国会再通过法案，允许每个人建立"个人退休账户"（Individual Retirement Account，简称IRA），放入IRA账户的钱也是税前收入，只要是退休后就可把这些投资变现，那么不管这些投资挣多少都可享受税率优惠。到1981年年底，共有754万人拥有401（k）退休账户，这些账户投入各类基金的总额为917.5亿美元（见第38页图四）。

时至20世纪90年代初，开放式基金数猛增到2917家，所管资产为9820亿美元。与此同时，拥有401（k）退休账户的人数达到1954万人，他们投入基金的金额为3849亿美元，约占所有开放式基金管理资本的40%。

到1998年年底，共同基金数已超过8000家，所管资金约为6.8万亿美元，其中约54%的资金投入股市，39.5%投入债券，这些基

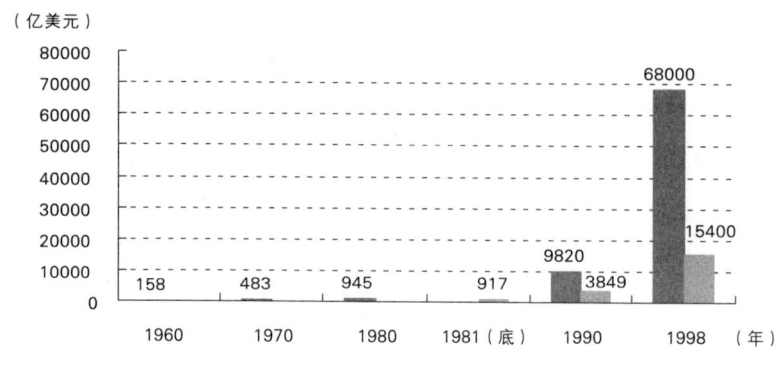

图四：美国共同基金所管资金与401（k）退休账户资金总额

金持有的股票约占美国上市公司总市值的20%。截至1998年年底，约有3715万人拥有401（k）退休账户，他们共投入1.54万亿美元到各类共同基金公司（图四）。

当然，伴随着401（k）和IRA退休账户的飞速增长，加上20世纪80年代和90年代国会的多项鼓励老百姓为养老而存钱投资的立法，不仅基金管理业迅猛发展，整个股市也大幅上涨。道琼斯指数在1978年时为805点，到1981年年底为1211点，1990年年底为2633点，1996年年底为6448点，1998年年底为10021点。因此，20世纪90年代的科技股泡沫实际上与退休金立法、基金业的增长也不无关系。

对冲基金的发展历史则更短。虽然索罗斯的"量子基金"并不是第一家对冲基金，但1968年成立的"量子基金"的确为对冲基金获得广泛认同和知名度贡献非凡。从1968年成立到2000年4月关闭的31年间,"量子基金"平均年回报率超过30%。如果在1968年成立时将1万美元放入该对冲基金,那么到2000年4月时则变成了4200万美元。这个过程当然也使其创始人索罗斯的财富剧增到70亿美元。有了像"量子基金""老虎基金"这些成功案例之后,20世纪80年代和90年代对冲基金行业也逐渐增长,到今天对冲基金数量已不低于8000家。

美国共同基金业和对冲基金业在近四五十年的高速增长更进一步证明了"时势造英雄"的道理,每次新的事业的出现就意味着新一批富豪的诞生。但这种创业机会是否真的能成为现实,在很大程度上也取决于一个国家的创业制度和政策环境。在共同基金发展的早期,美国政府基本不对基金公司做任何管制,不为其设置行政障碍,允许该行业相对自主地发展。即使到今天,基金公司也没有任何底线注册资本的要求。相比之下,按中国证监会颁布的《证券公司管理办法》第十三条,当证券公司设立投资管理子公司时,底线注册资本为5亿元,**设立这种注册资本要求的实际效果不大,它并不能起到分辨"好的"和"坏的"基金管理公司的作用,不能把好"质量"关**,反而阻止了一些能人进入该行业,妨碍了人们创业致富。

美国对冲基金行业的行政监管更是甚少:只要你是针对财富超过百万美元的个人和法人"私募"资金,而且参股你的对冲基金的人数不超过100人,那么你就不受任何行政管制,你可自选向美国证监会备案,但这不是强制性的。这种宽松的、最小限度的监管为创业者提供了成本最低的致富环境。鉴于此,对正在兴起的中国私募基金业、MBO(管理层收购)基金、民间金融机构,是否也应该给它们一次自身充分发展的机会,而不是从一开始就又把它们"管死"呢?

[第二部分]

股市与财富

☆ 如何评价股市的贡献

☆ 中国股市质量变差了吗

☆ 股市半桶水

☆ 为管理层股票期权正名

☆ 安然之谜

☆ 非理性亢奋：世界通信的故事

☆ 股市泡沫的危害：解读美国股市危机

☆ 泡沫破灭引发经济衰退：重温1929年美国股灾

☆ 证券投资的风险管理

☆ 社保基金应采用指数投资法

☆ 从人的行为偏差谈"指数投资法"

第 4 章

如何评价股市的贡献

> 股市与其他证券市场的存在不只是为了企业融资，也是为了消费者、为了老百姓配置自家资产的未来而提供各种证券品种，让他们有机会更有效地规避风险、安排未来的福利。股市还有一个极重要的作用，那就是为整个经济和社会提供价值评估信号。

为什么要有股票市场？它的作用到底是什么？

这个老问题听起来简单，也是人们提了几百年的问题，但答案却并非看起来那么容易。十几年来我们所熟悉的答案一直是：股市帮助企业（特别是国有企业）融资。

这一回答直截了当，但也误导了许多人，甚至误导了许多相关的政策，包括给证监会的错误定位。道理很简单，如果股市的唯一或者说最主要的功能是帮助企业融资，那么证监会的业绩自然就以证券市场的融资量来衡量了。于是，一旦股市融资吃紧，众人就指责证监会的不是。而当股市交易低迷时，大家又盼着证监会出面"解套"。那么，除了证券"警察"这一作用之外，证监会是否应该直接对融资量负责呢？

---

* 本文根据发表于《新财富》2003年9月号的同名文章改写而成。在本文的素材收集过程中，作者得到周峰的帮助。

—— 各国股市的融资能力比较

在进一步讨论股市的作用之前，先让我们比较中国、美国、德国与日本的股市融资情况。为说明问题，不妨把一个国家每年通过新股上市与各类股票增发得到的直接融资总额，除以该国的GDP，用这一"融资总额与GDP之比"来判断一国股市的融资能力。

从图一看到，自1992年以来，美国股市的融资能力最强，每年的融资一般在美国GDP的1.6%左右，中国股市融资平均为GDP的0.86%，德国平均为0.64%，而日本最低，平均为0.42%。可以看出，这些年里中国股市的融资能力超过德国和日本。即使是在大家抱怨较多的2002年，中国股市的融资比还是要高于德国、日本与法国（为节省篇幅，图一没有给出法国的情况，但它与德日的情况相当）。考虑到德、日、法的股市历史远较中国为长，中国股市的融资能力应该算是不错了。

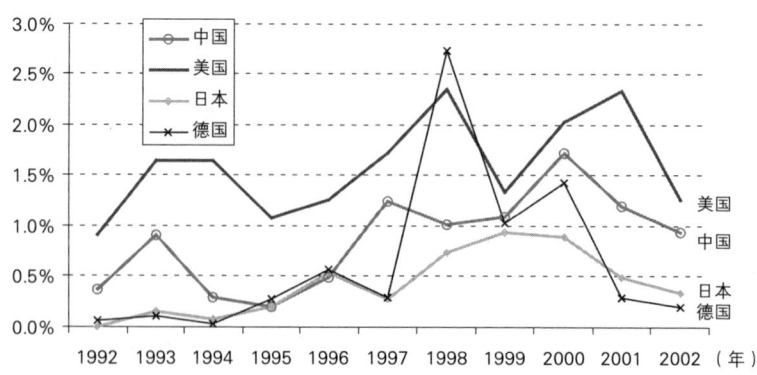

图一：各国历年股市融资总额与GDP之比（包括IPO和股票增发）

图一给出的另一个重要结论是，各国股市融资能力的互动程度不低。尽管许多同人会认为中国股市的冷热似乎与国际股市没有太多的相关性，但从图一看到的更多是中国股市融资实际上跟国际股市是同冷同热的，至少总的趋势是如此。互联网泡沫的破灭给中国股市也降温不少。因此，影响股市融资的因素很多，包括国际和国内经济因素，也包括技术变革因素，这些因素中有许多是证监会无法、也不应控制的。证监会应该保证的是一个公平的、可信的交易场所。

以上数据表明，单单从融资能力看，中国股市的表现并不差。特别是大家都在抱怨每年股市融资跟同期银行新增存款相比是多么少的时候，这类跨国比较很有必要，否则我们会轻率地得出"证券市场不再重要"的结论。

值得一提的是，即使像最发达的美国股市，在其上市与股票增发热度达到最高点时的1998年至2001年间，单年中最多的融资量也不过是美国GDP的2.35%，只比中国2000年的1.72%融资量高一些。到2002年，美国股市总融资为GDP的1.24%，但在美国却并没有人因此而质疑股市的作用，或者由此而呼吁加大银行的作用与地位，更没有人因此而指责美国证监会。即使在美国，创业资本基本不靠股市，对于已成熟的公司，其新的资金来源也更多的是靠公司运营现金流（公司内融资）、债券市场和银行。当然，好的法律与资讯环境可大大减轻由于公司上市、股权分散后所必然产生的严重"委托-代理"关系和信息不对称等问题，使股市发展的潜能都被发挥出来。但是，不管一国的法律与资讯环境有多好，股权分散后所必然产生的"委托-代理"关系和信息不对称毕竟不可能消失，因此股市发展到一定程度后必然会难以更上一层楼，股市融资也会有客观上限。

这些数据确实说明，在任何一国中或许股市融资本来就不可能太多，在美国、德国如此，在中国可能更是如此。这一事实显然与"股市的作用是帮企业融资"这一观念形成直接的冲突：如果不是为了融资，那么股市又是为了什么？为什么美国、德国甚至中国还要股市？这又把我们带回到了最老的话题。

——除了融资，股市到底还有没有别的作用？

对于这一问题，我想邀请读者给出各自的答案。这里我只是简单提出几个想法。在"证券市场发展与共同富裕"一章中，我们曾谈到，股市的一个重要作用是帮助拉平社会中收入与财富的分布，使更多人能通过股票分享到经营性产权的升值，它有利于培植中产阶级，使社会收入分配更趋平等。我们不妨再沿此思路来思考。

为说明问题，假设某个国家共有100家大企业，这些企业先是全部控制在张三和李四两个家族手中。假设该国有1亿人口，老百姓的钱先是全存放在银行中，而银行又是完全国有的。现在考虑在该国推出股市，让张三和李四的100家企业全部上市。再假设这些企业不需要新资金，上市的目的是让张三和李四家族将所持股权卖出。换句话说，如果这100家企业的股权上市时共得到100亿元资金，这些资金全是由老百姓从银行存款中取出的。等张三和李四得到这100亿元之后，他们把这100亿又再存入银行。那么，从融资角度讲，按照假设的情况，推出股市让这100家企业上市并没有帮助这些企业真正融到新资本，企业一切照常，银行的存款总额实际上也没变，只不过现在的情况是：银行有100亿存款转到张家和李家户头上，而张三和李四的这100家企业的股权则分散到众多老百姓手中。

在上述假想的例子中，股市的存在并没有帮企业融资，它只不过是实现了这100家企业股权在社会中的重新配置，为不同的社会成员提供了一个交易证券的场所。而且，通过这100家企业股票的继续交易，社会成员还可以不断地重新组合自己的投资配置，以更好地规避自家未来的收入与消费的不确定性风险。那么，这种不一定帮助企业实现新融资的股市到底有什么用呢？或者说，当股市只是帮助居民们重新配置自己的投资组合时，股市的存在难道还有价值？其价值又体现在哪里呢？

如前所述，美国股市的融资量2001年不高，2002年更低。即便2003年美国股市的新融资额为零，但可以肯定的是美国股市的交易还会一如既往，交易佣金还是会流入交易所和证券公司，美国证监会还是可能不被质疑。之所以会如此，是因为**股市与其他证券市场的存在不只是为了企业融资，也是为了消费者、为了老百姓配置自家资产的未来而提供各种证券品种，让他们有机会更有效地规避风险、安排未来的福利**。我们不妨称股市的这种作用为"证券交换功能"。

股市还有一个极重要的作用，那就是为整个经济和社会提供价值评估信号。股市通过连续交易使股票价格实时地反映相关信息，让一些行业的股价上涨，同时让另一些行业的股价下跌，以此来帮助人们更清楚地判断哪些行业、哪类项目更受投资者欢迎、更有投资价值。也就是说，尽管个人创业投资、私募股权投资、房产创业投资等等并不是与股市直接相关的投资，但所有这些投资与创业的偏好和决策都间接受股市发出的价值信号影响。因此，尽管股市融资即使在美国也较为有限，但股市发出的价值评估信号却对整个经济举足轻重。

——证监会的工作不能由融资量来衡量

真正的市场经济不可缺少股市，其作用也远不只是帮助企业融资。当然，这里我们谈到中国股市的融资业绩相比之下还不差，这并不是说中国股市没有问题，制度机制和监管实践问题还很多。其实，客观上讲，在目前的制度机制和股东权益得不到保护的情况下，股市平均每月能融资72亿元本身已经是一种奇迹：在这么多上市公司明目张胆作假圈钱和市场信息明显这么浑浊的时候，还居然每月有72亿元往里送——这不是奇迹又是什么呢？我们不能单靠融资量来衡量股市的贡献和证监会的工作，我们相信中国证券市场的潜能还远远没有充分发挥。

第 5 章
中国股市质量变差了吗

> 从 1991 年到 2005 年，中国股票的同向波动程度平均为 90%，也就是说，任一周内有 90% 的股票一起涨或一起跌，中国股市基本无法区分好与坏的上市公司。

中国股市自从 1990 年年底恢复以来，已有十几年的历史。这些年里，全国人大陆续推出了《公司法》和《证券法》，并对《民法通则》和《刑法》等相关法律做了相应的修正；法院系统也根据这些立法做了相应准备，地方法院逐步受理、审理证券类刑事与民事诉讼；证监会从无到有，其功能定位也从帮助国企融资慢慢转向保护投资者权益，意在建立一个公平的市场交易场所。经过方方面面努力之后，今天，我们有必要对这些努力的绩效做一个客观的评估：今天中国股市到底如何？最近这些年它的质量到底是变好还是变差了？

—— 如何评判股市质量

以往我们常说"中国股市的根本问题是上市公司的质量问题"，其实这只是问题的表面，因为如果没有高质量的股市，怎么会有高

---

* 本文原文发表于《新财富》2005 年 12 月号。

质量的上市公司？可是，什么是高质量的股市呢？这个概念只能意会不可言传。比如，我们可能说："能给投资者带来高回报的股市是高质量的股市。"但是，以股价涨跌的多少来判断股市的好坏也可能带来一些悖论，使监管部门去监管"指数水平"，而不管市场规则。简单地追求股市涨幅可能让股价短期内猛涨，就像 1999 年 5 月 19 日通过《人民日报》社论鼓励股民的做法一样，虽然让股价持续上涨长达两年，可这之后的股价却总是无法回归历史高点。

评判股市质量的核心标准应该包括两方面：其一，投资者的契约权益、合法权益是否有可靠的保障和执行架构；其二，股市的信息环境是否足以让投资者辨别"好的"和"坏的"上市公司。前者是保证股市不是一个骗钱、掠夺的场所，后者是保证投资者有评判股票价值的信息基础。说到底，这两方面的制度架构充分与否决定了一国股市最终会成为"劣币驱赶良币"还是"良币驱赶劣币"的交易市场。一个高质量的股市会逼着坏公司变好，给投资者带来应有的回报；一个奖罚不明、信息浑浊的股市不仅使坏公司继续变坏，而且逼着好公司也变坏。因此，在相当程度上，"中国没有几个高质量的上市公司"只是表面现象，是由低质量的股市所催生出来的。

那么，用什么指标来度量一个股市在多大程度上代表着"良币驱赶劣币"的机制呢？换句话说，虽然可以"感觉到"保护股民权益的法治架构以及股市的信息环境是可靠还是不可靠，但这毕竟太定性，不容易精确判断，我们希望能找到更加定量的综合性指标。

这里，我们用各股票价格间的同向波动率来测度股票市场的质量，也就是，平均每周沿同一方向涨或跌的股票占所有上市公司数的百分比。由于每只股票只有涨或跌两种可能性，同一时期内上涨股票的比率和下跌股票的比率相加应该等于 100%，所以我们每周取

图一：中国股市在往哪种市场靠近？

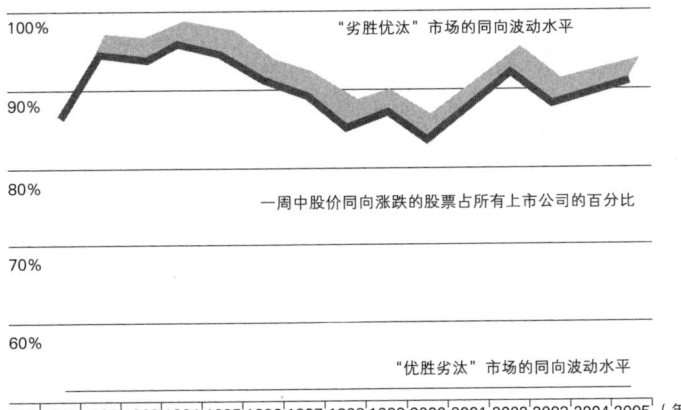

其中较大的比率值。图一给出了自1991年至2005年中国股市同向波动率的年平均值，这一指标可以从根本上反映中国股市质量的高低以及其变化情况：它离100%越近，就越说明该股市像赌市，越倾向于让"劣币驱赶良币"；该指标越是向50%逼近，说明该股市越像投资市场，越倾向于让"良币驱赶劣币"。换言之，通过看该指标是否越来越低，即可判断监管者以及法院、媒体是否使股市质量越来越好。这里需要说明一下，如果各股票的预期投资回报率为零、股票间的价格波动相关性为零，而且市场信息绝对透明可靠，那么股市同向波动率应该正好为50%。否则，如果各股票的预期投资回报大于零或者个股间价格波动的相关性很强，那么质量最高的股市的同向波动率应该介于50%~60%之间。

为什么个股价格的同向波动率能反映股市质量的高低呢？首先，如果证券市场法制不可靠，监管部门不执法，法院不受理证券诉讼或者处罚不痛不痒，那么，一方面上市公司内部的人会大胆掏空公司资产，制造"坏的"上市公司；另一方面，这种监管不作为会使财务作假和虚假陈述盛行。这样一来，股市投资者对于哪个上市公司在作假或掏空资产、哪个公司不作假、哪个公司作假多、哪个公司作假少的情况可能都无法区分。其次，如果新闻媒体能够自由地追踪报道上市公司的炒作行为、验证它们披露的信息，那么媒体或许能以独立第三方的角色使市场上的信息更真实，同时也使有用的信息量增加。这样的话，股市投资者多少能更好地区分不同上市公司的好坏。相反，如果监管部门不仅自己不去监管、处罚作假和虚假陈述行为，反而以"市场稳定"的名义去压制媒体的打假报道，并且法院又动辄判决媒体侵权败诉，那么社会中本来可以改善股市质量的各种机制安排就都无法发挥作用，促使造假盛行，让股市参与者无法分辨好坏。

无法分辨上市公司好坏的后果怎样呢？投资者们要么随机乱买，不同股票只不过是不同的符号而已；要么"是股就买"，尽可能每只股票买一点。为看清这一点，我们不妨举一个例子。假如张三要把1万元投入股市，股市上有A和B两只股票。如果张三只知道这两家公司中有一家是"好"的，另一家是"坏"的，但由于对虚假陈述、财务造假的处罚无力，而媒体又不能去追踪报道，在A和B公司都说自己公司前景美好并且都声称始终把股东利益放在首位的时候，张三就无法分辨哪家在说真话，哪家在撒谎，于是无法对它们有准确的判断。如果张三只知道A和B两公司各有50%的可能性是家好公司（股市信息最浑浊状态），那么他的1万元该怎样在A和B公司之间分投呢？

当然，在这种情况下，就像当年吃了亏的中国股民在慢慢离市一样，张三可能选择远离股市，不玩了！如果他实在还要把这1万元买股票，那么，他要么应该蒙着眼睛抛一枚硬币，让抛硬币的结果随机决定到底该买哪只股票；要么就把 A 和 B 股票各买 5000 元，在两者间平均分配投资，以此来规避股市信息浑浊所带来的不确定性。

当股市信息浑浊和股民信心缺乏迫使股民随机买股或者均匀分散买股，或者是股民们觉得他们在根据"信息"选股，但由于手头的"信息"纯属"噪声"，而事实上是在随机买股的时候，证券市场上的股票就会无论好坏要涨都涨，要跌都跌，各类股价同涨同跌。

实际上，我们从理论上可以证明，**当投资者对股市的信心越低、信息越浑浊时，个股股价同步运动的程度就越高**。

这种不分好坏的股票同涨同跌行为带来的后果之一是：好公司和坏公司的股价无差别，这等于在变相奖励坏公司、惩罚好公司。长此以往，就连好公司也不想"好"了，坏公司当然就更想"坏"了。正如诺贝尔奖经济学家阿克罗夫所说，这种逆向选择的结果是股市最终要关闭。

—— 中国股市质量在变好吗

因此，我们可用个股价格的同向波动程度来测度股市质量的高低。为避免某天、某周或某月的特殊因素影响我们对中国股市质量的评判，我们对一年 50 周中个股价格同向涨跌的比率计算平均数，然后将每年的结果综合于第 51 页图一。

首先，我们看到，从 1991 年到 2005 年，中国股票的同向波动程度平均为 90%，也就是说，任一周内有 90% 的股票一起涨或一起跌，中国股市基本无法区分好与坏的上市公司。有的朋友会说："中国股票的同向波动程度之所以这么高，不只是因为信息环境和诚信环境差，还因为股民的素质差，因为股民不懂得如何评判上市公司。"这或许很对，如果真是这样，这只能加强我们用股价同向波动程度来测度股市质量的理论基础，因为投资者群体的评判能力也是整个股市质量的一部分。

中国股市的同向涨跌率跟其他国家比如何呢？1995年，美国和加拿大股市的同向波动率均为58%，法国为59%，德国为61%，英国为62%，印尼为67%，波兰为82%，而中国为91%，是最高的。各国股市质量的差别显而易见。

当然，我们应该认识到，除了股市质量之外，一国上市公司的行业构成对股价同向涨跌率也有影响。上市公司的行业越集中，其同向涨跌率应该越高。对于小国家而言，这种行业集中度尤其明显。但对于大国经济来说，上市公司群中的跨行业程度应该很高，所以对大国股市来说这一因素的影响应该较小。

其次，自1999年7月1日《证券法》生效之后，监管部门在努力加大监管力度，法院也在尝试着受理股东证券诉讼，增加证券违规、违法的成本，但自1999年之后，中国股价同向涨跌率不仅没降，反而从87%上升到2005年的91.4%，说明市场质量在下降，上市公司的好坏更加无法分辨。这里我们有必要补充一点，对各国股市的研究表明，在股市大盘上涨时，个股的同向涨跌率一般比股市大盘下跌时要低，也就是说，在熊市期间个股更倾向于一起跌。这种倾向对第51页图一中看到的中国股市同向涨跌率有些影响，但这种影响不应该从根本上改变"中国股市近年来没有变好"这一基本结论，而且中国的股市从根本上仍然是"劣胜优汰"市场。

为便于比较，我们也可看看美国股市在过去几十年的经历。第55页图二给出了1926—2000年美国股市的同向波动率变化情况。1929年10月美国股市的崩盘引发持续多年的经济危机，那次危机

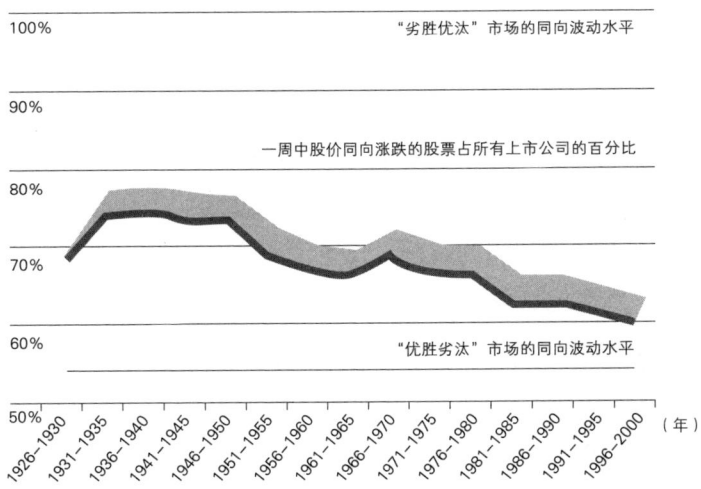

图二：美国股市质量历年的变迁

促使国会于1934年通过历史性的《证券交易法》，授权成立美国证监会（SEC）。当时，美国股市的同向波动率为75％左右。但是从那以后，随着美国证监会执法力度的上升以及《证券交易法》在司法实践中的应用，美国股市的同向波动率逐年下降，股市质量不断提升，到今天降到60％以下。这期间，美国股市有涨的时候，也有跌的时候，但这并没有改变股价同向波动率在逐年下降这个趋势，其原因当然离不开美国证监会、法院和媒体相互独立、各司其职这一根本制度原则，这一原则保证了美国股市总体上朝着"优胜劣汰"市场方向发展。信息技术的进步，特别是互联网在20世纪90年代的出现，使证券信息成本不断降低，这当然加强了股市参与者分辨公司好坏的能力，使股价同向波动率下降。但问题是，为什么信息技术的进步使美国股市分辨公司好坏的能力在增加，而中国股市却没能享受到这种好处呢？

——为什么中国股市质量在下降

回顾这些年关于公司治理、股东权益保护问题的讨论，我们看到，它先是让人们充满希望，特别是1999年的《证券法》颁布以及2001年一些杂志揭露的几起上市公司的财务造假欺诈案，这些都让股民们感到维权有望、有错必纠，也感到在媒体的监督和监管部门的监管下上市公司会认真对待信息披露。到2001年秋季，第一批证券民事诉讼案交到法院。可是，法院很快来了个"不受理"。几经折腾后，到2003年终于有了对大庆联谊、银广夏等上市公司的民事诉讼判决。但是，受损的股民能诉回的补偿微乎其微，更何况在法院受理投资者诉讼之前必须先有对相关被告的行政处罚或刑事判决，否则不予受理。可想而知，经过那几年的讨论热潮以后，不仅股民们对"法律武器"感到心灰意冷，连上市公司管理层也感到虚惊一场：当初担心的"法律制裁"原来也不过如此。法院的不作为重新为上市公司的违规开了绿灯，使披露的信息又变得真真假假。因此，第51页图一表明的近几年股市质量的下降就不奇怪了。

那么，证券监管部门呢？在2000年之前，监管部门基本以通报批评的方式"处罚"违规、违法的上市公司和相关人员。从2001年开始以罚款为主。第57页图三给出了2000年之后监管部门对上市公司因财务作假、虚假陈述等行为而作出的平均处罚金额。2001年给违规上市公司的平均处罚额为75万元，2002年为40万元，2003年为58.6万元。可是，2004年的平均处罚额为31.6万元，2005年1月到11月初为止平均为35.5万元。

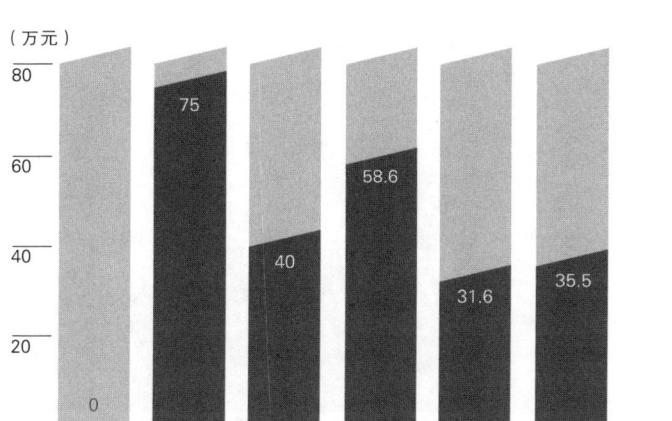

图三：监管部门对上市公司违规违法行为的平均处罚金额

数据来源：中国证监会网站

或许，这些平均处罚金额会因为一两笔大罚款而变得很高，因此不一定反映整体趋势。为此，第58页图四给出了监管部门历年对上市公司处罚额的中位值。这里我们看到，在2002年之后对上市公司的行政处罚也呈下降趋势，处罚力度在减弱。上市公司的违规成本才四五十万元，对它们来说这种处罚本来就不高，而且还在下降。行政处罚对上市公司的威慑作用到底有多大可想而知。

对上市公司的行政罚款次数情况大致是这样：2001年共4起，2002年为6起，2003年为17起，2004年为32起，而2005年1月到11月共为11起。监管部门从立案调查到结案处罚，往往需要两年左右的时间。如果从2004年到2005年行政处罚次数的减少代表着一种新趋势的话，那么未来的行政处罚力度就不容乐观了。

不仅如此，正由于投资者民事诉讼的前提条件是已有行政处罚决定，这必然导致投资者能用的法律空间越来越窄。当然，对上市公

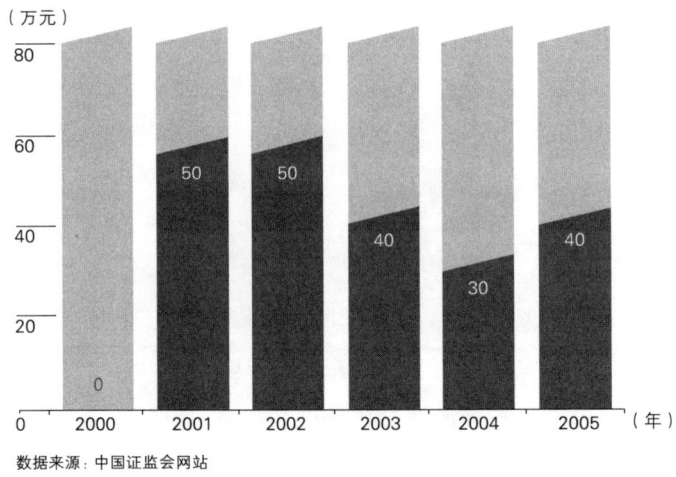

图四：监管部门对上市公司处罚金额的中位数

数据来源：中国证监会网站

司处罚次数的减少，或许不是监管部门不作为，而是因为上市公司作假或掏空行为大有收敛，但愿如此。可是，第51页图一中个股同向涨跌率在近两年的上升说明，股民并不认为关于上市公司的可用信息（或真实信息）比以前多了，他们对上市公司和股市的信心并没增加。

2002年6月世纪星源起诉《财经》杂志成功之后，其他财经类媒体时常被诉名誉侵权或受到被诉的威胁。当媒体被起诉时，他们多数时候败诉。这些败诉也逐渐迫使媒体不再像以前那样敢于对上市公司的欺诈行为作追踪报道了。中国独有的指定披露上市公司信息报刊制度，也使证券行业的三大报处于从属地位，导致其对上市公司的许多劣迹视而不见，股市曝出丑闻时也往往选择缄默。这也从另一方面使证券市场的信息环境日趋浑浊，"劣币驱赶良币"的程度日益上升。

——建设高质量股市的方向

前些年,"公司治理""投资者权益"等这些名词在媒体、会议、商学院和法学院课堂上都非常流行,一场轰轰烈烈的股权文化运动正在进行,也促使监管部门、全国人大以及最高法院出台一个接一个的条例、法规、法律和司法解释,让投资者受到鼓舞,并对上市公司管理层和董事会形成了具有威慑性的压力。可是,等这些书面上的条例、法规和法律要走向执行的时候,人们发现原来都是些"纸老虎"。结果,中国股市质量并没因为这些"公司治理"讨论而发生实质性的变化,人们的期望开始回落,股市没能转变成"良币驱赶劣币"的场所,反而是更加浑浊。

大家熟悉的美国 IBM 公司,其股票每天有 5 亿多美元的交易量,但同是在纽约证交所上市的中国东方航空公司,其在美国的日均交易量为 8000 股左右,每股 14 美元,也就是说每天的成交金额约为 11 万美元,跟 IBM 相比真是天壤之别。为什么差别如此之大呢?原因当然很多,但**第一个原因是信息披露:信息数量和质量**。根据 Yahoo 财经网站上的搜索,能找到的自 2005 年 7 月 1 日至 11 月底有关东方航空的英文新闻共 11 条,4 个月里东方航空发布了 3 条消息,其余 8 条为报纸或证券分析师所写。相比之下,IBM 一天就有 21 条相关新闻,其中 4 条为 IBM 自己所发,其余 17 条为报纸或分析师所写。当东方航空披露的信息一个月不到 1 条的时候,投资者当然没有理由问津其股票,而 IBM 每天提供那么多信息,投资者自然会注意到它,而且能更好地了解到投到 IBM 的资本是怎样被使用的。**第二个原因是美国独立的司法和相对独立的证监机构**,它们的威慑力使 IBM 在发布信息时处处提醒自己要真实陈述、准确披露,否则法律后果严重。**第三个原因是那些无情、独立、自由的财经媒体**，它们会毫不留情地追查IBM陈述的信息的真实性，巴不得多查出几个"安然故事"，让记者自己以及他所服务的媒体更加出名。

这些机制是一个高质量的股市所不可或缺的。但是，在中国目前的制度架构下，这些必要的机制——司法独立、监管独立、媒体自由、立法机构听证监督——又恰恰是难以实现的。如果不朝着这些方向改革，那就意味着中国股市还继续会是"劣币驱赶良币"的场所。

第 6 章

股市半桶水

> 没有公正独立的司法环境，没有法院对行政部门的司法审查，就不可能有真正的现代股票市场，证券市场也不会成为真正意义上的企业融资途径。

经过十几年的快速发展，今天的中国股市就像半桶水，你可以把它看成是"半满"，也可看成"半空"。

为什么可看成"半满"呢？到 2002 年 6 月，深、沪两所加在一起共有 1171 家公司上市，总市值达 4.3 万亿元。2002 年 3 月的平均日交易量为 17 亿股，日交易额 155 亿元，股市人气很旺。想一想，时下流行"亲兄弟，明算账"，连亲朋好友间借钱都难得有诚信，但股市上每天还有 155 亿元换手，买来的又不是什么看得见、摸得着的商品（如汽车），而只是一纸票据，你既不能试试这个产品有多好，又不能摸摸看它是否是真实的，买的仅是一种承诺。因此，股市的兴旺多少可以证明这十几年的成功，也说明多少还有诚信的存在。

为什么"半空"呢？现在讨论最热的公司治理、证券欺诈、市场操纵等问题，这些自不用多说。只要多数人都不相信公司披露的财务状况和发布的消息，只要股民还乐于公开寻找"庄股"，只要大股东

---

* 本文根据发表在《新财富》2002 年 7 月号的同名文章改写而成。

还不受约束地掏空上市公司，我们离一个真正健康运作的证券市场就依然很远。

尽管证券市场的状况是"半满"，但已上市的公司只是一小部分，还有更多的国企和民企要上市，国有股也要减持，所需要的大量资金从哪里来？最近大家都把焦点集中在银行的8万亿存款上，但这些存款除支持2.6万亿元左右的国债余额、银行坏账损失和不久要减持的国有股之外，可以分流到股市和创业投资的存款可能并不多。另外的来源就是外资，但外国投资者最看重的是所投资国家的法治环境和股东权益保护程度。

到目前为止，在中国的外资还是以实业投资为主，再有就是少量的创业投资，境外的证券投资基金还极少进入中国。像通用汽车和诺基亚这样的实业公司在中国直接投资建厂，都是为了其主业产品的生产。对于实业投资者而言，中小股东权益保护和相关的法治程度并不是最重要的，因为他们的目的是产品生产和销售，也因为他们是直接投资和全资拥有或者控股，并不存在所有权与管理权分离的委托代理问题。

但是，在美国和其他发达国家，更多的资本掌握在证券基金公司、退休金和保险公司手中，基金公司的主要投资对象是流通性好的上市公司证券，而不是实业。这些专业证券投资基金应当是我们下一步吸引的主要对象。可是，跟诸如通用汽车这样的实业公司不同，投资基金不仅看重一个国家的经济增长前景，更看重其投入的资本是否能够得到法律保护，在其产权受到侵害时是否可以通过便利的司法程序寻求补救，在投入资本后是否能获得充分披露的和真实的公司信息。

为了进一步鼓励国内外投资者的进入，我们必须在证监会的行

政监管之外建设其他配套机制，进一步开放财经媒体，让法院充分介入市场治理，并对行政部门进行实质性的制约。当然，这些发展是一个漫长的过程。

为了说明市场发展是一个"吃一堑，长一智"的过程，我们来看一下19世纪发生在美国的一段故事，那时候的美国股市和司法效率都还很差。尽管该故事发生在1867年的美国，但不管在金融手段还是在司法腐败方面，对我们今天的讨论都非常有意义。

—— 美国南北战争后的股市

南北战争于1865年结束后，美国全民注意力转移到发展经济、加快工业化进程上。当时面临的首要挑战是：为建设当时的先进交通工具——铁路，需要大量的资金。那时候的美国跟今天一样，政府不介入任何商业活动，铁路建设也不例外。于是，民间铁路公司只好通过纽约证交所发行股票融资，这些铁路股票也是当时纽约证交所最主要的上市公司。

环绕纽约市有三家上市铁路公司：纽约中央铁路公司（New York Central，以下简称"纽约中铁"），宾夕法尼亚铁路公司（Pennsylvania Railroad，简称"宾铁"），以及益利铁路公司（The Erie Railroad，简称"益利"）。纽约中铁控制通往纽约以北的铁路干线，宾铁控制通往纽约以西的铁路干线，而益利控制从纽约到五大湖中西部各州的长途铁路。这三大公司的许多中小股东是英国人，对公司的运作基本无法参与管理。纽约中铁的控股股东是19世纪美国的巨富和铁路巨头范德比尔特（Cornelius Vanderbilt），而益利则控制在市场操纵大家和公司兼并大师古尔德（Jay Gould）手中。下面介绍的是围绕对益利的控股权，范德比尔特和古尔德及其盟友如何利用金融手段和当时的司法腐败进行较量。

这三家中宾铁最大，益利最小。竞争中益利的势力最小，也正因为这样，它经常"捣乱"。比如，它常常领头砍价，或在其他公司最赚钱的铁路干线旁建立重复铁路线，与其竞争。益利之所以成为这种破坏性的第三者，是因为其资金不如另外两家雄厚，时常出现财务危机。另一方面也因为它先是被一位叫德鲁（Daniel Drew）的富商操纵着。德鲁是益利的财务长，同时又以操纵益利股票和自倒交易而出名。他的内幕交易和操纵股票使益利股价波动很大。

面对宾铁的强势，范德比尔特决定要争取到益利的控股权，并最终将其与他已控制在手的纽约中铁合并，这样不仅可以铲除这个捣乱的第三者，而且可使纽约中铁的势力与宾铁相当。

—— 第一招：入主董事会

范德比尔特使用的第一招是花钱买选票。这是当时惯用的手法，不需要太多的资金就可以买通现任股东的表决票。一般来说，正、反两方争夺越激烈，要得到股东投票所需的出价越高。1867年，益利董事会控制在德鲁手中。在范德比尔特表示有兴趣入主益利董事会后，以古尔德为首的波士顿集体公司也立即加入竞争。于是，三方竞相抬价，以买通益利股东的代理选票（proxy vote）。

第一战的结果是范德比尔特告胜，迫使德鲁让步。新的董事会由范德比尔特和他委派的亲信占多数，另外的少数董事包括德鲁和古尔德。得到益利董事会的控制权后，范德比尔特促成纽约中铁、宾铁和益利三公司达成联盟协议，共同制定火车费，并分享纽约铁路的总收入，形成一种卡特尔，消除任何竞争。于是，他感到大功告成。

可是，最后谈判三公司如何分配这些铁路垄断收入时，在古尔德的带领下，益利董事会不肯让步，谈判最终崩溃。这是范德比尔特万万没料到的。原来，古尔德带领的波士顿集团与德鲁及其盟友打成一片，他们联合的势力大大削弱了范德比尔特在董事会的影响力。

几乎已做成的卡特尔一经破裂，纽约中铁、宾铁与益利三公司又开始在火车费上互相杀价。

―― 第二招：力争控股

通过收买股东选票来获取对董事会的控制已告失败，作为美国19世纪巨富的范德比尔特不甘示弱，决定在股市上直接买进益利股票，目标是成为控股股东。在他开始大批买进之前，益利总股盘大约在20万股。到1867年3月11日，范德比尔特已在每股71～83美元间购进共10万股，但由于可转债（convertible bond）的转股，范德比尔特远远不能成为多数控股股东。

原因如下：按当时纽约州的公司法，如果上市公司要增发股票，则必须得到三分之二以上的股东投票通过。因此，任何人想通过增发新股来稀释现有股权都很难。可是，对发行可转债并没有这种法律限制，管理层就可以决定。于是，在范德比尔特辛辛苦苦不断购买益利股票的同时，被古尔德控制的益利管理层则不断卖给他们自己益利公司的可转债，然后他们把这些可转债换成股票，再在股市上抛售这些益利的股票。也就是说，一方面，范德比尔特在不断买进股票，以期成为多数控股股东；另一方面，益利的股盘则由于可转债在不断加大，令范德比尔特永远也成不了控股股东。

一气之下，范德比尔特花钱买通一位纽约州法官，由法官给古尔德和德鲁同伙及益利公司发布禁令，禁止他们通过可转债间接增发股票。

可是，当时纽约州共分 8 个区，每区各有一家独立的最高州法院，各区间的最高州法院权力平行，而且每家最高法院有多位法官。范德比尔特买通的是纽约市区最高州法院的法官，但这不对古尔德和德鲁构成障碍，因为他们也花钱买通了其他区的最高州法院法官，这些法官则向范德比尔特发布禁令，禁止其妨碍益利公司的运作。两方分别控制不同的法官给对方发出相互矛盾的禁令，一时间导致了一场司法危机。这种状况是否与我们中国各地法院保护本地公司和个人、不顾司法公正与本地公司和个人联合对付外地公司或个人非常相似呢？

在法院间来回发布禁令的同时，古尔德和德鲁还在继续发行益利的可转债。看到这一点，范德比尔特促使他买通的法官给对方定"藐视法庭"罪，动用警察追捕古尔德和德鲁。得到追捕的消息后，古尔德和德鲁赶紧带上 600 万美元现金和公司文件从纽约市逃到曼哈顿河对面的新泽西州。尽管只间隔一河，但纽约州警察不可越州到新泽西抓人，范德比尔特也无可奈何。

逃到新泽西后，古尔德和德鲁立即到新泽西州议会，促使其通过一项法案批准益利公司为该州合法上市公司，从而可在该州正常运作。与此同时，益利管理层的其他人员则跑到纽约州议会，买通一些议员提出一项议案，要求：第一，将益利通过可转债发行的股票合法化；第二，益利管理层有权发行可转债；第三，禁止范德比尔特将纽约中铁和益利两公司都控制在手中。可是，范德比尔特在纽约州议会的政治影响非常强。1867 年 3 月 27 日，该项议案以 32 票对 83

票失败。

看到这一结局,古尔德不甘失败。3月30日,尽管他还面临"藐视法庭"罪而可能随时被逮捕,古尔德带上50万现金离开新泽西州,赶到纽约州政府所在地奥本尼市。到达后的三周内,他大举行贿、放肆送钱,买通众多议员和州长。三周后,纽约州参议院和众议院再次对已否决的提案进行投票,提案顺利通过。随即,州长签署议案,正式使议案成为该州法律。

事到这一步,范德比尔特只好认输,决定和古尔德派系谈判。1867年7月2日,双方达成协议,益利公司先从范德比尔特手中以每股70美元买回5万股本公司股票,四个月后再以同样价格买回剩余的5万股,另外再补给范德比尔特100万美元。

这一胜利让古尔德牢牢控制了益利公司。随后他进一步使用金钱手段对政界和法院施加影响,在股市上试图吞并多个其他铁路公司。但随着媒体对他的吞并手段和运作内幕报道的增加,在几次大的兼并尝试中,兼并对象公司的股东和董事会组织起来反对,导致1869年和1870年的几个大项目都以失败告终。到1871年,他在纽约控制的法官和政客相继离任或被开除。这时,益利的财务问题已非常严重。远在英国的股东也得到消息,开始请纽约的律师起诉古尔德及其同伙,迫使他和手下的全体董事会成员于1871年年底辞职。

—— 三段插曲

看到今天美国的法治状况,难以想象一百多年前美国的司法和政治还会腐败到这种程度。但事情往往如此,物极必反,正是一波又一波极端事件促使整个社会反省、调整和再创造,不断趋于完善。美国是这样，中国也会是这样。我们应该看到，一旦给予法院和司法人员足够的独立空间和尝试机会，总会走出一条新路来。

19世纪末和20世纪初，美国各州对其公司法和证券法都进行了一系列修正。比如，多数州现在都禁止股东在不出售股票的同时卖出股票的投票权，唯有特拉华州由于1882年的Schreiber v. Carney案，在该州注册的公司的股票投票权是否可以合法出售，要视具体情况而定。1934年的《证券交易法》界定投票权可出售，但购买方必须向所有出售方提供详尽的背景信息、意图和代理投票内容等。此外，一旦持股超过总股份的5%，购买方必须在10天内向美国证监会申报。因此，现在的联邦证券法不禁止收购或出售股东投票权，但强调披露，以保证公平和自愿交易。

益利争夺战不仅引发了一些法律和司法改革，而且在证券交易手法上也有一些至今还流行的创新。第一种创新是德鲁的"可转债套利"策略（convertible bond arbitrage），这是一种非常流行的对冲基金手法。1866年春，正当益利处于财务危机时，作为财务长的德鲁自己借给公司350万美元，同时让公司给他2.8万股股票作为质押，并发给他300万美元的可转债。这样一来益利渡过了难关，股价上涨。涨到一定程度，德鲁开始做空益利股票，为其可转债套利。也就是说，假如每50美元的可转债可转换成1股益利股票，那么300万美元可转债相当于6万股益利股票。在股价涨到一定程度之后，如果德鲁不想再承受任何价格风险，做空6万股则可帮他套住可转债上已赚的钱。这种"持有可转债、做空相应多的股票"的手法被通称为"可转债套利"策略。但德鲁不仅如此，做空益利股票后，他把手中的可转债转成股票，再在股市上抛售。做空和抛售使股价从95美元跌到50美元。然后再在低处买进，以换回做空的股票。于是，德鲁不仅从可转债上大赚，而且从做空交易上也大赚。

身为益利董事长和财务长的德鲁利用职务之便自谋私利还不止如此。第二种做法是德鲁把多位朋友的钱筹集成私募基金，以此操纵益利股价。有一次在他的私募基金买下益利股票后，股价迟迟不涨，一位无名氏的基金参股人（简称 X 先生）等不及了，就去向德鲁探听内幕，德鲁安慰 X 先生并保证益利股价会涨。听到这些，X 先生决定加大"赌注"，申请从基金中以股票做质押贷款。X 先生拿到借款则买下了更多的益利股票。又过了一段时间后，X 先生发现益利股价不仅不涨反而进一步下跌，因此再向基金借钱买下更多益利股票。可是，几次购进后，益利股价毫无动静，X 先生觉得奇怪。调查之后发现，每次从基金借钱买益利股票时，实际上股票也来自同一基金，而不是从纽约证交所买来的。也就是说，他的股票买单从来没有送到交易所，而每次都是从基金借钱，从基金手里买来益利股票，因此是德鲁控制的基金在"自倒"，对股价自然不会有影响。这种由内幕人组织基金（甚至是本公司的资金）来炒高本公司股价的做法目前在中国也较流行，2001年证监会处罚的亿安科技就是一例。

我国的《证券法》禁止内幕交易，但"内幕交易"的含义是内幕人交易自己公司的股票。另一种形式的内幕交易实际上同样普遍。比如，在益利铁路公司案例中，曾经有一家美国特快列车公司（The U.S. Express Company）跟益利签有合约，租用益利的某些铁路线的某些时段（例如，从芝加哥到纽约的特快列车要经过多家公司拥有的铁路段，使用前必须先签订租用合同）。一次合约到期之前，美国特快列车公司与益利重新谈判租金。谈判中，古尔德代表益利要求抬高租金，可对方拒绝。接下来古尔德告诉对方，如果不接受，益利则会自己新建特快列车公司与对方竞争。消息一出，美国特快列车公司股价立即从60美元跌至16美元。跌到低点时,古尔德自己则大量购进对方公司股票。买够之后,古尔德随即与美国特快列车公司签署合同,答应继续让对方租用益利铁路,这使其股价快速反弹。据说,古尔德自己从这笔股票交易中净赚300万美元。

古尔德不是美国特快列车公司的职员或董事,那么他的这种交易是否构成"内幕交易"?是否构成"市场操纵"?在当时的美国两者都不是。如今,这种行为可能违反了《证券交易法》10b-5规则。相比之下,在我国证券市场中,这种间接的、更隐蔽的内幕交易可能还顾不上去惩治,因为像亿安科技这类更赤裸裸的内幕交易和市场操纵复合案都还没有得到真正惩治。

—— "半满"

今天我们的股市和司法状况跟美国19世纪下半叶有许多相似之处。看到美国和其他发达国家今天的情况,我们可能会对中国的不成熟市场和欠缺的司法体系失望。但美国走过的历程应该给我们许多积极的启示。关键是愿不愿意给中国法院走这条路的机会。这些年多种经济改革试验的成功应当让我们对司法改革充满信心。**没有公正独立的司法环境,没有法院对行政部门的司法审查,就不可能有真正的现代股票市场,证券市场也不会成为真正意义上的企业融资途径。**

第 7 章
为管理层股票期权正名

> 民营上市公司在财务和经营上远优于国有上市公司,这说明让管理层持股是一种良好的激励机制。在美国,高科技公司的技术创新能力的增长也间接说明,管理层和职工股票期权机制是技术创新的直接引擎。

2001 年安然破产之后,关于美国上市公司信任危机的讨论很多,为什么会发生这么系统性的假账行为呢?对这一问题有许多不同的回答,或许起因并不完全是监管不力的问题,更多的是由于 20 世纪 90 年代炒成的股市泡沫逼人铤而走险。当然,一种在美国和中国都更为流行的观点是:管理层股票期权是导致这次股市信赖危机的重要原因之一。于是,管理层股票期权被认为是一种不利的机制设计。

后一种结论使刚刚开始试行管理层和职工股票期权制度的国内公司突然感到无所适从:我们正在采用的这种激励机制原来是"坏的"?笔者认为,对这种"一刀切"的观点大可不必太在意,否则就与因噎废食没什么区别了。为了看清这一点,我们先回顾一下公司(尤其是上市公司)设计激励机制时所遇到的困境,由此揭示管理层股票期权机制的出现是有其道理的。然后,我们再讨论股票期

---

* 本文根据发表于《新财富》2002 年 9 月号的同名文章改写而成。感谢王勇华为本文提供的建议。

权机制设计中的一些细节问题，以便更好地了解管理层股票期权的真正含义。

—— 管理层股票期权机制产生的基本原理

这几年在关于公司治理的讨论中我们已经了解到，一旦公司上市成为公众公司，就有了遍及各地的中小股民。这些人数众多的中小股民无法知道那些全权控制他们的投资的经理们是否在为他们服务。经理们掌握着公司的资产使用权，知道公司的处境，也知道做出各种抉择后对公司利益的影响如何。可是，那些中小股民们却不知道公司的确切处境，因此也无法在事前或事后准确评估管理层的业绩。比如说，即使公司的业绩事后看较差，但管理层可能会说：如果不是管理层的"英明决策"，或许业绩会更差；同样，即使事后看业绩是好的，但股东也可能会质疑：如果不是管理层的"欠佳决策"，或许业绩会更好。正因为股东们无法掌握管理层所能掌握的全部信息，他们怎么也不能确信管理层是在为他们的利益最大化而运作，不能确信管理层在做出抉择时总能把股东利益放在第一位。既然业绩评估是如此困难，如何设计一套针对管理层的激励机制，能够让无论股东们是否在场，管理层"自然"会把股东利益放在第一位呢？

答案有三种：**第一，管理层按比例分享公司的利润（也就是"奖金"）；第二，给管理层股份；第三，给管理层发股票期权**。这三种机制将管理层的利益和股东的利益捆在一起，都可以达到一定的效果，但其利弊各自不同。

简单讲，第一种方式对股东有利，但对管理层激励不够，主要原因是管理层无法从公司的长期成长中获益。特别是对于那些年轻、规模小的高科技公司而言，近期的赢利往往很小或者干脆就不赢利，所以公司管理层对利润分成的兴趣不会太大。于是，虽然管理层为刚创业的高科技公司不明朗的前景承担实质性风险，但是即使公司将来成功，管理层却因不能得到股权而无法直接分享。虽然这种激励机制的安排对股东似乎更有利（因为不会稀释现有股东的股权），但对管理层却没有足够的吸引力。而且，这种机制还会更多地引导管理层去重视短期利润，不顾公司的长期利益。正因为如此，新公司和高科技公司通常不采纳这种激励机制。这种机制只有对于那些已经开发成熟、利润稳定的公司，才会产生足够的激励。此外，以利润为基础的奖金机制也更会迫使管理层去操纵利润。

第二种方式是直接给管理层股份。这显然可以产生足够的激励，但对股东来讲可能并不是一件好事。首先，如果要求管理层以较高价格购买公司的股份，经理们一方面不一定有足够的原始资金，另一方面即使他们有足够的资金，他们也不一定愿意让自己过多地承担公司失败的风险（亦即，如果公司将来失败，经理们不仅要失业，而且自己原先的积蓄也没了）。其次，从公司股东角度讲，过多地发放股份不仅会使自己的股权立即遭到稀释，而且会让很多人拥有对公司重大决策的投票权，从而削弱了股东对公司的投票控制权。因此，这种激励机制对股东和管理层可能都有不利之处。当然，如果公司能免费或以极低价格向管理层出售一定的股份，对管理层会有充分的激励，但股东为此付出的代价太大。此外，如果以低价将股份发售给管理层，受让方必须在当年为这种优惠差价支付税款。这类税务负担一般会很高，对多数人来说是非常不可取的。

管理层股票期权则比较好地克服了上述两种机制的缺点，保留了它们的优点。

——管理层股票期权的操作细节

那么,这一机制到底是如何运作的?笔者根据几次参与谈判管理层股票期权协议的经验,在此对相关细节问题做一些必要的介绍,以便读者能够更好地理解关于该机制的争论。

简单地讲,**所谓管理层股票期权**(executive stock option),**就是给受让经理方一种在一定时段内以事先约定的价格认购公司股票的权利(亦即选择权)**。这里,我们通常称"事先约定的价格"为"行权价格"(exercise price,也称 strike price),称"将来执行这种认购权的行为"为"行权"(exercise)。这种选择认购权的实质是赋予受让方一种特权,即经理们现在无须支付任何费用或投资(也无须交付任何个人所得税),如果公司将来股价上涨,经理们可在那时以行权价认购公司股票。当然,如果公司将来运营不成功,这些期权就会一文不值,经理们不必为期权付出任何代价,也不会从股票期权计划中获得任何好处。

第 75 页图一表示股票期权计划在将来不同情况下可能带给其持有者的收益。图中,假定行权价格为 $X=10$ 元,横坐标代表股票在将来的各种可能价位,纵坐标代表期权持有者在未来不同情况下的可能收益。

下面是一些操作性细节:

第一,自发行日起,管理层股票期权的有效期一般为 10 年。亦即,只要经理方没有违约或离开公司另谋职位,他作为股票期权持有者可在 10 年内的任何时候选择是否行权。

第二,发行时,管理层股票期权的行权价格一般锁定为期权发行当天的股票市场价格。比如,假设期权发行当天的股票市价为每

图一：管理层股票期权在行权时的收益图示

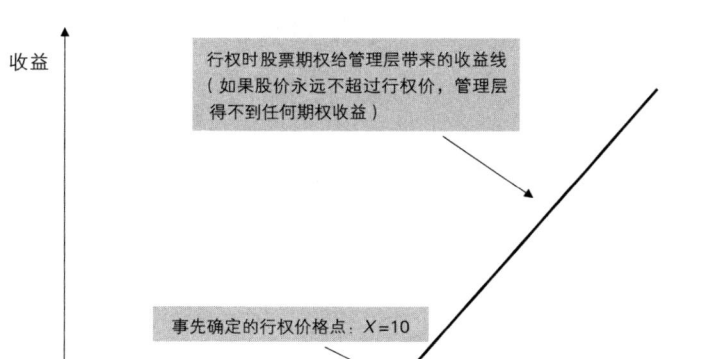

股 10 元，那么行权价格通常会确定为 10 元或者稍高一些。当然，管理层股票期权的行权价也可以低于 10 元，但如果行权价被锁定在 10 元以下，则受让经理方当年必须为低于 10 元以下的部分缴纳个人所得税（因为那等于是公司直接送钱给经理）。所以，几乎所有公司都按发行股票期权当天的市场股价来锁定行权价格。一旦锁定，行权价在期权有效期内不再变动。

第三，正因为管理层期权的行权价按当天的市场股价锁定，由此发行的期权似乎像是"无价值"的证券（因为当天谁都不需期权即可用那一价格买到股票），所以，在会计处理上不应把发行期权看成是一种给公司带来当期成本的行为（也就是，在发期权的那一季度里公司不用把发出的期权算到那一季度的成本中）。当然，假如管理层期权的行权价要低于当天的市场股价，那么情况就不同了，那等于公司在给管理层"送钱"，公司就必须把"送的钱"（亦即低行权价的管理层期权）算入当期成本。

因此，在过去的多年中，美国公司一直不把刚刚发行的管理层期权算入公司成本。直到经理行权认购股票时，公司才把经理行权时股票的市场价格跟期权行权价之差额记为成本。例如，如果5年后期权持有者行权时的股票市价为40元，而行权价为10元，这意味着行权者5年后只需付10元即可买到每股价值为40元的股票，每股净赢利30元，那么公司那时记入账目的成本为每股30元。

从这一例子中我们看到，美国目前"在发行管理层期权时公司不记成本、待行权时再记实际成本"的做法是有其道理的。一方面，向管理层发行期权时公司确实没有支付任何成本。另一方面，将来股价的走向不确定性很高：如果公司运作不成功，这些期权永远也不会被行权；如果公司运营非常成功，事先也无法预测将来实际行权时公司到底要付出多少成本（将来股价越高，行权给公司带来的成本则越高）。这种不确定性使公司今天因发行管理层股票期权而计算成本时变得很随意。

按照美国刚刚通过的公司改革法案，新成立的上市公司审计委员会可能会重新制定会计规则，要求上市公司将发行的管理层期权当即算作运营成本。果真如此的话，从上面的介绍中我们看到，那等于是要求上市公司将还没有发生的、可能永远也不会发生的、不确定的成本事先算作成本。其代价是，许多高科技公司可能长时期处于"亏损"状态。

第四，为确保经理不会在拿到期权后就"逃跑"，在管理层期权发行之后一般有一段逐步生效期。比如，在与公司签约时，张三经理可能得到共100万股期权，其中有20万股期权立即生效（于是，可立即行权），有20万股期权在任职一年后才生效（一年后才可行权），20万股期权在任职二年后生效，等等。当然，如果张三经理在一年后离开公司，一方面，还没生效的期权立即废弃；另一方面，即使是已生效的期权一般也限定在离任三个月内必须行权，否则过期作废。这些限定条件均是为避免经理们过于频繁地更换所任职的公司，也是确保管理层期权是为了激励在职的经理们。

第五，许多公司授予管理层（特别是 CEO）有条件的股票期权，这些条件通常是将股票期权计划与公司的业绩（performance）挂钩。例如，张三总裁先得到 100 万股票期权。上任后第一年结束时，如果公司收入增长了 50% 以上，则张三总裁可得到另外 20 万股期权的奖励；如果收入增长 70% 以上，则可得到另外 40 万股期权奖励，等等。当然，这种额外期权的条件可以多种多样，究竟以何种指标为基础可以根据公司的具体情况而定。公司收入、公司总利润、股票价格涨跌等均可作为确定授予额外的期权的评价指标；行权价格也可随经理人的业绩而定。一般而言，对于上市公司，以股价和利润为基础的期权契约比较普遍。对于非上市公司，尤其是新创业的公司，更多的是以收入为增发股票期权的条件。

第六，行权价格和公司的价值如何确定？自 20 世纪 80 年代开始，新创业的高科技公司几乎无一例外地靠股票期权吸引管理与技术人才。这些公司既无利润、收入可言，将来前景又非常不确定。对已经具备一定业务和管理经验的执业者而言，这些公司显然风险太大，收入也不一定高。可是，如果公司以足够多的股票期权作为报酬的一部分，激励情况就大不一样。

那么，对于新成立的公司和非上市的公司，如何确定期权的行权价格以及公司本身的价值呢？一般的做法是以公司近期进行资金私募时相关机构对公司所做的估价为基础。如果公司最近没有进行过私募，那么可以用近一年公司收入的 5 至 10 倍作为公司价值估算的参考基准。

——管理层股票期权的实际效果

1999 年 Tower Perrin 公司对《商业周刊》1000 强美国上市公司做的调查发现，90% 以上的公司都使用管理层股票期权。美国电子业协会 1997 年的一份对 1000 个上市公司的调查则得出以下结论：第一，53% 的公司不仅给管理层，而且给所有雇员发股票期权；第二，88% 的高科技公司给所有雇员发股票期权；第三，年收入不到 5000 万美元的小公司中 74% 给所有雇员发股票期权（一般讲，公司越小，则越倾向使用股票期权）；第四，从 1994 年到 1998 年，美国标准普尔 500 指数公司所发的职工期权价值共增长 4 倍多。

既然 90% 以上的公司授予管理层股票期权，那么其实际效果如何呢？当然，从《新财富》2002 年 8 月号关于自然人控股的中国上市公司业绩的比较中，我们看到，**民营上市公司在财务和经营上远优于国有上市公司，这说明让管理层持股是一种良好的激励机制**。在美国，**高科技公司的技术创新能力的增长也间接说明，管理层和职工股票期权机制是技术创新的直接引擎**。

在 1990 年一项著名的研究中，金融经济学家詹森（Jensen）和墨菲（Murphy）两位教授发现，为股东财富每增加 1 万美元（等于是公司市值增加 1 万美元），总裁 CEO 的直接报酬（包括工资和奖金）则增加 7.5 美元，其持有的股份价值则上涨 25 美元。在另一项 1998 年的研究中，哈佛大学教授霍尔（Hall）和李本（Liebman）发现，当股东财富每增加 1 万美元时，CEO 的股票期权价值则平均上涨 36.6 美元。因此综合起来，股东财富每增加 1 万美元时，CEO 的财富共增加 69.1 美元（见第 79 页图二）。可见 CEO 的利益和股东的利益息息相关。

CEO 从公司财富的增长中平均获得 0.691% 的好处，那么他们

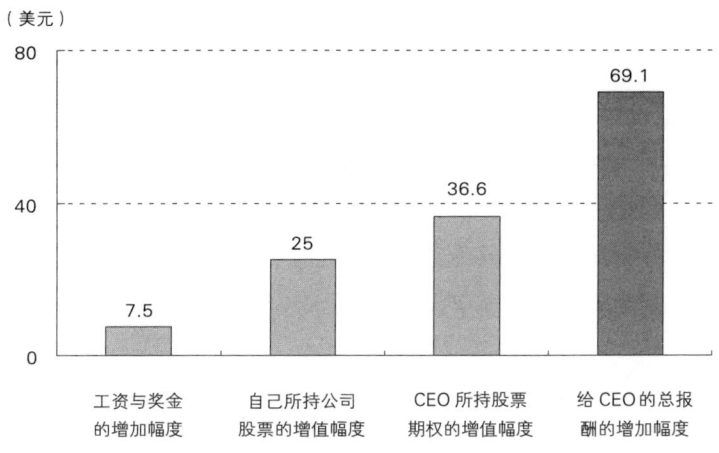

图二：在美国，股东财富每增加 1 万美元，CEO 的报酬增加多少

的持股和持有股票期权是否真的能改进公司实际业绩呢？在 2001 年发表的一项研究中，沃顿商学院的科尔（Core）和莱卡（Larcker）两位教授发现，管理层是否持股对于公司业绩影响很大。他们研究的 195 个美国上市公司，平均要求 CEO 个人至少拥有公司 4% 的股票。把这些对 CEO 持股有明确下限的公司与同行业、同规模但无 CEO 持股下限的公司比，前者的股票年回报率平均高出 5.7%（表示股市欢迎董事会要求 CEO 个人持股），其资产收益率平均高出 1.2%（见第 80 页图三）。其他许多研究也表明，管理层和职工持股或持有股票期权都显著改善公司业绩。

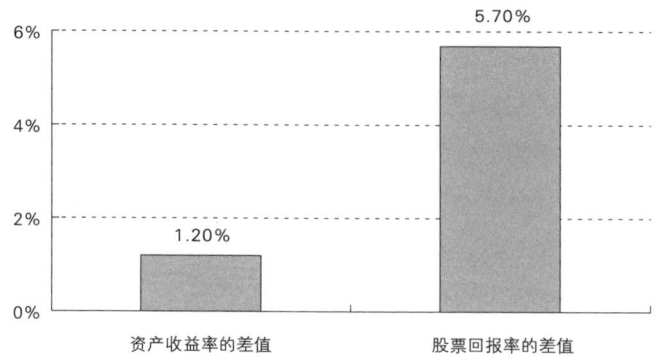

图三：董事会为 CEO 设定持股下限后，
公司业绩与同类公司比要好多少

注：这里给出的是两类公司的同期业绩差值：①为 CEO 设定持股下限的公司；②没有为 CEO 设定持股下限的同行业公司。如果业绩差值是正的，表示前类公司业绩更优

—— 不应放弃管理层股票期权

或许，美国公司的管理层股票期权机制太有效了，形同一只看不见的手，促使经理们处处为股票价格着想；当实际利润不足以满足市场预期时，为了不让股票价格下跌，他们铤而走险，选择人为地制造利润。这种激励机制似乎"太灵"了，灵得过了头？

当然，如果管理层股票期权把经理们激励得过甚了，那自然不是好事。少数公司在股票期权实践中出了问题，也只能说明公司治理的复杂性，并不能说明股票期权机制就没有生命力了。就如同不能因为一家网吧起火就关掉所有网吧，那样给全社会带来的代价太大。毕竟，管理层股票期权是美国多年创业与创新的动力机制。

第 8 章
安然之谜

> 安然系在企业结构上与中国许多"金字塔"式企业控制结构类似。在运作上,也与中国的许多企业类似……

安然公司是一个典型的"金字塔"式关联企业机构(以下简称"安然系"),这个大家族包括 3000 多个关联企业。它于 2001 年 12 月 2 日申请破产,加上接下来的多项对安然及其董事和要员的诉讼案等,其实都不是因为安然系结构这么复杂、"控股链"这么多层这一事实本身所引起的。比如,美国市值最高的通用电气公司(GE)实际上远比安然系复杂,关联企业远远更多。可是,GE 今天没有破产,也没有被众多诉讼案缠住。那么,是什么促使安然崩溃呢?关键在于它怎么运用这些关联企业,以及在财务上怎样处理与它们的关联交易。安然崩溃的原因主要有两个:

第一,几家关联企业和信托基金以安然的不动产(水力资源、生产设施等)做抵押,向外发行流通性证券或债券。但在这些复杂的合同关系中,通常包括一些在特定情况下安然必须以现金购回这些债券或证券的条款。在加州供电危机给能源市场带来的震荡中,这些条款被"触发",迫使安然在缺少现金的情况下寻求《破产法》的保护。

第二，安然将许多与关联企业签署的合约保守为秘密，把一些债务通过关联企业隐藏起来，运用关联交易大规模操纵收入和利润额，采用模糊会计手法申报财务状况。在2001年11月这些欺诈、误导股东的手法被披露后，投资者将安然股价推到低于1美元的水平。这是受害者给施害者的惩罚，是触发安然签署的合同条款无法兑现的主因之一。

本章中，我们集中分析安然的资本运作手法（财技）与企业结构策略，以及它的不同关联企业的目的。同时，我们也会分析最终导致安然破产的几个主要关联合同的细节。虽然安然已经破产而且有个坏名声，但它在资本运作上的想象力和创新能力可以说具有非常深远的价值，值得我们思考。

—— 安然公司面对的挑战

1986年前，美国的能源市场处于联邦能源监管委员会的严格管制之下。一方面，安然公司等能源企业在自己的控制地域不能进行垄断性定价。另一方面，它们也与竞争对手隔绝。当时，政府的监管限制了股东回报（return on equity），所以安然公司有意以增加企业负债率的方法来扩大企业规模（而不是以股权融资）。增加企业负债率不仅不会冲淡现有股东的权益，而且债务利息也可抵税，从而使企业的价值最大化。

但是，一般公司并不能无限制地增加债务规模，因为债券评级公司会由于债券发行公司杠杆率的提高而调低公司的评级，从而导致其借债成本的迅速上升。但是，尽管安然公司的负债率较高，但由于公司盈利十分稳定，又受到能源管制政策的保护，它的债券一直属于"投资级",是非常有信誉、低成本的债券。债券投资者和评级公司认为,即使公司的经营环境恶化(如需求降低等),政府也会允许安然对其控制的地区能源提价,从而保证利润,债券持有者的利益自然也受到保护。

1985年至1986年,美国联邦能源监管委员会开始进行解除监管的改革,不但放开价格的管制,而且允许能源用户可以对长期能源供应合同进行重新协议。这些措施大大加剧了美国能源市场的竞争局面,使安然盈利的稳定性不再是一种必然。1989年,价格改革覆盖了石油开采和提炼的每一个环节。随着盈利波动性的上升(这里指的不是盈利一定会下降,而是可预测性变差),安然的债券被降为"垃圾债券",这意味着高借债成本,并约束它的企业扩张。

在这转变之际,安然公司面临的挑战包括:如何继续寻找业务增长点来扩大规模和保持利润增长的稳定性,从而提高企业的价值?如何维持稳定的现金流以巩固偿债能力?如何寻找一个健康的杠杆率,既有利于融资需要,又能保持管理层对投资项目的稳定控制?

安然的策略是利用关联企业结构,并尽量革新地使用财务手段来避免直接的企业负担,但又能灵活地扩大企业规模。下面我们列举安然公司进行扩张的手法和对关联企业的运用手段。

——"金字塔"企业家族的形成:以少量资金控制多个公司

为组成包括3000多家关联企业的安然系,最简单的一种做法就是利用"金字塔"式多层控股链,来实现以最少的资金控制最多的公司之目标。道理很简单,如果A公司控制B公司51%的股份,而B公司又控制C公司51%的股份,尽管A公司实际只控制C公司

26%的股份，但A公司还是对C公司有控股权。根据这一道理往下推，控股链层数越多，实现控股需要的资金就越少。

但在实际运作中通常还要考虑许多其他因素。为看清这一点，一个典型的案例是从1994年起安然对在新兴市场国家投资项目的重组。在重组以前，安然拥有以下几个大型海外能源项目：（1）菲律宾电厂一号（50%股份）；（2）菲律宾电厂二号（50%股份）；（3）危地马拉电厂（50%股份）；（4）阿根廷天然气管道项目（18%股份）。在中国，安然的主要投资项目有海南160兆瓦BOT电力项目、成都284兆瓦合资煤炭火力发电项目和四川—武汉765公里管线项目。

安然希望以这些资产为支持进行股权融资2亿美元。但是公司却不想放弃对这些项目的控制权（至少50%的投票权）。如果对这些项目分别做股权融资，安然将失去在这些项目中50%的持股地位，而如果以债务融资，则增加了负债。根据上面所说的形势，安然也不想在母公司层面继续负债。所以安然决定成立另一个控股公司："安然全球能源和管线公司"（Enron Global Power & Pipeline，简称GPP）。

安然希望通过控制GPP 50%的股份，并将在以上各项目的股份转入GPP，从而形成"金字塔"式公司控制链。但是这种链条控制在发达的市场是否也能实现，或面临哪些困难呢？

首先安然必须考虑子公司支付股息时面临的税务问题。公司层次越多，发生利益转移时的税务负担越大。这使安然不能将GPP注册成普通公司（"C"类公司），因为，此类公司必须受到所谓的"双重征税"，即子公司的利润需要缴纳公司所得税，支付的股息到了母公司或个人投资者手里又要缴纳公司或个人所得税。美国的大型股份公司都注册成"C"类公司，这种公司结构对股东的要求非常低，利于大规模融资活动。

在美国，有4种公司结构可不在企业层面缴纳所得税，而将纳税责任"传递"到股东那里。它们分别是独资公司、"S"类股份公司、合伙企业和有限责任公司（Limited Liability Corporation，简称LLC）。为了融资，GPP当然不会注册成独资企业，但是GPP也不能注册为合伙类企业（因为这会大大限制公司的融资能力）。合伙企业对合伙人和相应的法律关系要求非常严格，因合伙人的股份流动能力小，其流通成本很高。尽管如此，美国许多合资企业都注册成为合伙企业，就是为了获得税务上的豁免。

所以，安然经常选择"有限责任公司"的形式，这是美国最近流行的一种公司注册方式。LLC可以说本质上是一种"合伙"，它也没有公司层面上的所得税问题，而是将纳税义务"传递"到股东那里。它也可以发行股票，做大部分"C"类股份公司可以做的融资活动。但是，这些好处也不是没有任何代价的，LLC的股东报税繁琐。此外，美国税务机关（IRS）在审定公司是否符合"有限责任公司"定义时，需要考虑公司一些实质问题：

（1）公司是否对所有权的转移有所限制。公司的股权必须有一定的流通性。

（2）公司的寿命。有限责任公司一般有30年的期限。

（3）公司管理的集中度。如果不集中，则不属此类。

（4）责任的限制。投资失败后的责任和债务的清偿。

对LLC企业资格的审定十分严格。但安然设法渡过了难关，获得了LLC的税务优惠。

在确定了公司结构和发售新股后，安然面临的另一个问题是如何以最低的成本转移资产。所涉及的能源项目都分别属于不同的外国注册公司，在资产转移时将会出现成本。简单讲，根据美国的公司法，安然公司可以对自己的子公司和关联企业进行三种形式的重组：

"A"类重组：GPP可以与被收购的公司合并。这类重组的实质是收购方使用股票加其他支付手段（优先股和现金等）购买被收购公司全部资产和负债。优点是支付手段灵活。缺点是现金收购部分，原股东需要缴纳资本利得税。但是，此类重组的参与者不能是外国公司。

"B"类重组：GPP与被收购的公司进行股票置换。这类重组的好处是被收购公司相当于成为收购公司的子公司，因此不存在资产转移中的手续问题。对于难以转移的资产如特殊的产权、专利权等，这类重组成本最低。

"C"类重组：GPP用自己的股票收购被收购公司的全部资产，被收购公司随即清盘，把股票分给原来的股东。

安然决定使用"B"类重组，因为股票置换时，原来的股东不必在交易发生时缴纳资本利得税。但是，由于外国合资企业的股票常有许多限制性规定，安然干脆成立了一系列控股公司，然后GPP置换这些公司的股票。其结构如第87页图一所示。

从20世纪90年代中期以后，安然不断地使用和完善这些金融重组技巧，建立复杂的公司体系，其各类子公司和合伙公司超过3000个。当然，安然的许多子公司也是为了进入各个新的产品领域成立的，如花园州纸业公司、安然金属产品公司、安然宽带公司和安

图一：安然重组海外项目示意图

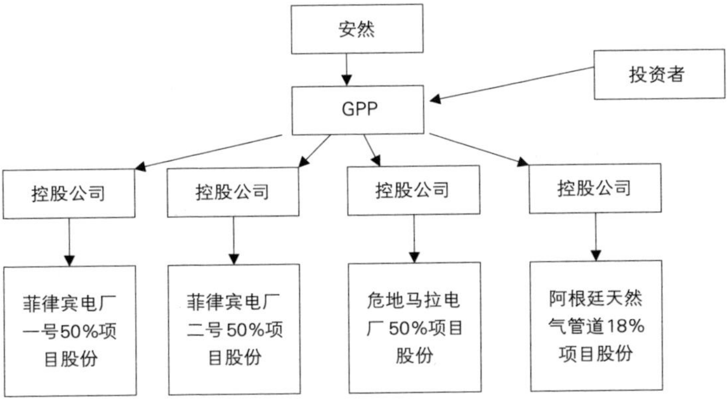

```
                    安然
                     │
                     ▼
   ┌─────────────── GPP ◄────────── 投资者
   │         │         │         │
   ▼         ▼         ▼         ▼
 控股公司   控股公司   控股公司   控股公司
   │         │         │         │
   ▼         ▼         ▼         ▼
 菲律宾电厂 菲律宾电厂 危地马拉电 阿根廷天然
 一号50%项  二号50%项  厂50%项目  气管道18%
 目股份     目股份     股份       项目股份
```

然氢产品公司等。安然自信地宣称，它可以进入任何传统行业并将其革新。其中的重要手法就是，通过金融手段，将原来流通性很差的投资或项目转化为流通性好的证券。后面，我们还会再谈这一点。

——利用关联基金管理企业做金融担保

除了众多以能源和宽带通信实业为主的企业外，安然的关联企业还包括一些金融基金管理公司，为安然提供所需的融资、套期保值或风险控制手段。也恰恰是与这些关联企业的背后交易使安然最后破产。

其中的一个典型案例是 LJM 资本管理公司（LJM Capital Management），这家安然关联企业由当时安然的财务总监安德鲁·法斯托牵头建立并自任总经理。主要业务是投资管理，发行的基金包括 LJM 一号、LJM 二号、LJM（开曼群岛）等，其中规模最大的LJM二号基金的投资者包括瑞士信贷第一波士顿、Wachovia（美国最大的地方商业银行之一）、GE和阿肯色州教师基金等信誉卓著的法人投资者。这种合伙基金类似中国的私募基金，是在美国越来越流行的投资者联合进行投资的一种载体。安然在LJM一号和LJM二号基金中分别投入了1600万美元和3.94亿美元的资本。

从2000年中期开始，宽带公司股票价格持续下跌，这使在该业务投资不少的安然公司甚为担心。此时，安然财务总监建议要求关联企业LJM二号为其宽带业务等资产的价值提供担保。于是，安然与LJM二号签订交换合约，条件大约如下：如果安然的这些不动产升值，LJM二号获得升值中的一部分；如果安然的相应资产贬值，LJM二号必须弥补安然贬值部分；安然先得到12亿美元的贷款；如果LJM二号因资金不够而发生清偿危机，安然将打入价值为12亿美元的安然股票或现金。（图二）

图二：安然LJM基金操作示意图

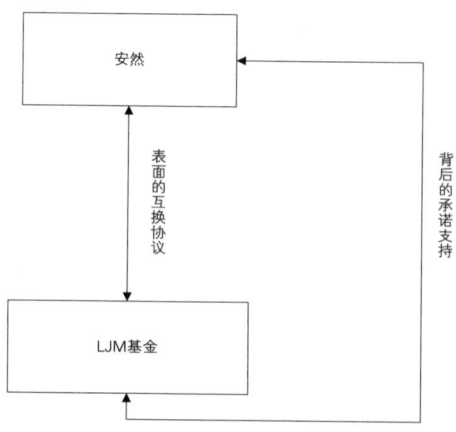

值得注意的是,安然并没有事先确定所发行股票的数量,而是保证所发行的股票的价值等于 12 亿美元。这里的风险是,如果安然股价大幅下滑,它将被迫发行更多数量的股票来凑足相应的价值,从而更加稀释原有股东的股票价值,导致股票价格进一步下跌。由于安然股票跟这些不动产的价值有很高的相关性,其结果是恰恰在将来不动产的价值下跌,安然股东需要保护时,因这种担保导致的股票稀释反而使股价进一步下跌,这给安然股东增加了太多的风险。但是,从担保方面带来的潜在风险和损失并没有公开披露。

LJM 二号与安然之间的互换协议金额面值高达 21 亿美元。在高科技泡沫持续下跌的情况下,安然在 2000 年至少从互换协议中"受益"5 亿美元,2001 年"受益"4.5 亿美元。但这些受益又正好由相应的资产损失而冲抵。安然只在合约对自己有利的时候计入了自己得益的部分,并把这些受益算作收入。实质上,安然并没有受益,而是玩了一个游戏。

与此同时,由于这些支付,LJM 二号本身的资金不够了。按照协议,安然必须发行价值 12 亿美元的股票充实 LJM 二号的资金。但此间安然股价也在直线下跌,到 2001 年第三季度已跌至不到 40 美元。于是,安然不想实施新股发售计划,只好依靠出卖不动产资产套现,赎回 LJM 二号中其他投资者的投资,使 LJM 二号成了安然的全资子公司。这样一来,安然原来没有合并进财务报表的亏损,一下子暴露了出来。

2001 年 10 月 16 日,安然公布第三季财务报表,称为了中断与"某一关联企业"的财务合约而出现 10 亿美元的一次性重组和损失费用,同时也从"股东权益"(shareholder equity)项中扣除 12 亿美元。这 12 亿美元是为了上述第四项条款的责任。此消息引起一系列的反应,也标志着安然下沉的开始。

安然的这种"操作"是否违法呢?从美国这几年的实践中看,这种工业公司与金融机构签订合约来对自己的业务进行套期保值已成常见行为。这类保险型的合同其实是一种金融工具,基金投资者可从安然的资产升值中得利,但也承担相应的损失。这种"互换"也使安然得以"熨平"自己的盈利波动,使之不受到行业波动的影响,从而不轻易令华尔街"失望"。由于LJM中安然的股份不足以引发合并报表,安然据此来说明当时的财务披露是符合美国通用会计准则(GAAP)的。但是,即使这些"衍生工具合同"的风险披露尚没有统一的认识,安然也是明显在利用会计上的漏洞,把风险掩藏在背后。安然在实质上承担了全部的风险,审计师应当据此要求合并或拒绝对报表签署无保留意见。

——利用关联企业来隐藏债务

前面谈到,为了扩张企业家族,安然需要融资,但又不想增发股票或产生更多负债。有一种出路是利用关联企业来隐藏债务,变相增加公司杠杆率。

根据美国通用会计准则的内在模糊性,安然虽然拥有许多子公司50%的股份,但仍然无须合并报表,所以子公司的负债在安然本身的资产负债表中很难反映出来。但是,安然在实质上控制了所设立的子公司和投资项目。

安然利用的另一种手段是"信托基金"。其中最著名的两个分别称为"马林"(Marlin)和"鱼鹰"(Whitewing)。在"马林"中,安然将自己在英国和其他地方的水厂资产剥离给基金,让后者持有这些资产并以此为抵押发行债券。信托基金通过债券融来的资金进入安然，安然却无须将这些债务计入公司报表内（因这是用水厂资产"换来的"）。但是，安然承诺在一定期限内赎回"信托基金"，合约中规定安然可以使用可转换优先股或现金。安然的如意算盘是在"信托"生命期内尽量使相应的资产增值，在信托赎回时出售该资产来支付债券。但正如我们所知，安然的英国业务并没有升值，所以当"马林"信托基金的赎回期在2001年7月到达时，安然必须使用可转换优先股或现金来补充。

安然的解决方案：建立"马林二号"信托基金，将最终的赎回期限拖延到2003年。"马林二号"基金的负债为10亿美元。安然宣称，即使出售信托基金所持有的水厂资产的收入不足偿还其债务，安然还可出售公司的优质资产（如波特兰电力公司等）来补充。但是评级公司据此会把安然的杠杆率重新调整，因为那样的话，公司的优质资产等于已抵押给了信托基金，不能用于安然本身的债务清偿。

"鱼鹰"信托基金以同样方式发行了24亿美元的债券，作为抵押的资产包括：中美洲的天然气传输系统、为欧洲电站设计的涡轮机组、在欧洲各电厂中的股份及其他能源资产。如果这些项目最终的价值超过了负债的金额，安然可以得到"额外"的利润。由于这些资产和负债在安然的资产负债表中都没有反映，这些"额外"的盈利很可能给人们一种假象：安然用了很少的资本就得到了很高的利润。（见第92页图三）

仔细研读这些信托的条款，你会发现安然在以下条款都满足时必须立即以现金清偿基金债券：

图三：马林信托基金的操作示意图

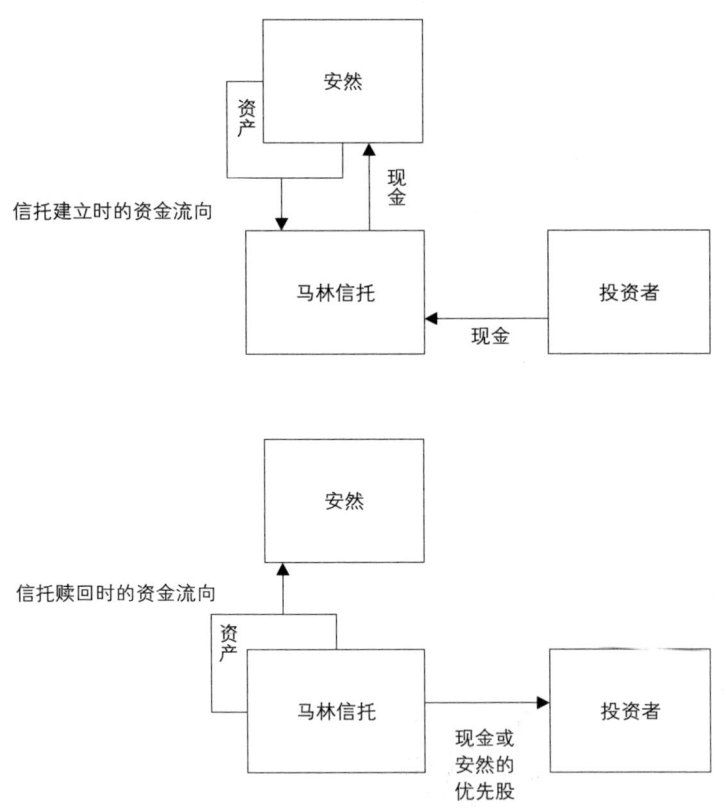

（1）安然股价低于一定的"门槛"（对于"鱼鹰"是59.78美元，对于"马林二号"是34.13美元）。

（2）安然的信用评级低于"投资"级。

到2001年10月底，安然股价早已低于30美元，因此第二个触发条件成为关键。这也是所有人都关注的地方。如果这一条件也满足，安然必须提前解散信托基金并偿还相应债务。如果那真的发生，安然可能只有破产。

2001年11月8日，安然宣布在1997年到2000年间由关联交易共虚报了5.52亿美元的盈利，其股票价格则跌到10美元以下。由于急缺现金，安然与昔日竞争对手德能公司（Dynegy Inc.）开始兼并谈判。11月9日，德能公司宣布收购安然。11月28日，安然宣布本周内会有6亿美元的欠款到期。当天，标准普尔公司在没有任何预兆的情况下，突然将安然的债券连降六级为"垃圾债"。这一来就触发了解散"马林二号"和"鱼鹰"信托基金，并偿还共34亿美元债务的合同条款。但安然没钱，也无法通过增发股票偿还，因为其股价已跌到60美分，唯一的选择是申请破产。

我们也可以从投资理论角度分析这种基金运作存在的问题。以"马林二号"基金为例，我们可把它拥有的资产和债务看成是一种套期保值策略的两部分。第一部分是"做空"的一头，也就是它卖给投资者的债券。第二部分是"多头"方，包括：（1）来自安然的水力资源等不动产抵押；（2）安然增发股票的担保。也就是，该基金的多头是由不动资产和安然可增发的股票组成。但这些不动产和安然股票的价值相关性非常强，因此在一定程度上多头方实为安然股票。

"马林二号"基金的多头是安然股票，空头是固定收入的债券，两头的风险特性显然千差万别，从任何意义上讲这种"套期保值"策略都无法把风险"对冲"掉，使剩下的风险很高，而"马林二号"基金所包含的所有风险都实际上由安然承担。另一方面，基金的多头首先是水力资源等不动产，这些资产没有流动性，其价值不易估算，风险特性更是难以估测。而基金空头的一方是流通性好的债券。从美国"长期资本管理公司"（LTCM）的失败经验，我们已看到用流动性差的资产去"对冲"流通性好的证券的危险性，因为这种对冲只会给基金操作者带来"不流动性"（illiquidity）风险。"不流动性"风险在市场波动不大时不会成问题，但在市场动荡时可能造成致命性打击。这也是安然的"套期保值"策略失败之处。

安然自己标榜已发现了如何使传统能源公司一跃成为高增长、高利润的"新型企业"的"秘诀"。但实际上，公司的大部分"价值"都来自这种隐含的负债。这种隐含的负债常常与海外投资和衍生工具相联系，因为相应的披露比较容易被管理层操纵。

—— 控制多个公司的好处之一：通过关联交易来操纵利润

早在20世纪90年代，安然利用关联交易操纵利润就已出名。它的盈利（甚至是经过审计的盈利）充满了"水分"。从2001年第一季度开始，美国能源和电力的价格出乎意料地下降（第95页图四给出全年天然气价格情况）。安然引以为傲的能源交易业务利润下降。为了稳定股价和赶上盈利预测，安然在第二季度间将自己北美公司的3个燃气电站卖给了关联企业Allegheny能源公司，成交价格10.5亿美元。市场估计此项交易比合理价高出3亿到5亿美元，此后该利润被加入能源交易业务利润中（能源交易是安然利润和价值的主要来源）。

在公布的第二季度利润中，能源交易业务共占7.62亿美元。但如果没有上述这笔关联交易，能源交易业务的利润可能只有2.62亿美元。安然在该季的每股盈利达45美分，超过了市场预计的43美分。之所以能超过，关联交易显然有贡献。

根据以上各节的分析，安然公司的收入和业务的稳定性受制于它自己的股价。股价的表现又取决于公司各个季度的盈利能否赶

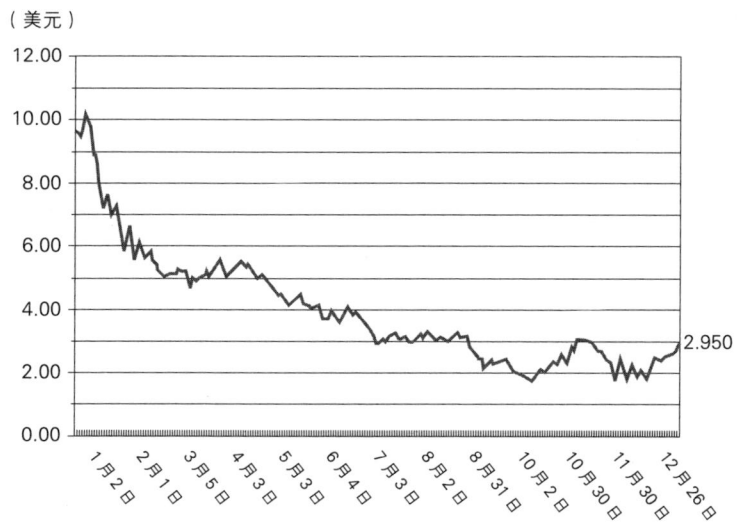

图四：2001年天然气价格的变化情况

上华尔街的盈利预测。由于过多地使用自己的股票提供担保，所以安然更加有动机铤而走险，去设法制造利润来炒高股价。比如，在2001年6月30日，也就是第二季度结束的前一天，安然将它的一家在德克萨斯州生产石油添加剂的工厂卖给了一家名叫EOTT公司的关联企业，市场怀疑安然是发现自己无法提供令华尔街满意的盈利数字，而胁迫EOTT在第二季度的最后一天达成了交易。

　　值得怀疑的是，安然在1999年年底已经因为该厂生产的添加剂属于过时产品，而把该厂列为"损毁资产"（impaired asset），冲销金额高达4.4亿多美元。时隔仅18个月，现在安然又以1.2亿美元的价格出售，这太可疑。EOTT专门成立了审计委员会来评估这一交易价格，以保证交易价格的公允性。但是，审计委员会的主席却兼任了安然其他几家子公司的董事，使整个交易仍然充满了值得怀疑之处。

—— 小结

我们看到，安然系在企业结构上与中国许多"金字塔"式企业控制结构类似。在运作上，也与中国的许多企业类似，是通过制造概念，使投资者相信公司已经进入高增长、高利润的领域（如宽带通信），然后进行业绩上的配合，通过关联企业间的"对倒"交易不断创造出超常的利润。安然为了躲避监管，尽量利用会计体系内在的缺陷，并多次做出误导性陈述。使安然付出很大代价的也包括它与关联企业签订的许多复杂的担保合同，这些合同常有关于公司信用评级、不动产价值、安然股价的条款。这些条款看起来有很大的不同，但实际上相关性极高，一旦某项触发，其他项也会紧跟。从这一点看，安然的这种根本上的系统风险使它像1998年美国的"长期资本管理公司"一样，在能源市场波动太大时，这些因金融杠杆而扩大的系统风险迫使各条款相继触发，要求安然在恰恰没有资金时以现金清偿巨额债务，引发清偿危机。

此外，安然用自己的股票或增发股票的许诺来提供财务担保，也与中国许多企业的做法类似，这不仅会扭曲公司管理层的激励，而且会带来严重的恶性循环。安然不是一个好的教训吗？

第 9 章
非理性亢奋：世界通信的故事

> 能够在 20 年、50 年或更长时间里保持以每年 20% 以上的速度增长利润的公司几乎不存在，那是概率为零的事件。可是，在股市非理性繁荣的岁月里，反映在世界通信股价中的市场预期是：该公司能永远以超过 20% 的速度增长其利润。

2002 年 6 月 25 日，美国世界通信公司（WorldCom）宣布：其内部审计人员向董事会揭露，管理层在 2001 财政年将维护通信设施的经常性费用划分为资本性支出，从而虚增了 38 亿美元盈利。同时宣布，公司已经向美国证监会申报了这一违反公认会计准则的做法，免去首席财务官沙利文（Scott Sullivan）的职务。7 月 22 日，世界通信正式申请破产，申请文件表明其目前的总资产为 1070 亿美元，从而成为美国历史上最大的破产案，打破安然公司 7 个月前的纪录。

世界通信将裁员 17000 人，相当于 21% 的员工。由于美国的金融市场已经多日风雨飘摇，世界通信未能与银行和债权人达成临时性的融资协定，公司被迫申请破产保护。另外，美国证监会迅速对这一事件采取行动，以惊人的速度展开调查和起诉，防止公司销毁有关文件。这里，我们集中分析世界通信事件的原因、相关的美国电信业背景及金融市场大环境，目的是了解这一典型案例中应该吸取的经验和教训。

---

* 本文与岳峥合作，原文发表于《新财富》2002 年 8 月号。

—— 兼并与资本运作：世界通信成长之路

世界通信的成长史在"神话"没有破灭前是一部典型的"资本运作"史。正如中国的许多企业家和青年创业者发现了"资本运作"的魔力一样，美国的企业家也很难经得起这种诱惑，尤其在20世纪80年代末和90年代初。在此之前，美国几代经济决策者和企业家都受到1929年股灾引发的经济"大萧条"的心理影响，因此，那时的企业家和经理们一般都非常审慎，避免企业过度扩张，也多少节制自己的贪婪和欲望。那时的节制文化使经济格局变动不大，以致引起美国舆论的担忧：美国经济是否会失去活力？典型的企业都是从一个地方的城镇开始发展，量力而行，逐渐发展到全国和全球。企业领导人也常常出自本公司内部。中层经理人员也常常由内部培养，很少有"空降兵"，企业注意培养忠诚和特有的价值观。许多公司和当地社区有着血脉一样的联系。企业重视产品和市场，一旦稳定，行业格局就很难有特别戏剧性的变化。从融资的角度，华尔街尽管尊贵，但是被众多限制性立法所遏制（"大萧条"留下的社会本身对华尔街的警惕）。典型的投资银行都是合伙制，人数一般不超过千人。好的商学院培养了不少中层管理干部，但是人们并没有指望MBA中大量涌现出创造奇迹的人。

可是，到20世纪80年代和90年代初，环境大变。世界通信及其吞并的美国微波通信公司（MCI）都是变革时代的产物。在那"Greed is Good"（贪婪是好的）的时代里，冷战胜利和技术进步的乐观主义最终转化成对成功和"超高速增长"的崇拜。世界通信的创始人埃伯斯（Bernard Ebbers）出身贫苦，教育程度不高，但是拥有这个时代所追捧的"企业家进取精神"。这种精神不断被资本市场所放大。世界通信的前身LDDS，主营业务是长途电话服务。说穿了，与中国现在出售"电话卡"的公司没有什么本质区别。倒是埃伯斯的"个人魅力"和"领导才能"在那个喧嚣的时代成为一种稀有资源（尽管在互联网创业的热潮中这种资源已经到处可见），他能说服许多小营运商与地方电话公司进行联合谈判，继而发展为收购兼并，获得规模经济。

1989年世界通信股票上市后，普遍乐观的资本市场为公司的发展提供了助推剂。总的来说，投资者对股市整体走势不断上升的信心、有利于资本得利的税收制度、灵活的会计处理方法、养老金管理体制的改革、资产管理业绩衡量的观念变革等，都使创业融资和资本市场上的收购兼并相对容易。华尔街的投资银行已经日益习惯了对"大交易"（big deal）的无止境追求。埃伯斯在1994年以25亿美元收购WiTel，1995年以125亿美元收购MFS，1996年以29亿美元收购Brooks Fiber Properties。这些都是对一个以"成功就等于交易金额"来衡量个人价值的经理人员难以摆脱的诱惑。实现这些收购兼并的主要融资手段是增发股票。

到1998年，世界通信最后以370亿美元收购了MCI。与安然一样，这意味着世界通信达到了事业的顶峰。1999年，当埃伯斯再试图收购美国第三大电信公司Sprint时，因欧盟的阻扰而失败。

通过多年的努力，世界通信在业务上非常成功。让我们先看看世界通信对美国经济的影响。首先，它在长途电话市场中排名第二。根据2001年全行业收入的1170亿美元算，三大公司的情况如第100页表一所示。

表一：长途电话市场份额

市场份额	市场份额（%）
AT&T	38
世界通信	26
Sprint	12
其他公司	24

资料来源：Ciga Information Group

其次，世界通信在美国通信服务业中总排名第四。（表二）

表二：通信服务业总排名

排名	公司名称	2001年营业总额（亿美元）
1	Verizon	672
2	SBC	543
3	AT&T	526
4	世界通信	352
5	BellSouth	296
6	Sprint	260
7	Qwest	197

再次，世界通信在美国人日常生活中的知名度排名第六。（见第101页表三）

表三：日常生活中的知名度

排名	电信公司名称	广告开支（百万美元）	线路质量分数	服务质量分数
1	Verizon	633.0	5.83	67
2	SBC	430.3	5.13	26
3	AT&T	402.9	5.66	90
4	BellSouth	26.7	5.46	53
5	Sprint	488.3	4.91	68
6	世界通信	284.2	4.62	32
7	Qwest	75.8	4.77	35

资料来源：Brandweek Research

世界通信也是固定收益融资市场的大户，其主要的短期运营资金都是依靠发行公司债券和银行贷款。从对电信行业的融资行为统计中可看到，直至2001年世界通信仍然是全球固定收益市场最大的发行公司之一见（见第102页表四、表五）。

尽管出现了丑闻，但是世界通信的业务基本面还是健康的。第103页表六给出公司的财务健康指标，其速动比率、流动比率、长期负债率、总负债率都优于同行业，只是利息偿还能力出现了问题。这是因为在会计问题曝光后，不断的丑闻使公司短期融资能力大大恶化，借债利息直线上升。总的来说，尽管公司的损益表被做了手脚，令人难以置评，但其资产负债表还是反映了相对有效率的经营成果。从经营效率指标看（见第103页表七），员工人均创造的收入略高于同行业平均水平，人均利润之所以低，是因为有许多空置的运营能力、闲置的资产和对以前收购行为的消化。

表四：2001年全球电信行业最大的债券发行交易

发行公司	发行额（百万美元）	发行地点
法国电信	16420.50	法国
世界通信	11845.20	美国
AT&T	10086.70	美国
德意志电信	6754.50	荷兰
AT&T Wireless Services	6500.00	美国
Sogerim	5650.80	卢森堡
Verizon Wireless	4000.00	美国
Qwest Capital Funding	3752.00	美国

表五：2001年全球电信行业最大的银行贷款

借款人	贷款金额（百万美元）	所在国家
Vodafone Group	13275.00	英国
AT&T	8000.00	美国
意大利电信	7053.60	意大利
J-Phone Communications	5927.21	日本
mm02	5137.00	英国
Wind Telecomunicazioni	5046.25	意大利
Verizon Communications	5000.00	美国
德意志电信	4548.00	德国
世界通信	4250.00	美国
Hutchison 3G UK Holdings	4038.74	英国

表六：世界通信财务健康指标

财务健康情况	世界通信	电信行业	标准普尔 500
速动比率（MRQ）	1.02	0.69	1.11
流动比率（MRQ）	1.33	0.85	1.65
长期负债率（MRQ）	0.43	0.91	0.68
总负债率（MRQ）	0.44	1.47	1.06
利息覆盖率（TTM）	2.46	4.22	8.57

注："MRQ"指的是根据最近的季度数字；"TTM"指的是根据最近 12 个月的数字

表七：世界通信经营效率

效率	世界通信	电信行业	标准普尔 500
平均员工销售额（TTM）（美元）	343414	310481	637652
平均员工创造利润（TTM）（美元）	18592	34930	76816
应收账款周转率（TTM）	4.17	4.92	9.49
资产周转率（TTM）	0.23	0.43	0.98

—— 炒上去的股价 = 非理性的股市期望

不管是通过兼并炒作，还是通过资本运作，埃伯斯多年的努力给许多的投资者带来丰厚的财富，至少到 2000 年之前是如此。（见第 104 图一）那么，当股价被炒到 1999 年和 2000 年年初的顶峰时，这些股价所隐含的利润增长预期有多高呢？换句话说，世界通信公司必须维持多高的增长率才能支持这些股价？电信行业能不能维持

图一：1993 年至 2003 年世界电信的长期股价走势

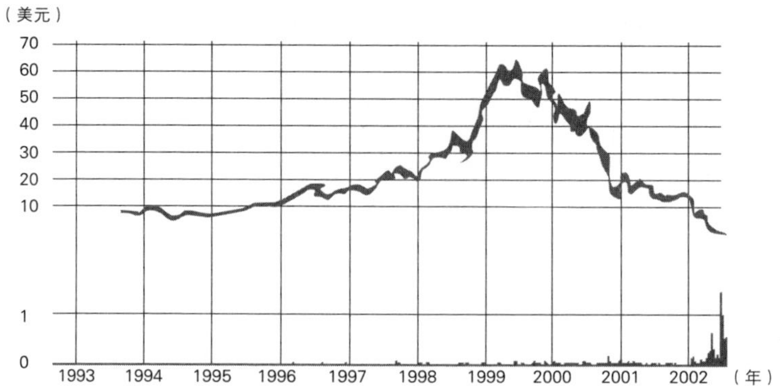

（美元）

这些隐含的增长率呢？

为分析世界通信股价中隐含的利润增长预期，我们不妨引用金融理论中和华尔街常用的净利润折价模型（Residual-Income Discount Model，以下简称 RIDM），该模型可帮助我们估算一只股票的应有价值。一个最简单的 RIDM 式子如下：

$$S = B + (E_1 - B \times r) / (r - g)$$

这里"S"为每股应有的价值，"B"为每股的账面价值（book value per share），相当于每股净资产值，"r"为股权融资成本率，"E_1"为证券分析师们对次年每股利润的预期。我们看到，"$B \times r$"指的是为了使用"B"这么多股权资本，该公司每股至少应赚回"$B \times r$"这么多利润，否则该公司的资产项目还赚不回资本的机会成本（"r"）。比如说，如果 B=10 元，r=10%，那么为证明该公司不是在赔钱，其明年每股利润至少应有 $B \times r = 1$ 元。但，实际上明年每股的利润预期为"E_1"，因此"$E_1 - B \times r$"即为公司能为每股赚回的、超出资本成本的净利润（或说剩余利润）。比如，如果 $E_1 = 1.5$ 元，

那么 $E_1-B\times r=0.5$ 元，即 0.5 元为每股的剩余利润。

上面的模型中，我们假定从次年开始每股的剩余利润将永远按每年增长率为"g"的速度增长，也就是，这个增长率"g"是 10 年、20 年、100 年后都成立的增长速度，因此"g"值一般不可能太高，因为没有任何公司可以永远高速增长。

对于本章的主题，我们不是要用 RIDM 为世界通信股票定价，而是用它来从股票市场价格中反推出所隐含的净利润增长率"g"。举例说，2000 年 3 月底世界通信的股价约为 45.31 美元，每股权益账面值 B=18.16 美元，当时分析师预期的次年每股利润为 E_1=0.44 美元。过去 90 年中美国股市平均年回报率约为 15％，因此我们假定世界通信的股权融资成本为 r = 15％。那么，为了使 45.31 美元的股价显得合理，世界通信未来永久的净利润增长率"g"必须是多少呢？前面给出的 RIDM 模型告诉我们：

$$g=r-(E_1-B\times r)/(S-B)=23.41\%$$

也就是，为了使 45.31 美元成为合理的股价，从那以后在将来的数百年中，世界通信的净利润每年必须增长 23.41％！

按照以上逻辑和假设条件，我们计算出从 1996 年至 2000 年年底每一季度世界通信的股价所隐含的长期净利润增长率，并将结果示于第 106 页图二中。从图中看到，其股价所隐含的长期增长率预期有时高达 44.32％，但在这些非理性泡沫的年月里，市场股价所隐含的"g"值总在 20％以上。

下一个问题是，20％以上的长期利润增长率预期是否过分和不现实呢？过去两年中，伊利诺伊州立大学的 Chan、Karceski 和 Lakonishok 三位教授对美国 6825 家上市公司的收入和利润增长率进行了系统研究，他们发现在 1951 年至 1997 年间，任何 10 年里平均

图二：股价所隐含的长期净利润增长率

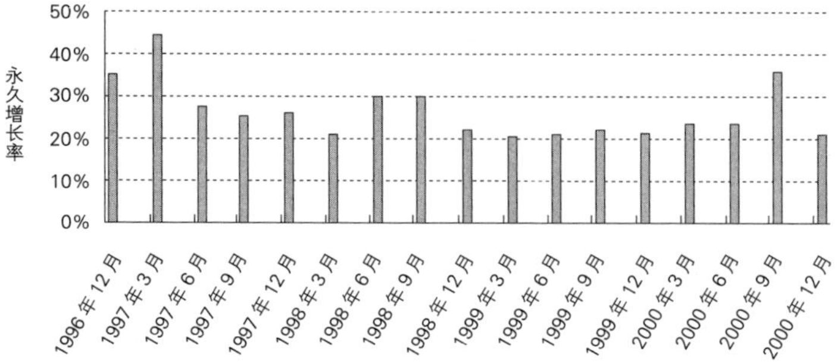

每年利润增长率在 20% 以上的上市公司约占这些公司总数的 10%。所以，在 10 年中，10 个公司中只有 1 个能平均每年增长 20% 以上。这些公司在此间的利润增长率平均每年约为 12%。他们发现的其他结果如下：

在 10 年中，只有 0.2% 的公司的利润增长率能每年超过当年各公司的平均增长率。只有 3% 的公司的增长率能在连续 5 年中每年超过平均增长率。可见，要多年保持超常的利润增长率极其困难。

尽管我们通常认为科技股的增长潜力最好，但是即使对于科技股，也只有 0.4% 的公司的增长速度能在连续 10 年中每年超过当年的平均增长率，只有 5.3% 的公司能在连续 5 年中超过一般公司。

工业界的普遍观点是小公司比大公司增长得快，但这三位教授发现，小公司的增长能力实际比高科技公司差不少。

一种普遍的看法是"好公司就是好"，意思是"过去增长好的公司将来也会增长得快"。那么，实际情况如何呢？三位教授研究发现，过去 5 年里每年利润增长率能超过当年平均增长率的公司中，只有5.1%的公司能在随后的5年中继续每年超过一般的公司，只有15%的公司能在随后3年中每年超过一般公司。因此，"好公司就是好"只能是一种神话，不是现实。每10年中，平均约有一半的公司要消失（因为被兼并或破产），因此实际的平均利润增长情况比这种只根据活下来的公司计算的结果要差。

他们的研究表明，**能够在20年、50年或更长时间里保持以每年20%以上的速度增长利润的公司几乎不存在，那是概率为零的事件。可是，在股市非理性繁荣的岁月里，反映在世界通信股价中的市场预期是：该公司能永远以超过20%的速度增长其利润。**那么后来的现实如何呢？

—— 不帮忙的电信行业

早在1996年，美国对电信业放松管制，加上互联网热度升温，随即引发一场对电信业的投资热潮。埃伯斯的兼并炒作和资本运作之所以能如此成功，不仅与非理性亢奋的股市及容易的增发融资有关，而且显然得到电信业放松管制这一新政策的帮助。反映在世界通信股价中的高速利润增长市场预期也紧紧地依赖于这两大要素。也就是说，如果这两大要素不存在了，世界通信这只泡沫就必然要破灭。

从总体来说，当年电信行业投资的快速增长基于三个基本假设：

第一，微处理器和光纤技术的普遍应用与提升。数据处理能力的跃进本身就在创造需求，无论是在家庭生活中还是在公司行为中都如此。

第二，电信行业的"解除管制"迫使行业里各主要公司全面升级基础设施。竞争的加剧和赢家通吃的生存环境，迫使所有市场参与者必须在超常规增长和灭亡之间做出选择。

第三，全球性的技术升级和基础建设可以得到持续的融资。一个对电信行业有利的融资环境至少包括稳定强健的美元、全球经济增长的预期（5%左右）和政府的关键性决策（税收和产业政策）。

起初，通信和电信行业大体上兑现了它们的承诺。从1996年到2000年，互联网的流量增长了3000倍。如果仅仅依靠1995年以前的语音传输线路，支持2001年的互联网信息流量需要390万亿美元（相当于美国当年国民生产总值的4倍）。很明显，电信行业在这几年中大量地使用了微处理器和光纤，使信息流动的效率大大提高，成本费用则大大降低。对电信行业基础设施的投资展示了巨大的价值。

但是，到2000年中期，互联网热度急剧降温。世界通信的收入开始崩溃，但经常性开支并没有因此而降低，导致其利润远远落后于反映在股价中的市场预期，从而把世界通信的管理层推上了绝路。当然，世界通信在收入方面的困境仅仅是近两年美国电信行业危机的一个缩影。尽管美国经济表面上并没有明显的恶化，高科技行业（包括电信）却像是经历了"大萧条"。已经有34家重量级公司破产，另外的24家则摇摇欲坠。许多公司都面临着操纵财务数据和股价表现的指控。发生了什么事？

首先，我们必须看到，许多基本面的因素发生了变化。从1997年开始，美元开始相对走强。美元相对于商品、黄金和其他货币至少升值了40%。这对任何财务杠杆高的行业都是一个挑战。

从立法的角度看，尽管"解除管制"的过程获得了许多进展，但国会和联邦通信委员会对市场的价格控制和宽带接入方式增加了许多细节性壁垒（"微调"）。地方电话公司的区域垄断并没有被打破，反而得到了进入新业务领域的许可证。美国的通信市场仍然分为地方电话、长途电话和互联网数据服务等互相分割的市场。世界通信的主要业务领域（长途电话和互联网数据服务）都面临着不可逾越的竞争，无法迫使对手出局。地方电话公司可以从本地电话市场的稳定收入来源进行交叉补贴。它的全球性对手AT&T、英国电信、德意志电信和日本电信都有自己的稳定客户群和无线通信等收入增长的来源。在融资环境恶化的环境下，世界通信的弱点就成为致命的要害：公司没有一个能够明显不被对手压迫的领域，难以从内部支撑公司的持续增长。世界通信决定继续通过收购Sprint（美国第三大长途电话公司和第四大无线通信公司）来巩固长途电话、互联网骨干线路和无线通信方面的阵地。如果此举成功，世界通信就有了几个稳定的支撑点并掌握垄断地位，但不幸的是，此举被美国和欧洲的政府先后以反垄断的原因否决。

从技术需求的角度看，长途电话的服务通道越来越分散化。基于互联网和无线技术的长途电话服务越来越受到客户的欢迎，作为长途电话服务的专营商，世界通信其实并不拥有压倒性的技术优势和经济规模。互联网的流量增长从1000%降到100%。美国半导体的销售额在2001年下降了45%。"新经济"的主要融资来源——风险投资也在迅速萎缩。

—— 压力之下怎么办

当实体经济利润无法满足反映在股价中的高速利润增长预期时，世界通信管理层就只有三种选择。第一，对市场说实话，全面收缩战线。可能的后果对于一直带着"成功者"光环的经理们简直不可想象。股票分析员的唾弃、评级公司的降级，都会沉重打击公司的股票。当然与业绩挂钩的奖金和股票期权也会分文不值。但笔者认为这些短期利益只是他们铤而走险作假的一方面原因，更重要的原因在于这些经理们深知这个日益浮躁的社会是如何地不能容忍失败和"坏消息"。在社会系统性浮躁的大背景下，个人的贪婪战胜了最后理智的防线。

第二，当然，世界通信也可采取类似于安然的策略——进行大规模的关联交易、结构融资和表外交易。这种投机取巧的做法是打审计的擦边球，在电信行业最常见的是电信公司之间互相进行线路使用权的购买。用不着动用现金，参加的双方同时可以增加收入。最近美国证监会就对使用这种技巧的环球通信（Global Crossing）和Qwest公司进行调查。环球通信等公司已经由此破产。但是从埃伯斯和沙利文的个人成长经历看，过于突飞猛进的增长使他们并不那么容易找到合适的、彼此信任的同谋。

最后一种做法，也是现在人们很难想象的愚蠢做法：直接违反公认会计准则，直接操纵主要经济指标。美国的公认会计准则（US GAAP）向来以条款众多、拥有足够的灵活性来反映千变万化的经济行为著称。违反公认会计准则也不是最后都被认定为违法或者犯罪。所以这可能是沙利文最后决定采取调整会计政策的原因。客观地讲，沙利文倒也没有说谎，所有的会计政策改变在公司中并不是秘密，会计政策的变更都有记录可查。但是负责审计的安达信公司还是签署了报表，华尔街的分析员们也没有深挖。可见这些年薪百万的分析员们本身也是"神话"的产物。

—— 小结

会计作假行为消息一经传出，华尔街立刻露出冷酷的一面。世界通信的董事会一开始还强作镇定,指出公司仍有20亿美金的现金,每年还会有350亿美元的进账。由于华尔街历年来的合并和混业经营,世界通信的主要融资来源集中在几家大型银行集团手中:花旗、摩根大通和美洲银行。不但公司的短期资金来自这几家银行的授信额度,公司的债权也要依靠它们包销,公司的股票业要依靠它们来推荐给投资者。这是金融系统混业经营的一个后果。这些银行先后拒绝了世界通信的请求,断绝了世界通信的流动资金来源。与此同时,世界通信的供应商则不断要求公司预支货款,最终将世界通信推向了破产。

有趣的是,这三家大银行在世界通信提出破产后,却同意为世界通信提供DIP贷款。DIP是一种在申请破产保护以后提供的特殊条款贷款,DIP的提供者在公司最后清盘以后拥有优先偿还权。所以,许多人认为这三家大银行是在有意无意地、合理合法地落井下石,好捞取最大的好处。当然,持有"痛打落水狗"心态的大有人在,证券分析员(尤其是花旗集团旗下的所罗门兄弟公司)和评级公司更是不断调低世界通信的各种证券的评级,使公司落入万劫不复之地。这也证明了世界通信(大量其他公司)有着天然的铤而走险的压力——这个市场不容忍失败(哪怕是短期的)。

一个相关的题外话是,美国电话电报公司AT&T的前任CEO阿姆斯特朗很早就预见到:在普遍乐观的资本市场助燃下,新老电信企业过度投资于基础设施。在AT&T,他当时审慎地投资,通过进入有线电视和无线通信领域使公司的收入来源更加平衡和多样化。通过逐渐挤占这两个领域,他在很大程度上避免了竞争对手通过大规模负债来扩张长途通信能力的弊病。在关键时刻,他又将无线通信业务分拆上市,并将有线电视业务卖给更有规模效应的Comcast公司,这都大大增加了AT&T的现金储备,使AT&T在新世纪的开端拥有本行业最健康的资产负债表。AT&T的收入比世界通信多1.5倍,但是负债只有后者的一半。这些战略举措使AT&T在其长途通信领域的对手们都岌岌可危的时候,地位异常稳固。

问题是,这些努力都需要时间和耐心。但是,追捧明星的资本市场对这些举措的反应呢?——他们迫使董事会解雇了阿姆斯特朗。因为人们看不到这些长期战略准备的价值,反而都去追捧世界通信、环球通信和Qwest这些能够在资本市场上收购兼并和海量投资的"超成长型"股票。

显然,在狂热中保持独立的见解需要勇气和付出代价。但是,笔者认为,美国社会的长久竞争力就在于其内在的自由精神和纠错机制,使社会在每个时代都不会缺少独立的反思。1929年的股灾之后,社会的反思凝聚在那一代的立法和实践的精神中。正是这种敢于反思、敢于质疑的市场监管精神,而不是具体的规定,最终指导了美国资本市场大半个世纪的健康运行。

第 10 章

股市泡沫的危害：解读美国股市危机

> 任何人为炒成的泡沫最后只能破灭。股市泡沫可以是社会大众自发地、不约而同地炒成的，也可以是政府政策炒成的。虽然泡沫形成方式不同，破灭方式也可以不同，但破灭的事实一样。

2001 年至 2002 年，美国一连串的上市公司假账事件使人瞠目结舌。安然、凯马特（Kmart）、Qwest、环球通信、安达信，然后又是世界通信。当然，这些公司在美国都是家喻户晓的超大公司。这些大公司背后肯定还有规模小但数量众多的小公司，对它们的假账行为媒体还没顾得上报道。今天，人们对上市公司的信心之低，令高盛公司总裁鲍尔森感叹道："你每天拿起报纸，看到一起接一起的公司丑闻，你真想哭！"

那么，到底发生了什么事？这种大规模假账行为是由于美国股市监管不力，还是因为其他系统性的因素？一种最轻易、也是最流行的答案是：美国股市监管力度不足，应大大加强管制。可是，除了在会计规则、有冲突的证券业务间增加独立性、管理层报酬机制及董事会等方面还有改善的空间外，今天还找不出比美国更好的市场监管模式。如果进一步增加政府对上市公司运作细节的管制，那么

---

* 本文根据发表于《新财富》2002 年 8 月号的同名文章改写而成。感谢岳峣给本文提出的意见。

人们不得不重新思考：为了新的政府干预而必须在企业自主经营权方面付出多少代价？

换句话说，即使美国政府的管制一直是无孔不入，今天看到的众多美国公司作假并随即破产的事情难道就不会发生？——监管力度达到一定水平后，更多的行政监管只能是利少弊多，那样或许对减少假账行为有帮助，但不能从根本上改变美国20世纪90年代炒成的股市泡沫必须得"硬着陆"的事实。所以，美国股市今天的危机不是监管不力的问题，那只是"标"，而更深层的原因是：**任何人为炒成的泡沫最后只能破灭。股市泡沫可以是社会大众自发地、不约而同地炒成的，也可以是政府政策炒成的。虽然泡沫形成方式不同，破灭方式也可以不同，但破灭的事实一样。**

—— 股市泡沫的生命周期

从1720年英国"南海"（South Sea）泡沫，到1929年的美国股市泡沫，再到1990年日本经济和股市泡沫，每次泡沫从形成到破灭之过程都一致。首先，要有一种流行的创业理念（比如新技术），使人们对未来充满无比的信心，对任何"概念股"都可随意地慷慨解囊，感受到"新时代"的到来。其次，要有"这次与以前不同"的理由，需要名人和媒体在"概念"上炒作，把股价越抬越高。再次，要有某种经济或金融事件使实体经济突然或显著恶化。这种恶化使众多公司的收入和赢利能力突然大大下降，与反映在高股价中的非理性赢利预期形成鲜明的对照。于是股市只能崩溃。

当然，在股价被炒到顶峰、所隐含的利润增长预期高得无法成为现实时，如果实体经济又同时急剧下滑，那么如前文所讲，像安然、世界通信这些上市公司的管理层只能面临三种选择。第一，实话实说。不过，如果管理层告诉股市"你们的利润预期太离谱"，其股价必然会大跌。这种前景对许多公司管理层和股东来说都是极可怕的，需要充分的勇气才能说实话。第二，像安然、Qwest和环球通信那样利用关联交易和金融工程手段来"制造"利润，这些手段在会计上并不违背现有规则，但可以满足股市的预期。第三，像世界通信那样在赤裸裸地违反会计准则的情况下乱计账，把经常性开支算成是可分摊到多年的固定资产投资性开支，于是当年的利润就制造出来了。

当然，一旦管理层觉得上述"实话实说"的选择不是"最优"，另外两种选择的后果就会是我们所看到的安然和世界通信那样。但在选择第二或第三种"制造"利润之办法时，许多管理层会抱有"目前的经济困境只是暂时的"这种良好愿望。在2000年4月纳斯达克指数开始大跌后，美国的"新经济"开始震荡，但在随后的两年多时间里，笔者在美国几乎每天都能听到那些善良的经济师们预测"美国的经济再过两三个月就会复苏"。在这种带有良好愿望的侥幸心理下，那些安然和世界通信的经理们可能想通过"制造"利润暂时渡过难关，等几个月内经济复苏后再回头去补那些"制造"的利润。可是，在实体经济迟迟不能复苏的情况下，那些可混过一时但不能维持长久的利润"制造"行为终究要曝光。因此，如果美国证监会监管得"更严"些，或许他们能更早发现那些安然和世界通信们，但他们的监管再严也无法铲除这些公司作假的根本动因。

那么，20世纪90年代炒成的股市泡沫和2000年开始的美国经济"硬着陆"是否真能给美国上市公司带来如此高的造假动因，以致众多公司系统性地造假呢？美国对证券欺诈的行政、民事和刑事处罚是众所周知的严厉。面对这些威慑，如此多的公司还是愿意铤而走险，其背后的经济动因和产生这些动因的股价泡沫必须"史无前例"地大。

为了看清这次世纪最大泡沫破裂的故事，我们不妨回顾一下20世纪90年代沸沸扬扬的"新经济"时代。这里，我们将不断引用耶鲁大学著名经济学家罗伯特·希勒的名作：《非理性繁荣》。该书的英文版出版日期也正好是这次泡沫开始破裂的2000年4月，许多人把这本书看成是泡沫破裂的导火线。笔者认为，这次美国股市信心危机的根本解释不在美国监管模式本身，而是在希勒的这本经典著作中。

—— 世纪大泡沫

这次泡沫破灭带来的实体经济后果之所以如此严重，是因为这次泡沫本身也是近两百年最大的。在《非理性繁荣》一书中，希勒教授将美国标准普尔500指数自1881年以来的市盈率列在一起。为帮助我们的讨论，第117页图一列示出自1881年至2001年年底该指数的市盈率，这一时期的平均市盈率为15.8。在1901年6月该指数达到第一次高峰时市盈率为25.2，但接下来到1920年10月该指数的真实价值与1901年6月相比下跌了67%。

第二次高峰是1929年9月，市盈率为32.6，已是整段时期平均市盈率的2倍。可是，正如我们所知，随即股市崩溃了，并使美国进入前所未有的大萧条，举国上下日子艰苦。到1932年6月，标准普尔500指数累计跌了80.6%，直到29年后的1958年12月该指数才恢复到1929年的真实水平。

第三次高峰是1966年1月，市盈率也只不过是24.1，那次对股

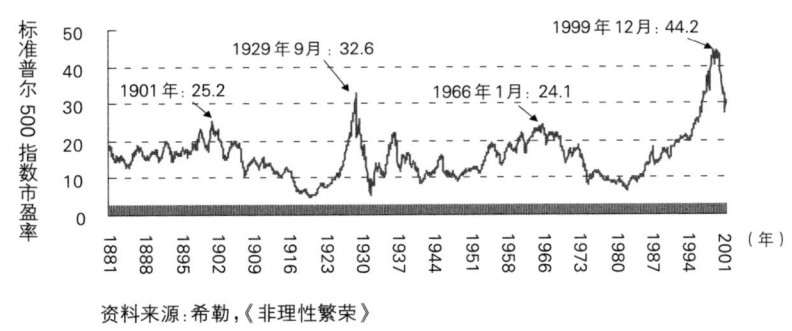

图一：标准普尔 500 指数历年的市盈率

资料来源：希勒,《非理性繁荣》

市的信心主要来自人们对年轻的肯尼迪总统的才华和能力的崇敬，人们对未来充满希望。但到了 1974 年 12 月该指数的真实水平却比 1966 年 1 月跌了 56%。到 1982 年，美国股市达到新低。可是，指数从那年反弹后，整个牛市基本不回头。尽管在 1987 年 10 月出现过"黑色星期一"的狂跌，但股市的"牛"气很快得到恢复，并继续重回牛市。

到了 20 世纪 90 年代，由于计算机和网络技术的升温，加上二战结束后的美国生育高潮期出生的一代逐步进入壮年，并为下一代和养老而存钱投资，大规模的养老金全部进入股市，使整个股市甚感"新时代"的到来。正如大家还清楚记得的那样，一时间人们亢奋地感觉到一切都会因互联网技术而改变，包括生活方式、工作方式、事业方式和商业模式。在非理性地对未来充满亢奋的环境下，标准普尔 500 指数市盈率于 1999 年 12 月达到新纪录：44.2。

今天因造假出名的这些公司都是当年的大红股。例如，世界通信股价于 1999 年 6 月达到 64 美元顶峰，Qwest 于 2000 年 3 月达到

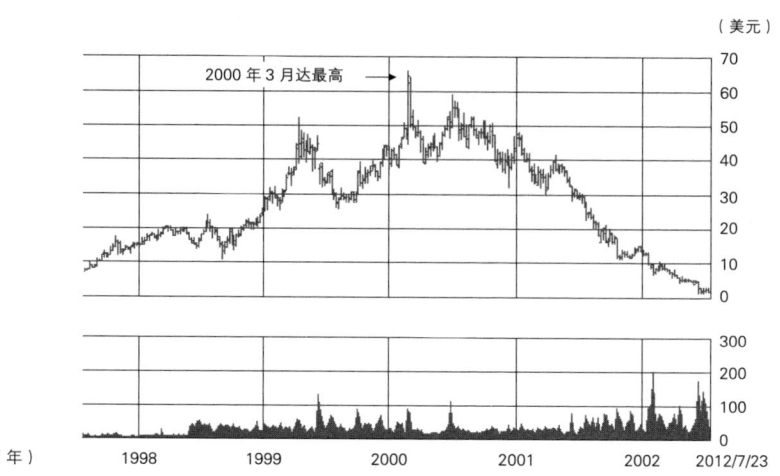

图二：Qwest 通信公司过去的股价

最高 62 美元（图二），环球通信于 1999 年 3 月和 2000 年 3 月达到最高价（见第 119 页图三），2002 年 1 月申请破产。还有安然、朗讯、施乐等公司股票。这些公司充分利用"概念"和资本运作，一时间成为股民最热衷的明星股。

20 世纪 90 年代的股市热度也可以从原始股（IPO）发行数和股票增发次数（SEO）来看出。第 119 页图四给出 1970 年到 1999 年间每 10 年的 IPO 和 SEO 数量。一般而言，股市越热时，想通过股市以 IPO 和增发股票融资的公司就越多，因此 IPO 和 SEO 的总数就越高。就像市盈率一样，IPO 和 SEO 的数量也是反映股市整体热度的指标。图四中看到 20 世纪 70 年代美国公司 IPO 总数为 1640 家，SEO 总数为 1082 家。但到 90 年代，IPO 数猛升至 5103 家，SEO 数则为 4867 家。可见这些年热度的膨胀。

财富的逻辑2：所有的泡沫终将破灭

图三：环球通信公司过去的股价

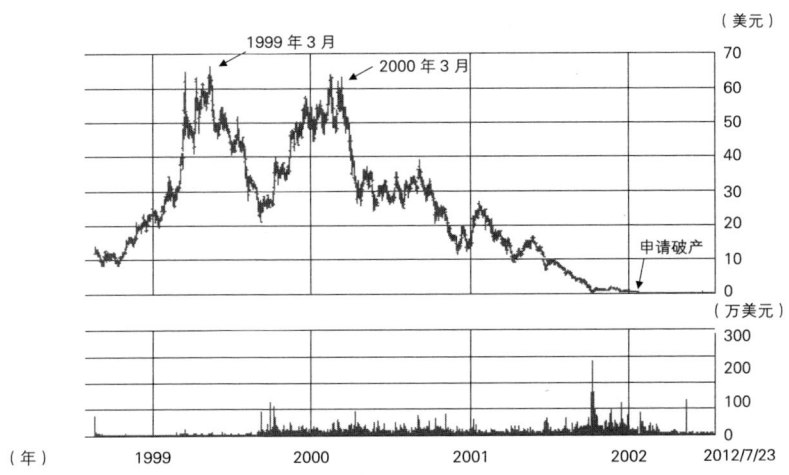

图四：美国历年 IPO 和增股（SEO）情况

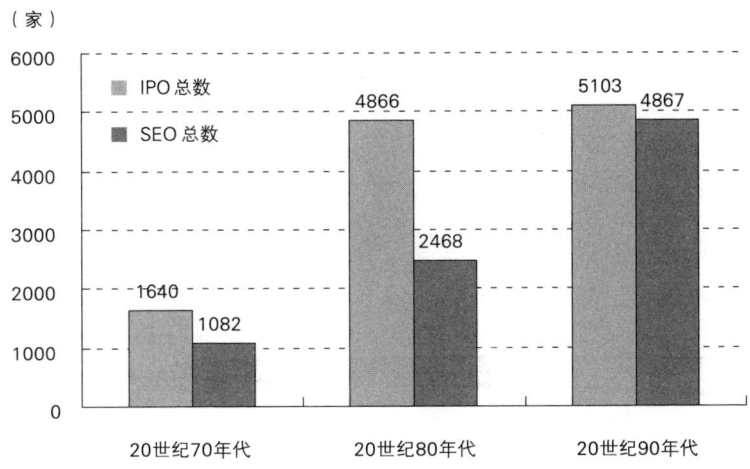

——泡沫的支持者们

希勒教授在《非理性繁荣》中列举了这次泡沫的主要经济和社会要素,其中一个要素是整个社会的炒股热情和股民们的盲目自信。自1989年开始,希勒每月对美国投资者做抽样调查。比如,1999年有一个调查提问是:"你同意以下观点吗?对于长期持股者来讲,股市是最好的投资场所,可以在股市涨跌中买进并持有股票。"结果,76%的人回答"非常同意",20%说"有些同意"。因此,高达96%的人赞成这种观点,可见有多自信。

另一个有意思的提问是:"如果明天道琼斯指数下跌3%,你猜后天该指数会跌还是涨?"1989年时,只有35%的股民说"会涨",而34%的人说"会跌"。到1996年,有46%的股民说"会涨"。到了1999年,有56%的人说"会涨",说"会跌"的人只有19%。20世纪90年代的炒股潮使人们的信心大增。

第121页图五给出自1989年到今年年初希勒教授制定的"投资者信心指数"(One-Year Confidence Index,该指数由耶鲁大学管理学院的国际金融研究中心具体运作),这个指数反映"有多少比例的投资者认为股市在随后一年中会涨"。图中深色线反映的是个人投资者,浅色线反映的是机构投资者的情况。我们看到,个人股民的信心从1989年的65%直线上升,到2001年9月以后一直维持在90%左右,也就是,有90%的股民认为股市在一年内会涨。而机构投资者的预测则变化较大,在1999年和2000年上半年他们对股市未来的信心达到低点,说明他们比一般大众要理智些。

当然,仅仅对股市前景充满信心还不够,把信心转换成高股价还必须有资金支持。绝大多数股民收入不高,但申请信用卡和以房

图五：希勒教授的"投资者信心指数"

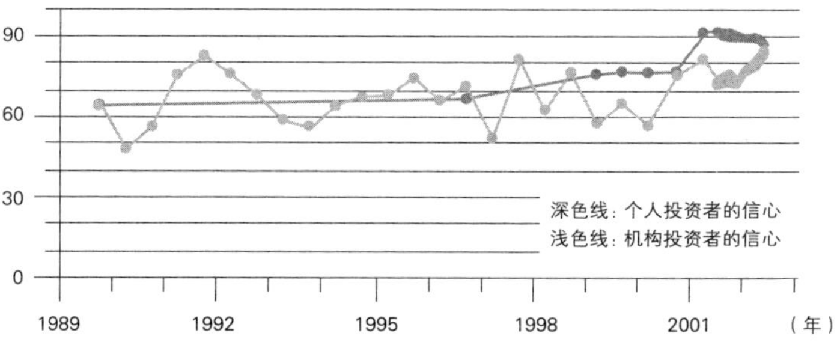

深色线：个人投资者的信心
浅色线：机构投资者的信心

屋做抵押贷款在美国极容易。就像笔者的许多朋友，在1996年到2000年间辞掉多年的工作并最大限度地借款，专职炒股。正因为这样，美国老百姓的债务一直呈直线上升，如第122页图六所示。1970年的个人债务总额为134万亿美元，到2001年则升到1674万亿美元。当然，这些个人贷款并非都投入了股市，但20世纪80年代和90年代的"牛"市的确从这些贷款中受益。因此，有了容易的银行信贷，股市泡沫更能得益于非理性亢奋的催化效应。

—— 还在继续的泡沫破裂

2000年中期股市泡沫开始破裂，随即使实体经济发生"硬着陆"。先是迫使众多年轻的互联网公司破产倒闭，尤其在2001年公司大量裁员。比如，第122页图七列出从1997年至2001年全美公司执行大规模裁员的次数，1999年和2000年分别约裁员5600次，可是到2001年则猛增到8358次。

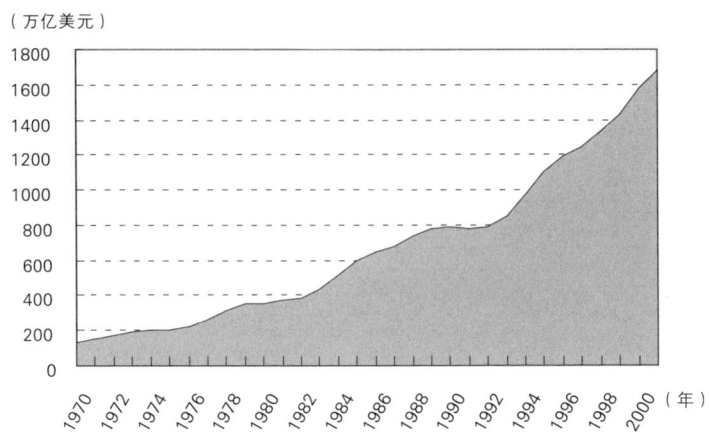

图六：美国历年消费者个人债务情况

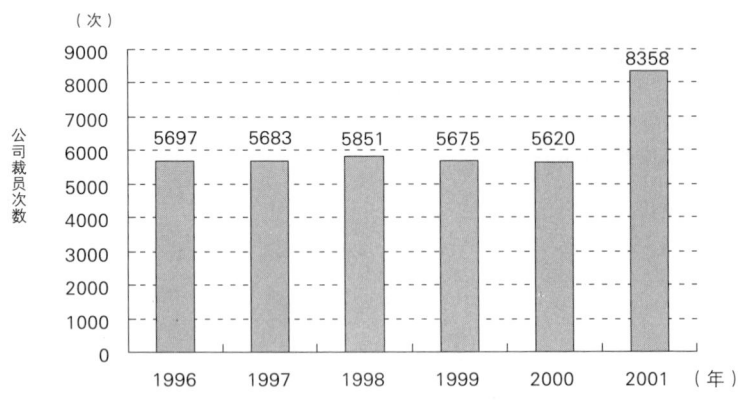

图七：美国公司各年大规模裁员的次数

资料来源：美国劳工部

持续两年多的股市崩溃，使标准普尔 500 指数从最高时的 1554 点跌到 2002 年中期的 800 多点，而纳斯达克指数则从 5132 点跌到 2002 年中期的不到 1300 点，跌幅约 75％。这让那些靠贷款炒股的股民深受重挫。大量的公司裁员也必然使更多个人破产。图八列出了自 1980 年以来每年申请破产的个人总数。1980 年时美国有 28.7 万人破产，可是到 2001 年，则有 145 万多人破产，创了新纪录。从图八中看到，即使在 1997 年和 1998 年股市兴旺时，破产人数也不少（1998 年夏天俄罗斯债务危机导致长期资本管理公司等对冲基金破产，给整个股市带来持续数月的冲击）。部分原因是因为在 20 世纪 90 年代末期股价异常波动，在动荡中难免有投资者损失过头。个人破产数还在不断上升，2002 年头两个季度的破产人数比上年同期增加约 5％。

既然公司大量裁员，失业率上升，个人破产数有增无减，那么各

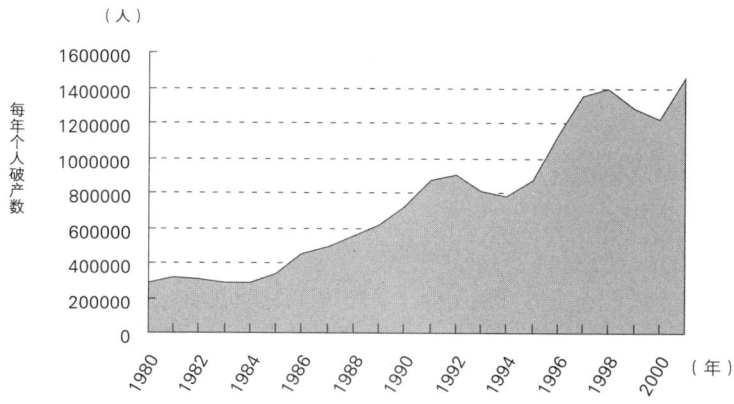

图八：美国每年申请个人破产的人数

数据来源：American Bankruptcy Institute

第10章 股市泡沫的危害：解读美国股市危机

个行业的公司收入无法满足当年的非理性预期也成为一种必然。正如前面所说，一方面股市的预期极高，另一方面实体经济不帮忙，上市公司管理层就被压在中间。对于像安然、世界通信等这些当年红火的上市公司，这种压力尤其突出，最终迫使他们做出铤而走险的选择。

——给中国的启示

这里，我们对新世纪之初美国股市危机的解释无疑是粗浅的，由于篇幅所限，我们也无法做更细的举证和解释。美国的一系列事件已经为国内关于股市和上市公司监管问题的讨论提供了很多参考。让我们感到佩服的是，出现问题后，美国的公司、市场、媒体、证监会、司法和国会立即全面进入自己独立的角色，进行补救和反思。这与日本形成鲜明的对比：在1990年股市泡沫破裂后，日本至今还没从那场灾难中发展起来。关键是日本没有类似有效的纠错机制。为建立一个完善的股市，一个国家必须无选择地面对问题，鼓励并保护媒体去揭露上市公司的问题，欢迎广泛地讨论解决问题的多种方法。

美国的股市危机给我们一个重要的教训显然是：**人为炒成的泡沫必然会给实体经济和社会带来伤痛**。中国的股市在整个经济中还不是举足轻重，但这并不意味中国股市即使培育了泡沫也不会有恶果。一个或几个"蓝田神话"也许拖不垮国民经济，但如果把上市公司也朝着"神话"或者"超概念化"的方向拉，这些上市公司或许能像安然、世界通信那样瞒过一段时间，但泡沫总是会破灭的。

第 11 章
泡沫破灭引发经济衰退：重温 1929 年美国股灾

> 股市泡沫的培植、经济的超速增长，常常是技术发展、制度变迁和社会氛围等众多因素作用的结果。由于股市预期的财富增长速度大大超出了实质经济能支持的速度，社会又没有及时的纠错机制来制止虚拟经济与实质经济的进一步分离，泡沫的继续膨胀就不可避免。

20 世纪以来，美国历经数次由泡沫引发的股灾，其中以 1929 年的股灾为最大。为了更好地认识这次及任何股市泡沫可能带来的破坏性后果，这里我们将重温 1929 年股灾后的大萧条。

1929 年席卷整个工业化国家的经济危机危害程度之深、持续时间之久、影响范围之广、政治干预之多，在当代史中绝无仅有。寻求对股市崩溃和大萧条原因的理解，直到现在还是西方学界、商界和政界辩论的焦点，甚至围绕大萧条成因的解释，形成了今天流派众多的宏观经济学。争论的焦点包括政府不适当的财政货币政策、技术冲击、投机盛行、社会分配不公、道德沦丧等等，但有一点却是各家都认可的观点，即投资者非理性乐观的情绪是产生这场悲剧的原因之一。人们不禁要问，难道 20 世纪 20 年代的美国社会就没有认识到即将来临的大灾难吗？

---

* 本文根据作者与熊鹏发表于《新财富》2002 年 8 月号的同名文章改写而成。感谢熊鹏对于本文的贡献。

——飞扬的 20 世纪 20 年代

20 世纪 20 年代同样被当时人称为"新时代",财富和机会似乎向刚在一战中获胜的美国人敞开自己的大门。"人人都应该富裕",通用汽车公司总裁发表了他对新时代的看法。胡佛总统也认为:"我们正在取得对贫困战争决定性胜利的前夜,贫民窟即将从美国消失。"机会和富裕成为 20 世纪 20 年代醒目的标志。美国股市在历经 10 年的大牛市后,美国最负盛名的经济学家、耶鲁大学经济学教授欧文·费雪在 1929 年 10 月 22 日的《纽约时报》头条表示:"我认为股票价格还很低。"可是,没过几天股市泡沫就开始破裂。

股市泡沫的培植、经济的超速增长,常常是技术发展、制度变迁和社会氛围等众多因素作用的结果。美国在 20 世纪 20 年代的经历完整地体现了这些因素的作用。第 127 页图一是美国 1920 年到 1939 年制造业指数的图示。从 1920 年开始,美国制造业飞速发展了 10 年。1921 年的指数水平为 87,到 1929 年该指数已经到了 119 点,制造业保持了超过 6%的增长速度。1929 年 10 月股市崩溃后,到 1932 年该指数仅有 63 点,比起 1929 年高峰时跌了 47%。

就工业技术而言,一战中及之后,传统的石油和钢铁工业得到长足发展,而新兴技术引发的汽车、电气和飞机工业革命方兴未艾。战争中发展的科学技术对民用经济的推动效果明显。如果用投资于新设备和新工厂的资本数量来衡量技术的加速发展和推广速度,我们发现 1915 年用于新设备和新工厂的投资约为 6 亿美元,而到了 1918 年,这一数字已达到 25 亿美元,平均年增长率超过 300%!新工厂的建设和新设备的投入使用,为制造业的加速发展打下了基础。福特汽车公司总裁亨利·福特的话形象地表达了当时工业界对技术

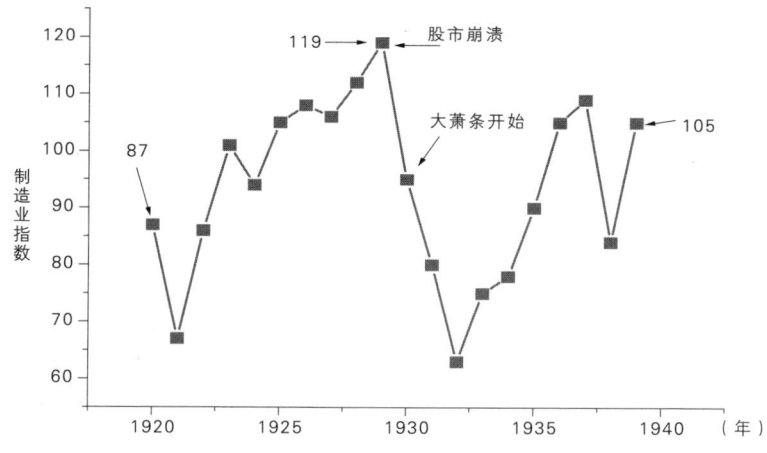

图一：美国制造业指数（1920—1939 年）

数据来源：美国国民经济研究局

进步和资本扩张的自信："美国人现在可以得到他想要的任意款式、任意色彩的福特汽车。"

除了技术创新，科学管理的泰罗制、劳动生产率的提高（例如，1914 年到 1927 年间美国汽车工业的劳动生产率提高了 178%）、政府与大企业的密切关系、信用消费形成等因素，都促进了整个 20 年代的经济腾飞，同时也使人们对未来的预期更加非理性，使股市泡沫继续膨胀。

提高了的劳动生产率使工人的工资水平也有了大幅度上升，消费能力增强，这反过来又进一步刺激了生产供应商采用更大规模的标准化生产、采用更新的技术和更大范围地运用科学管理模式，这反过来又进一步提高了劳动生产率和工资水平，促进更高的消费。整个社会的生产—消费形成了一个自我增强的循环机制。

整个社会对新技术和新生活方式趋之若鹜,"炫耀性消费"成为时代潮流。当时人们追求的消费包括收音机、电影、新型电器(吸尘器、冰箱和洗衣机等)、汽车等等。对新汽车的追求永无止境,当福特在1928年宣布他将推出新的A型车时,数以百万的美国人对这种尚未谋面的汽车下了订单。"新时代"不仅改变了人们的生活,而且还深刻地改变了美国社会结构。

20世纪20年代对经济前景的自信更集中地体现在股票市场中。在股市最狂热的1929年夏,美国封闭式基金的价格远远超过其资产净值,比二战后封闭式基金平均升水水平高出60%,这意味着资产的价格远远高于资产的价值。最近的一些研究显示,即使存在做空机制,也不能完全抑制当时股票价格的上涨。在投机最盛行的1929年1月,当股票做空方借入股票时(这是做空交易运作的一部分),需为借入的股票支付18%的月利率,这意味着很难借到股票去做空,以致做空机制无法抑制股市泡沫继续膨胀。

我们可以做个简单估算:道琼斯指数从1921年的75点到1929年顶峰时的370点,平均年增长率高达33%。假设1921年是合理水平而且这些年的利率水平基本不变,如果370点在1929年也是合理水平的话,那么包括在道琼斯指数中的公司利润的增长速度应该约为每年33%,而且是长达10年的高速增长,这种情况在人类历史上还极少出现!倒是半个世纪后1988年的日本,其GDP增长率如果按升值后的汇率计算的话高达36.5%,但那显然只是昙花一现。

像任何一次金融危机一样,1929年的危机前同样是一片欣欣向荣。社会中涌动的暗流,像银行不良资产增加、社会财富分配不公、社会信用受到破坏、上市公司行为扭曲,都被节节攀升的股市和对幸福未来的预期冲得无踪无影。

——苦难岁月

1929年股市崩溃引发了全世界长达10多年的经济衰退。图二是道琼斯指数从1921年至1939年的水平。长达10年的大牛市把道指从70多点推到了360多点。在股市最高峰来临前曾经有个短暂的调整期，1929年3月的指数略低于2月指数水平，但是没有人相信股市会下跌。从图二可以看到，在股市最低谷的1932年，指数水平只有崩溃前的12%左右。直到二战结束的1945年，该指数还在153点，只有崩溃前顶点的42%。从1929年10月29日到11月13日短短的两个星期内，共有300亿美元的财富消失，这相当于美国在第一次世界大战中总的开支。

图二：道琼斯工业平均指数

然而，这一切还仅仅是开始。股灾中，摩根银行试图托市，政界、工业界、银行界的头面人物也纷纷出面表示对经济的信心，但这都稳定不了投资者恐慌的情绪。由于整个国家的经济基础在过去10

年股市扩张中受到严重伤害,可怕的连锁反应很快发生:疯狂挤兑、银行倒闭、工厂关门、工人失业、贫困来临、有组织的抵抗、内战边缘,20世纪20年代的美梦对美国人而言已经是明日黄花。

我们可以从反映实质经济的四个指标:真实GNP增长率、失业率、国际贸易数量和软饮料的产量来看股市崩溃对美国实体经济的灾害性后果。图三显示了大萧条前后真实GNP增长率的变动情况。真实GNP增长率是客观反映一国经济增长情况的指标。我们发现在1930年第四季度GNP增长率降幅最大:10.05%。从1929年第四季度到1933年第一季度,连续出现了14个季度的经济负增长,累计负增长为-68.56%。GNP指数在1933年第一季度达到低谷,仅为53.2点,相当于1928年基准水平的50%,比经济起飞时1921年的59点还低。这意味着美国经济至少倒退了10多年。

第131页图四显示了大萧条前后失业率的变动情况。股市崩溃的1929年,失业率为2.5%,之后失业率迅速上升,到1933年达到创纪录的25%,这意味每四个人中就有一人失业。整个30年代的失

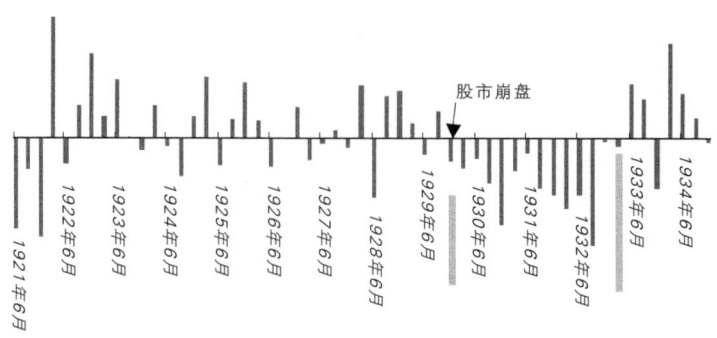

图三:美国GNP增长率(1921—1934年)

业率居高不下，到二战爆发的1939年，失业率仍然处于17%的高位。相比之下，二战后美国历史上失业率最高的经济危机中失业率是12%（1981—1982年），这已经让很多美国人心有余悸了。

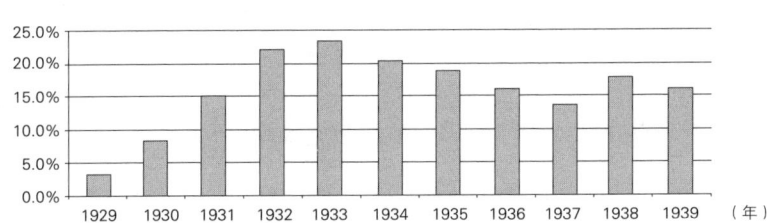

图四：大萧条前后美国失业率水平

1929年经济危机的另一个显著特色是危机很快从美国蔓延到其他工业化国家。各国为维护本国利益，加强了贸易保护的措施和手段，这进一步加剧恶化了世界经济形势，是第二次世界大战爆发的一个重要根源。第132页图五显示了大萧条后世界总贸易数量的变化趋势。我们清楚地看到1929年后世界贸易水平急剧下降，低谷时的1933年只有1929年世界贸易水平的1/3。

经济危机对大萧条前新兴发展的行业造成了致命的打击。这里我们选取了一个受经济周期影响较小的新兴行业——软饮料行业作为分析对象，结果见第132页图六。大萧条前，软饮料人均产量稳步增长，从1921年的人均41升上升到1929年的人均53.1升，上升了29.5%。经济危机对软饮料的生产和消费影响巨大，到1932年时，人均产量只有27.1升，仅有1929年水平的一半。这意味着该行业在1932年市场规模急剧缩小，厂商、工人面临严峻的生存问题。

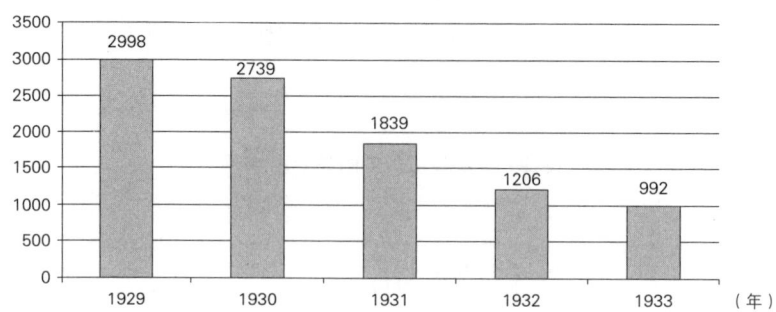

图五：大萧条期间世界贸易水平

数据来源：Charles Kindleberger, "The World in Depression 1929–1939"

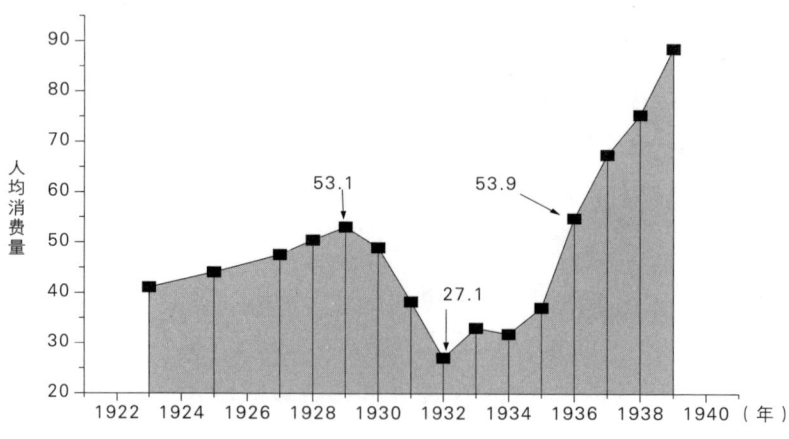

图六：美国软饮料人均产量（1923—1940年）

数据来源：M. Bernstein, 1987

大萧条也造成了严重的社会问题。最重要的问题是失业。失去工作不仅对个人造成了经济和精神痛苦，而且失业者的家庭也因此变得不稳定。大萧条中结婚率比正常年份下降了15%，而离婚率也降低了25%。历史学家发现离婚率降低的主要原因是夫妻双方不愿意承担分居后的住房费用。大萧条期间出生的新生儿长期缺乏营养和医疗护理；约有200万至400万中学生中途辍学；大量的无家可归者栖身于铁道边简易的纸棚；许多人忍受不了生理和心理的痛苦而自杀；社会治安恶化。火药味最浓的事件是1932年的"向华盛顿进军"。两万多老兵由于没有拿到抚恤金，在华盛顿搭建起他们的"临时城市"，发誓除非政府拿出钱来，否则他们不会离开。惊恐的胡佛总统下令麦克阿瑟和艾森豪威尔率领军队驱散老兵，这是美国历史上一次非常不光彩的用武力对付和平请愿的事件。

—— 小结

1929年美国股市的崩溃和随后10年的经济萧条是整个20世纪世界历史中的重大事件。20世纪20年代是美国经济快速发展的10年，**由于股市预期的财富增长速度大大超出了实质经济能支持的速度，社会又没有及时的纠错机制来制止虚拟经济与实质经济的进一步分离，泡沫的继续膨胀就不可避免**。从1930年开始的大萧条对美国经济和美国人民的生活造成了极大的伤害。直到第二次世界大战爆发才让美国经济逐步摆脱衰退，而美国股市回到崩盘前的水平时已经是1958年，也就是说，美国股市用了近30年时间"推倒重来"。**大萧条的历史经验给新兴的中国股票市场和中国经济的启发和警示作用是非常深远的。不能人为地培植股市泡沫**。

第 12 章

证券投资的风险管理

> 在社会缺乏诚信和法律制度又不完善的情况下，指望机构投资者一夜之间改变中国股市面貌是极不现实的。说到底，其主要原因还是对市场管制太多。允许各类市场启动，让更多民营企业上市并引进做空机制，最终会让基金管理业找到更好的立足点。

证券投资管理、代客理财作为一种职业，在中国具有无限的前景。一方面，随着进一步的改革与经济发展，财富阶层不断扩大，财富积累也会越多。在这种情况下，理性的创业者和企业家应当至少把部分财产从不动产或实业转移到证券投资，以增加财富的流动性和减少风险。如果这样做，就不至于因实业投资的失败而使多年创业积累的资本一夜间赔光。从多国的经验看，创业者和企业家可以在实业上非常成功，但不一定是好的投资理财家。这也是美国基金管理业近二三十年得以飞速发展的原因之一。

另一方面，这些年"熊市"与"牛市"在中国的几个来回也使不少股民意识到投机炒股的风险，使部分股民看到委托理财、由职业投资管理者去运作的好处。这种"教训与反思"的过程或许很漫长，但将是中国基金管理业发展的一种动力。

当然，这些趋势也给基金管理业带来不少挑战，而其最后的成功

---

* 本文原文发表于《新财富》2002 年 5 月号。感谢熊鹏对此文的帮助。

又取决于行业本身是否能足够职业化。比如说，风险控制是我们讨论得最多的话题之一。但是，为什么要控制风险？怎样控制风险？

——关于风险控制的矛盾

笔者教授证券投资管理十几年，也亲身参与基金管理运作。时常会有学生和同行反问道："我放眼于长期投资，二三十年后才需要用到这笔资金。那么，风险的高低对我不重要。"其中很多人有这种看法，也是因为芝加哥一家名叫"Ibbotson Asssociates"的公司过去25年一直畅销的一张图（该公司创始人是耶鲁大学管理学院的罗杰·伊博森教授）。该图显示的事实很简单：如果1926年时我在不同类证券中投入1美元，随后每年利滚利，这1美元到今天会变成多少呢？图一中显示出五类不同证券的情况：美国规模小的上市公司、标准普尔

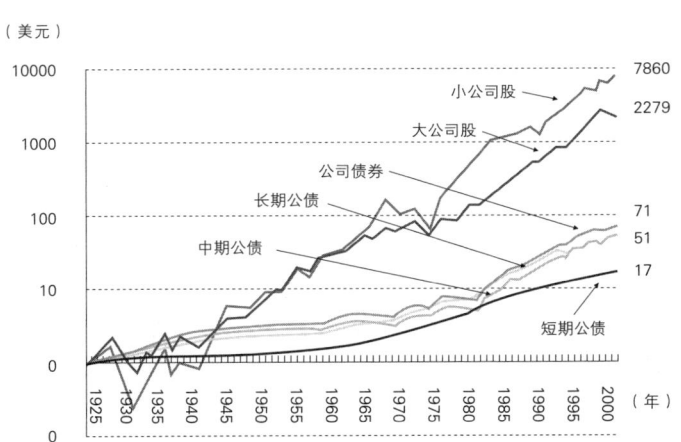

图一：不同证券类别在美国历年的财富积累

500指数、长期公司债、长期政府公债、中期公债和短期公债。

如果每年把已积累的钱全部按市值比例投到美国最小的1/5上市公司，那么这1美元钱到2001年年底就涨到7860美元，平均每年增值17.3%，年波动率为33.2%。

如果每年把钱投在标准普尔500指数（大公司），则这1美元到2001年年底涨到2279美元，平均每年增值12.7%，年波动率为20.2%。

如果每年投的是长期公司债，1926年1美元到2001年年底涨到71美元，平均年增长率为6.1%，波动率为8.6%。

如果投的是长期政府公债，到2001年年底涨到51美元，平均年增长率为5.7%，波动率为9.4%。

如果每年投的是中期公债（到期日为1年到10年），到2001年则涨到52美元，平均年增长率为5.5%，波动率为5.7%。

如果投的是短期公债（到期日不超过1年），则于2001年年底涨到17美元，平均年增长率为3.9%，年波动率为3.2%。

从以上这些结果我们容易看到，**不同投资种类风险与回报基本成正比：风险越高，回报率越高**。那么，对于投资管理员来说，这是否意味着尽最大风险地去选择证券呢？

一般而言，我们会建议投资者按照适合其风险承受力的投资组合把钱分散投资于这几类证券中，在不同风险和回报率间进行搭配。但是，在看到第135页图一后，很多投资者会反问："我投资的目的不是短期回报，而是二三十年后的长期回报。所以，短期风险波动对我来说无所谓。那么，按照图一，我不是应把钱全部投入高风险的小公司股中吗？为什么我还要分散投资呢？"

——台湾基金管理业的经历

对这些质疑确实不容易做出直观的回答，既然我能够等上几十年，那我为什么还要去想方设法减少风险呢？短期政府公债给我的年回报率只有 3.9%，75 年才涨了 16 倍！

与此相关的一类现象是台湾这些年基金管理业的经历。20 世纪 80 年代末和 90 年代初，台湾的基金业慢慢兴起，跟今天大陆的基金业有些类似。但是，即使到了前几年，台湾的基金管理业规模还是不容易大起步，原因是当初以为有了职业基金管理者、有了机构投资者，他们不会像个体股民一样只做短期投机、炒股，而是会放眼长期投资，采用理性的分散投资手段。可是，到了前几年一看现状，这些职业基金管理者不仅没把台湾股市的波动率和炒股风降低，反而大有增加，炒得更热！原来单个的股民不容易有财力使股市上下波动，有了机构投资者后财力集中了，"庄家"威力反而大涨。

原因在哪里呢？根本在于"委托–代理"关系的存在。**职业投资管理和代客理财，就像上市公司与股东之间的关系一样，存在着严重的信息不对称**。基金投资人或"代客"的客方把钱委托给基金管理者，由后者去全权掌握证券买卖，享有充分的控制权，但出资方（客方）不能时时紧跟着监视基金管理者的操作。因此，对出资方而言，基金管理者的操作就像一只黑箱。**在这种信息不对称的"委托–代理"关系下，双方的诚信程度和相应的司法保护环境就变得甚为关键**。

但是，中国偏偏又没有法治的传统。在这种情况下，诚信变得稀缺，对他人不容易建立信任。台湾也不例外。于是，代客理财和基金业开放之后，出资方无法对代理方放心，每天或时常打电话到代理方查询,一方面,会询问代理方买的是哪些股票,一旦发现后者没持有时下火爆的股票就强烈质疑;另一方面,每天把代理方的投资业绩与大盘和其他指数做比较,如果发现业绩落后,代理方就得做出解释。于是,出资方的频频监督迫使职业基金管理方也不得不选择短线投机。而且,有些钱如果是你我自己管理会做长期证券投资,但经过"委托-代理"反而会变成短线投机。

笔者有不少以前的学生在台湾从事基金管理或代客理财。他们会说,迫于客户的压力不能进行分散投资,而是专投两三只个股。原因是,如果他们持股十几二十几只,客户方就会质疑道:"你是不是对其中的两三只最看好?如果是的话,何不把钱都集中投在其上呢?为什么把一些钱投在那些你并不同样看好的股票上?"

在2000年中期之前,世界各地的科技股都火爆,台湾也不例外。在台湾,众多职业投资管理者都集中持有两三只火爆的科技股,业绩都不错。可是,到2000年暑期科技股连跌数月之后,许多职业代客理财和基金经理都失去了工作,一些基金相继关闭。最终,这种集中重投的方法失败。但是多数人并没有理解这种失败的真实原因。

—— 风险控制是执业者的生存之道

为了进一步看清代客理财(或基金管理)与自己管钱的根本性差别,第139页图二中给出"诚成文化"(600681)自1997年到2001年年底的月回报率表现。在这四年中该股票跌幅超过10%的有10个月(超过总月数的1/5),有4个月其跌幅达到或超过20%。如果投资者张三最看好诚成文化股份的未来,而且他投的是自己的钱,那么,这些时常跌过20%,也偶尔涨过20%的波动表现对张三来说

图二：从月回报率看风险的含义

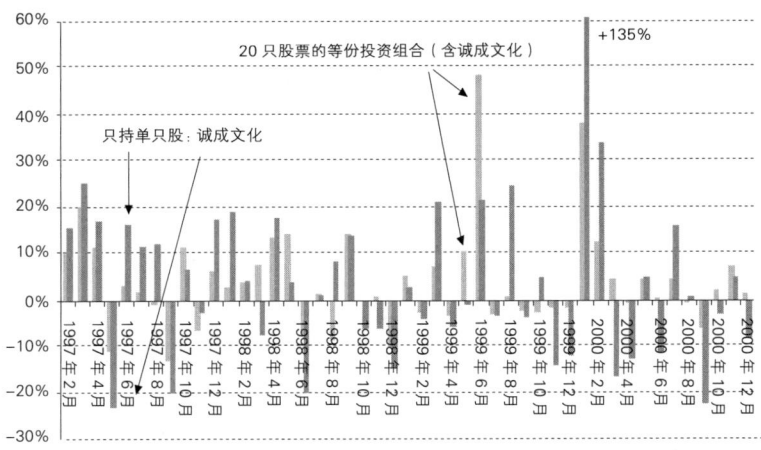

不成问题，他甚至对这些短期的波动连看都不去看，因为这是他自己的钱，他不用对其他任何人负责，也没有信息不对称，只要他自己看好诚成文化的未来，他可以等待。

如果李四是为王五的家族企业管理 5000 万元资金，对他来说，假如把这些钱都投入诚成文化，那么在该股价 1997 年 5 月跌幅达 23.2% 时，李四的这家客户可能就没有了。李四可能真的坚信诚成文化的未来，但不管他怎么认为，也不管将来如何，王五无法再相信李四的能力。王五怎么确信李四的动机和判断呢？

相比之下，如果李四持有的不只是诚成文化，而且还有 19 只其他在上交所和深交所上市的股票，并且他按照分散投资的原则将王五的 5000 万元按等份分投于诚成文化和这 19 只股票之中。那么，该投资组合在同期的表现也显示于图二中，我们看到此时李四的日子就好过多了：4 年中只有 3 个月的跌幅超过 10%，但从来没有一个月的跌幅超过15%。

当然，要想更牢靠地保全王五这个客户和自己的基金经理工作，李四还有改进的余地。比如，他可以把王五的一部分资金分投到政府公债或公司债，这可进一步降低风险，但也会牺牲一些回报率。最终的选择取决于为王五找到风险与回报率间的最佳折中点。

—— 基金业的走向

在目前可投资的证券种类少、只能做多的市场环境下，基金管理业能提供的增值服务相对有限，基金经理能做的很多事情，客户自己也能做到。台湾的经历告诉我们，**在社会缺乏诚信和法律制度又不完善的情况下，指望机构投资者一夜之间改变中国股市面貌是极不现实的。说到底，其主要原因还是对市场管制太多。允许各类市场启动、让更多民营企业上市并引进做空机制，最终会让基金管理业找到更好的立足点。**在目前股市的逐步发展中，基金管理业应该意识到这种新的"委托–代理"关系所带来的职业行为挑战。

第 13 章
社保基金应采用指数投资法

> 如果在金融经济学和投资学中有任何一个像力学中的牛顿万有引力定律这样的结论，那么这个结论必然是：人为管理的投资基金无法长久打败股市大盘指数。

按照 2001 年 12 月 19 日公布的社保基金管理办法，投入基金与股票的比例不得高于总金额的 40%，存入银行和购买国债类不得低于 50%。这种锁定的投资组合与其他国家的社保基金和退休金大致一致，依经验看十分合理。

但其中的运作细节还应开展讨论。公布的投资组合中，分配到银行存款与国债类的那一部分资金，运作相对比较容易，出差错的机会较少。可是，分配到股票与证券投资基金的 40%，运作起来远非那么简单。那部分钱到底怎么投？由谁去选择股票？选什么股票？选股后，每一股应投入多少资金？这些问题显然非常重要，也关系到这次国有股减持政策，甚至国企改革的最终成败。如果社保基金、退休金无法运作成功，即使将国有股份减持到零，也并不意味中国企业的社保与政策负担会消失。如果如此，国有股减持的最终

---

* 本文原文发表于《新财富》杂志 2002 年 1 月号。感谢熊鹏、岳峥和张宏对于此文的帮助，也感谢中财集团给予本研究项目的支持。

目的还是达不到。因而，社保基金运作的好坏是国企改革成败的关键。

笔者建议，以指数投资方式来管理社保基金分配到股市的资金，也就是说，这部分资金投入各公司股票的比例跟其在所有上市公司总市值中所占比例一样。比如说，在深、沪两市目前约有1200家上市公司，如果新黄浦的市值占这1200家公司总市值的2%，那么社保基金分配到股市的总金额的2%就应投入新黄浦股票。而且，社保基金应按类似方法持有这1200家上市公司的每一家。

这种指数投资法是一种被动的投资策略，其特点是不去人为选股，完全回避投机取巧，不给基金管理者任何做短线交易的机会。按这种指数投资法，社保基金管理层不必在众多基金管理公司中去挑选、去决定谁可受托和谁不可受托。只要没有太多"谁管理多少资金"这种抉择权，就不会创造太多"寻租"机会，就不会为"腐败"创造条件。（这里需要声明，新成立的社保基金理事会是一个充满活力、年轻有为的新机构，本文无意以明或暗的方式指责他们有任何不轨的行为。事实上，他们目前已选的总体投资组合方案很好。笔者只想讨论从长远看应如何设计好社保基金的股票投资策略。）

这种投资法看起来很简单，似乎不如人为选股好，但**如果在金融经济学和投资学中有任何一个像力学中的牛顿万有引力定律这样的结论，那么这个结论必然是：人为管理的投资基金无法长久打败股市大盘指数**。这个结论是美国和其他国家众多基金管理师的经验总结，也是财务金融领域几十年实证研究的一致结论。**该投资策略好处很多，从长远讲业绩会最佳，可完全杜绝投机选股，有利于社会对社保基金的监督，也是对社会最负责任的一种策略。**

以下我们从四个方面来证明指数投资法的优势：（1）美国多年

基金管理经验；（2）指数投资法在实际中的广泛性；（3）指数投资法的"防腐"特点；（4）可操作性。

——美国众多基金中有多少能超过股市大盘

基金管理作为一个行业主要是从 20 世纪 70 年代末、80 年代初发展起来的，之前只有几十个专人管理的开放式共同基金（mutual funds），像富达等。20 世纪 80 年代至今，美国的共同基金数已超过 1 万个（而上市的股票数约 8000 只），但这 1 万多共同基金中只有 2073 家已存在 10 年以上。这 2073 家基金，选股风格各不相同：有的侧重"实地考察"，在投资前得亲自访问上市公司及其管理层；有的侧重财务数据基本面；有的侧重技术分析或画图；有的侧重数量模型；等等。但有一点是共同的：这些成千上万的基金管理员都想赚钱，谁都想超过别人，都想打败大盘指数。但实际上怎样呢？这 2073 家基金过去 10 年的统计情况如下：

这些共同基金的平均年回报率为 9.85%，而同期美国所有上市公司加权指数的平均年回报率为 18.26%；

这 2073 家共同基金中，只有 220 家（约占 11%）在此期间的平均年回报率超过美国股票加权指数；

只有 2.15% 的基金在过去 10 年中至少有 8 年超过加权指数；

只有 9.68% 的基金至少有 7 年超过加权指数；

只有 40.86% 的基金至少有 5 年（一半时间以上）超过加权指数。

因此，一多半的基金在一多半的时候回报率低于大盘。

除共同基金外，在美国也有约 6000 家对冲基金（hedge funds），这些基金与共同基金的主要差别有两方面：第一，在投资策略方面不如共同基金受制约，其投资对象与策略仅受到基金管理公司与客户之间的合约限制。但对冲基金只能面对财富雄厚的个人或机构投资者私募资金，不可以面向大众集资。这些基金通常既做空又做多，不受美国政府的任何管制。第二，对冲基金的管理者通常有奖励费，一般按回报率的20%分成（二八开）。相比之下，共同基金的管理者不参加任何分成，没有奖励费。因此，从激励结构看，对冲基金管理公司应更有费尽心机去找利好机会的激励。（这里声明一下，笔者也是一家对冲基金公司三位主要创始股东之一。）

那么，对冲基金是否就远比共同基金做得更好呢？答案是：要好一些，但还是远远落后于美国加权指数！

为认清这一点，我们可看看已存在5年以上的473家美国对冲基金。这些基金过去5年中的平均年回报率为19.93%（同期共同基金的平均年回报率为11.90%），但还是低于同期美国加权指数的27.02%。过去5年的其他统计情况如下：

473家对冲基金中，只有101家（约占基金总数的21%）的平均年回报率超过加权指数；

只有4.47%的基金在过去5年中至少有4年超过加权指数；

只有20%的基金至少有3年超过加权指数；

至少有2年超过大盘指数的仅占基金总数的42.77%。

不仅美国多年的经验证明很难超过大盘，在欧洲和亚洲的其他国家与地区，结论也基本相同。众多财经研究论文也都从方方面面验证了这一点。也应当指出的是，以上这些统计数据是基于至少"存活10年"的共同基金和至少"存活5年"的对冲基金，这些共同基金和对冲基金称得上同行中的"幸存者""佼佼者"，还有许多同行因在市场竞争中被淘汰而没能参加我们的计算。但是，即使是这些幸存的、业绩较好的基金，它们的回报率还是不如大盘。

当年基金管理行业中的顶级明星，像索罗斯基金（Soros Funds）、老虎对冲基金（Tiger Funds）、德劭对冲基金（D.E. Shaw）、长期资本管理基金（LTCM），这些都已不复存在。他们和其他许多同行的消失都证明人为选股和主动管理资金的困难。难道刚刚兴起的中国基金管理业能比这些多年老手更厉害？尤其在社保基金规模庞大的情况下，如果能够获得大盘加权指数的业绩，就应称得上"超群"了。

—— 指数投资在实际中有多普遍

正因为多年的实证研究与经历已证明人为选股的艰难，指数投资在世界各国的应用日益增强。据美国《退休金与投资》（Pensions & Investments）周刊 2001 年 9 月报道，到 2000 年年底全世界共有约 6 万亿美元的退休金资产，其中投入各类指数基金约 2.5 万亿美元。美国共有约 4 万亿美元退休金，投入指数基金的总额为 1.7 万亿美元。

第 146 页图一显示出美国 5 家较大的退休金投入指数之份额情况，该图给出的只是各退休金分配到股市的总金额中共有多少份额被投入指数基金。比如说，加州退休金的总资产为 1553 亿美元，其投资组合中分配到股市的总额为 1009 亿美元（约 65%），而这 1009 亿美元中的 757 亿美元（占 75%）是投入股票指数。因此，在图示中，加州退休金有 75% 的股票资金投在指数基金中。依此类推，纽约共同退休金有 70% 的股票资金投入指数基金，纽约教师退休金有 95% 的股票资金投入指数基金。

由此可见，指数投资在美国和其他国家中应用相当普遍，对这

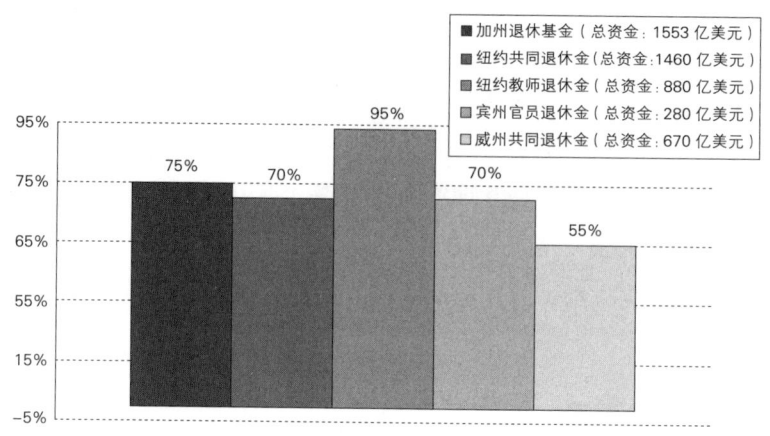

图一：美国五大退休金投资组合中投入指数基金之比例
（相对于投入股票的总金额）

种被动式投资策略的依赖性也很强。

——指数投资是解决"委托–代理"关系的最佳办法

社保基金是一个经济性政府机构，它的成功最终可用社保基金有无应有的支付能力来衡量。社保基金的会员是广大劳动者，他们是该基金的股东或者委托方，而社保基金的管理者是"代理"方，其董事会应该代表广大劳动者的经济利益。就像上市公司信息披露要求一样，社保基金的透明度也至关重要，也是合理处理这种"委托–代理"关系的必要条件。那么，怎样才最有利于广大劳动者监督社保基金的运作绩效，同时又让其管理者的业绩得到应有的承认呢？笔者认为，指数投资是一种最利于解决这种"委托–代理"关系的策略，最有利于评估社保基金管理者的业绩。原因如下：

第一，如果按指数投资策略去做，社保基金不必在不同的基金管理公司中挑选受托管理者，因为只要是采用被动式指数投资去运作，委托哪一家基金管理公司都一样，对后者的要求不高。唯一的判断标准是看后者有无能力正确运作指数投资策略，其管理费是多少。正因为社保基金不必去挑选基金管理公司，那么就不存在"寻租"机会，最有利于"防腐"。

第二，社保基金应该每月按证券投资分类公布其回报率，如每月分别公布其国债部分、企业债部分、金融债部分、股票投资部分的回报率。这样，如果社保基金分配到股市部分的资金是按深、沪两所加权指数去投资的，老百姓谁都可以清楚地看出其投入股市部分的运作好坏，因为大家都能看到同期间深、沪两所大盘的回报率，进而随时都可判断社保基金业绩的好坏。国务院其他部门、老百姓都可清楚地评估他们的业绩。

笔者对如何评审基金管理者业绩的问题做过多年研究，也发表过论文。这些研究与经历都告诉我们，评审基金的业绩是一件很难的事。但如果按照指数去投资，基金业绩就很容易评审：如果它的回报率比大盘指数低，管理者的工作就没做好；如果二者基本一样，社保基金管理者就尽到了责任。这种做法对管理者也公平、合理。

——指数投资操作细节

在操作上，首先要选择一个股票指数作为投资目标。鉴于社保基金的性质及它的资金来源，笔者建议组建一个包括所有深、沪两所上市公司股票的加权指数。也就是，先把所有这些上市公司的市值加在一起，每一只股票在该总市值中占的比例就是它在指数中应有的权重。以下我们简称此指数为"中国加权指数"。

组建中国加权指数后，随着各股的市价变化，指数值也相应地发生变化。同时，各上市公司在总市值中的比例也会发生变化。那么，是否要连续地更改各股票在指数中的权重呢？为操作简便起见，建议指数的权重分配每月之初调整一次。调整后，当月中各股票在指数中的权重不变。每时、每天对该指数的计算可由各大证券报纸、网站负责进行，并由它们公布、发表。

如果中国加权指数的权重每月调整一次，那么社保基金投入股市的投资组合也应在每月初调整一次。只要股市变化不大，这种调整引起的交易也不会太多。但一个原则是，社保基金或其受托管理公司在进行投资组合调整时，不应先公布这种操作的细节或运作时间，而是悄悄地进行。

2001年12月19日公布的社保基金管理办法限定投资管理人的管理费，每年不能超过所管资金的1.5%。这个管理费上限显然太高。尤其是，如果按指数投资进行，应付的基金管理费可低于0.10%，原因是指数投资的运作相当机械，不需要任何管理技巧，几乎任何人都可做到。

—— 小结

无论从各国多年的投资管理经验，还是从众多实证研究的结果看，指数投资对社保基金应该是最好的选择，是经过长期实践证明有效的一种投资策略，其交易成本、管理费用也最低。从对社保基金监管角度看，指数投资在运作中提供的"寻租"机会也最少，可大大减少挑选基金管理公司的必要性，社保基金只需少数交易员就可自己操作指数投资。因此，对于这种涉及几亿劳动者利益的公共基金，指数投资又经济，又有利于社会监督。

一些同人提到："指数投资可能不适合于中国，因为中国没有几家值得投资的上市公司。"由于各种政策负担，也因为公司治理结构不完善，值得投资的公司或许真的不多。但是作为代表全国劳动者利益的社保基金，如果它要投资于股票，那么就不应有选择，而必须投入中国的上市公司。在社保基金还不可能投资国外上市公司的情况下，国内上市公司是唯一的选择。中国上市公司存在的问题应该说是社保基金所必须承受的"系统风险"，就好比"儿不嫌母丑"。唯一可做到的是通过社保基金以股东身份积极参与，来改进上市公司的治理，来减轻它们的政策负担。

也有同人提议"社保基金应投资于代表绩优股的指数"，如某种"中国100强"股票指数，而不是投资于代表所有上市公司的加权指数。但是，在操作上怎样确认哪些股票为100强呢？谁能肯定这些公司就不存在问题呢？众所周知，今天我们能看到的业绩与财务状况只是代表上市公司过去的表现，或许跟它们将来的业绩毫无关系。在以往的经验中，我们时常看到一只股票跌到没人要，过些时再回头看会发现那恰恰是最好的投资进入点。因此，尽管我们都希望能根据今天看到的数据与资料来判断每只股票的好坏，但历史证明这很难。既然如此，就应避免让社保基金参与评审"哪家公司为绩优、哪家为绩劣"的活动，而是投资于包括所有上市公司的加权指数。

另外，如果还有别的"银广夏"公司，持有所有上市公司岂不是冒险吗？其实，恰恰相反，这一点更说明分散投资、持有所有公司的必要性，理由是在公开之前谁都无法知道哪家是下一个"银广夏"、哪家不是。因此，中国加权指数反而是风险较小的投资组合。

第 14 章

从人的行为偏差谈"指数投资法"

> 除非社保基金一分也不投入股市(这一点不现实),否则就应该把分配到股市的资金份额以被动的方式投入大盘指数,这样才能使老百姓的钱不受管理人的交易行为偏差的左右。

在"社保基金应采用指数投资法"一章中,笔者主要从三方面说明了指数投资的好处:第一,美国和其他国家的基金管理业都证明,长期超过大盘指数很难,于是,尤其在退休金和社保基金中指数投资法越来越成为主流。第二,从"委托—代理"关系的角度讲,指数投资法给社保基金管理者带来的"寻租"或受贿机会最少,管理成本也最低。第三,社保基金规模庞大,如果要去为这么大的基金而投机取巧地找"别人找不到"的利好机会,唯一的可能是整个中国经济、整个市场的"利好",别的途径都不可能。

社保基金会有多大呢?如果国有股减持时所有减持资金和剩余国有股都划拨到社保基金,那么在目前国有股约占 50% 和流通股为 30% 左右的情况下,将来社保基金的规模差不多是现在流通股市的 1.5 到 2 倍。加上约 40% 社保基金的钱会投于股市,这样它的持股量将相当于目前流通股的总量。在这种规模下,靠选股、选基金管理公

---

* 本文原文发表于《新财富》2002 年 4 月号。感谢熊鹏对于此文的帮助。

司,难道真能跳出整个大盘的趋势?

有朋友说,尽管社保基金本身这么大,把资金分配到多个基金管理公司后,每个受托的基金管理公司不就是"小巧灵活",可充分挖掘利好机会了吗?可惜,这样做只能在表面上造成"小"的假象,实际上到2002年年初上市公司只有1200家左右,这些受托的基金管理公司只能是互相之间"似乎"在各自寻找独立的机会,但实际上最终不仅是面对相同的投资机会,而且通过彼此之间的"对倒"交易在消耗本不应消耗的资源,浪费不必要的交易成本。

也有朋友说:"2000年中国基金的平均收益率落后于大盘指数,可它们2001年超过大盘很多,因此把社保基金的资金分配到基金管理公司并不差。"但是,这一结论有三个问题。第一,两年的观察还太短,从统计上还不足说明问题。第二,这种"基金的平均收益率"已具有了指数投资的性质,也就是说它反映的是这些基金的"平均指数"的收益率,也是一种被动的投资组合。可是,如果让社保基金在众多基金管理公司中去挑选,你怎么可以肯定他们挑选的各种基金组合在一起时就能赶上"中国基金的平均收益率"呢?还有基金管理费呢?第三,到2002年年初还只有十几家基金公司发行基金,它们的总体规模远远小于整个流通股盘,因此它们的业绩还不能代表将来社保基金出现后的情况。

除了这种因规模太大而难以超越大盘指数的因素外,也因为如果把资金委托给基金管理公司,绝大多数的基金管理员无法摆脱人天生的行为偏差而输给大盘,这也是为什么美国当年的对冲基金大名家几乎每一个都以失败而退出,如索罗斯、老虎基金公司、LTCM等。这也是为什么美国多数开放式共同基金和对冲基金都败给大盘指数。那么,个人股民和由个人组成的投资俱乐部(investment clubs）是否比这些基金做得更好呢？

下面我们先看它们以往的投资业绩。然后，从人的行为偏差角度来解释"指数投资法"的优势。

—— 个人股民：换手越频，收益率越差

2000年，加州大学戴维斯分校两位教授巴波（Brad Barber）和欧汀（Terry Odean）在美国《经济学季刊》上发表一篇题为《男女有别：性别、自信与股市投资业绩之关系》的论文。文中，他们对美国35000个股民于1991年至1997年间的股票交易做了详细研究。他们发现，男士的平均换手率每月为6.11%，而女士的为4.41%，因此，男士投资者比女士的股票交易频率差不多快50%，所持有股票的风险系数也比后者高。但交易越频繁是否意味着投资业绩越好呢？男士投资者的年回报率平均比市场大盘指数落后2.54%，而女士平均比大盘落后1.84%。由此可见，尽管男士似乎比女士更愿意冒险，进出手更频繁，投资业绩却更差。

但如果把男女都放在一起，两者都落后于大盘。因此，一般而言，不管是职业人员管理的共同基金和对冲基金，还是个人股民，投资业绩都落后于大盘指数。

有人会说："基金也好，股民账户也好，都是个人管理的股票组合，如果以集体决策形式来管理股票投资，那不是可以避免个人情绪对投资决策的影响了吗？"针对这一点，巴波和欧汀于2000年在《证券分析师季刊》发表了另一篇研究论文，他们对于166个投资俱乐部在1991年至1997年间的股票交易业绩做了详细分析。这些投资俱乐部都是自发组成的，每位会员一般投入同样多的资金，在买进或卖出任何一只股票前至少一多半会员必须投票同意，用意是要避免任何个人的意见或情绪影响投资决策，以确保投资组合的稳定性和客观性。结果如何呢？图一给出三组投资业绩。第一组，这一期间美国标准普尔500股票指数的年回报率为18%，相应指数基金的年回报率为17.8%（去掉每年约0.2%的交易费与管理费后）。第二组为个人股民的平均业绩。如果不含股票交易费，他们的年回报率为18.7%，但去掉实际交易费用之后，年回报率仅为16.4%，低于指数基金。第三组反映的是投资俱乐部的情况。扣掉交易费用之前它们的年回报率为17%，但扣掉交易费用之后却只有14.1%，不仅远低于大盘指数，而且还不如个人股民的16.4%！由此可见，集体决策反而使投资业绩变差，这进一步从经验上证明指数投资法的优越。

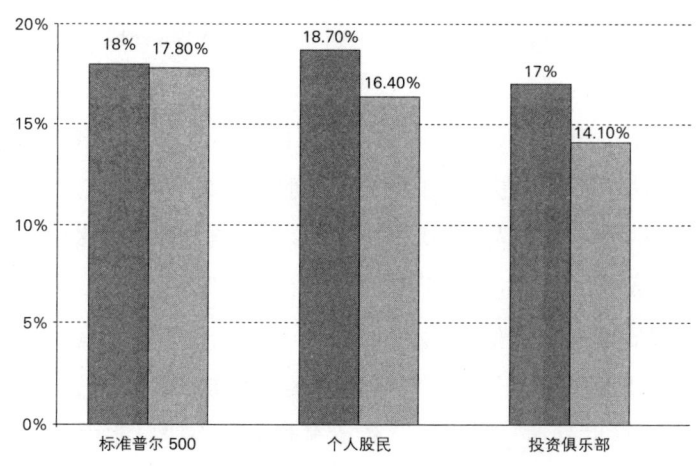

图一：股票指数、个人股民和投资俱乐部的比较
（浅色的为除掉交易费后的年回报率）

—— 人的行为偏差是问题的关键

有朋友说,这些经验数据都是基于不同投资者和不同基金的"平均业绩",而"我自己远比一般人要强"!这种过于自信的态度恰恰是人为管理的基金和股票组合不易超过大盘的原因之一。心理学家和实验经济学家做过众多调查研究,每次研究都发现,在回答"你是否觉得你的能力超过一般人的平均能力"或者"你是否觉得你比一般人更能选股"这类提问时,大多数人都会自信地回答"是的"。但是在逻辑上,怎么可能多数人的能力都比一般人强呢? 看到上述令人失望的基金与不同股民的业绩,经济学家想从人的行为特征上找答案。下面给出几个主要的行为偏差解释。

第一,"股票赚钱时会轻易卖掉,但赔钱时留着不放"。也就是像"炒股炒成了股东"这句名言所综述和蕴含的意思,在经济学中这种行为偏差被称作"错位效应"(disposition effect)。在中国,这种偏差效应尤其明显。为说明这一点,笔者把深、沪两交易所上市的所有公司按它们1999年年底到2000年年底的回报率从低到高分成4组,每组约有300家公司,然后算出各公司股东人数从1999年年底到2000年年底的增长率。第155页图二中给出每组的平均股东人数增长率。从图中看到,这一期间回报率最低的公司其股东人数平均增长143%,回报率第二低的公司股东人数平均增长42%,而股价涨得最多的公司其股东人数则减少23%。这显然印证了"错位效应"。

美国的情况也类似。欧汀1998年在《金融学报》发表的研究成果表明,普通股民每年会把已赚钱股票中的14.8%卖掉,与此相比,只有9.8%的赔钱股票被卖出(样本包括1万个股民账户)。因此,愿意把已赚钱的股票抛售的程度是愿意把已赔钱股票抛售的1.5倍!

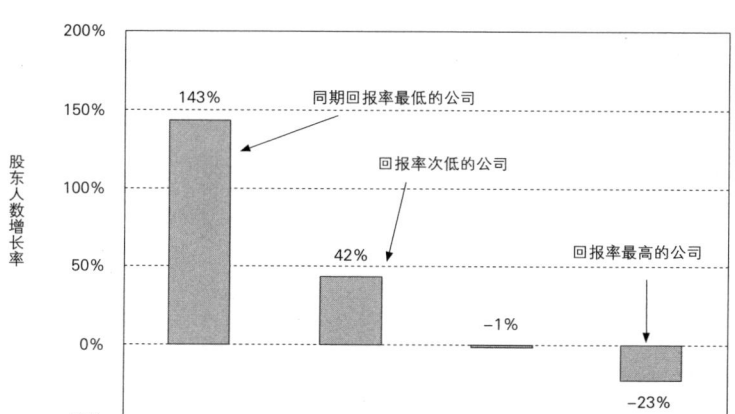

图二：股东人数增长率与同期股票回报率的关系

那么，这种"赢则卖，赔则留"的交易行为是否意味着更好的投资业绩呢？在这1万个股民的交易记录中，欧汀发现，他们卖掉的股票反而比留下没出售但已赔钱的股票的回报率更好。3个月后，被卖掉的股票回报率平均比留下但已赔钱的股票的要多1.03%，一年内平均多3.41%，这还不包括由这种交易所带来的交易成本！真是劳民又伤财！

这种交易行为的不理性也可以从回报率概率分布图看出。如果某个投资者每次在股票涨过10%就卖掉，但股票下跌不管多少都持仓，那就等于把本来无上限的回报率概率分布图在10%处卡断，使能够得到的平均回报率反而下降。比如，上海东方明珠股票以往的月回报率分布如第156页图三所示，其平均月回报率为2.2%。假设东方明珠过去的月回报率分布也代表它将来的回报率分布。那么，如果一个投资者在月中的任何一天一涨过10%就卖掉东方明珠，该

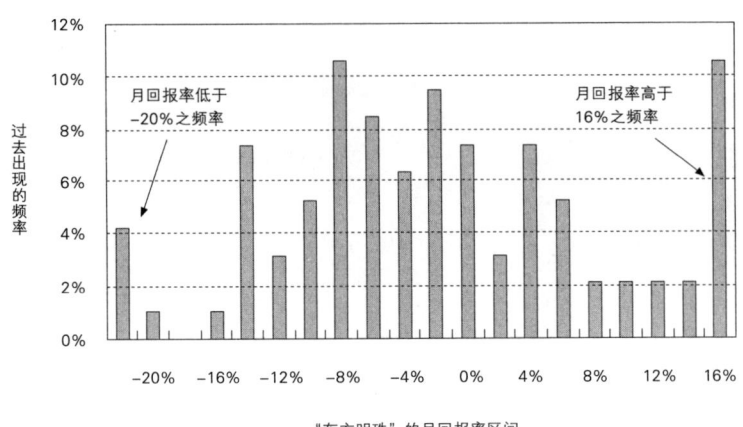

图三:"东方明珠"过去的月回报率之出现频率分布
(1994—2001年年底)

交易行为实际把东方明珠的月回报率分布人为地从图三转换成如第157页图四所示,使其平均月回报率降至-2.1%(也就是平均每月要赔2.1%,而不是涨2.2%)。因此,这种行为偏差会严重扭曲股票将来的回报率概率分布,损害投资业绩。

第二,"人天生就过于自信"。上面已经讲到,男士比女士交易频率要高出约50%,这是为什么呢?是因为男人比女人更自信。恰恰是这种自信,使我们在看着以往股价的走势图时,总觉得可以"在最低点买进、最高点卖出",那样不是每次都赚钱吗?何必去被动地把钱投入一个大盘指数基金呢?这种自信感显然是一种错觉,因为我们在面对今天的市场时,客观上无法知道此时的股价是低点还是高点——只有在事情发生后才知道。

有朋友会说,美国不是有一个至今都不倒的投资大家巴菲特

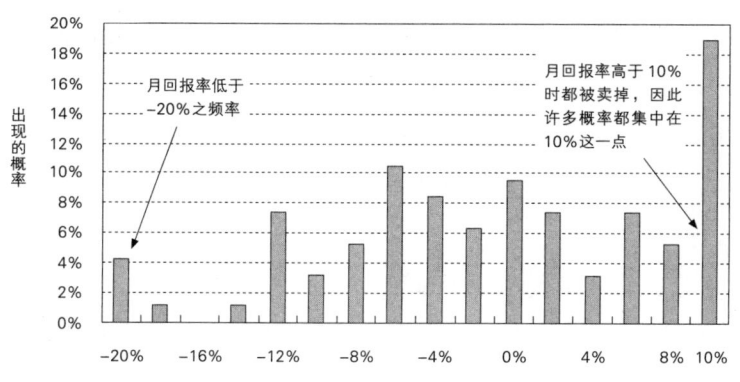

图四：如果每次"东方明珠"月回报率到达 10% 即卖掉，它将来月回报率之出现概率分布

"东方明珠"的月回报率区间

吗？可是，美国两亿多人中就他一个！

"中国上市公司没有几家有投资价值，因此把钱投入大盘指数等于是扔钱，我自己肯定比别人更能选股，因为我知道哪些公司有投资价值"云云，这是不是过于自信？

第三，**"人偏爱听自己喜欢听的，对自己不利的假装没听见"**。反映到股市投资上，在看到利好消息时，总要夸大其利好的程度；在看到自己持有股票的利空消息时，更愿意相信利空没有那么严重。许多研究发现，这种人的行为偏差是导致基金业绩、股民业绩低于大盘的主因之一。

第四，**"当一只股票赚钱时，觉得自己具有超人的选股能力；当某一只股票赔钱时，又觉得这一次是运气不好"**。因此，即便一再受到挫折，也不愿意重审投资策略，而是继续蒙骗自己，为自己的过错

第14章　从人的行为偏差谈"指数投资法"　　　　　　　　　　　　157

尽量在心理上用外在理由解释。

第五，"对某些股票过于偏爱，而对另一些股票过于憎恨"。比如，对那些过去让自己赚过钱的股票有感情，对赔过钱的股票有憎恨，但忘记了这是在投资，不是在谈恋爱。

第六，对一时的消息过于敏感，一有消息就本能地要买卖股票，尽管这些消息带来的机会稍纵即逝，更何况这些所谓的消息经常是毫无根据。

第七，对技术画图分析过于自信，尽管在世界上还没有任何人靠"画股票线图"画出一个盖茨、巴菲特或戴尔这样的富翁来。

—— 小结

人生来就有自信的本能，相信自己的能力或者才智超群，父母和其他亲人、朋友也会进一步鼓励你对自己"倍加自信"，去回避对自己能力的任何怀疑。但证券投资这一行又恰恰是一个冷冰冰、完全客观的业务，赔钱就是赔钱，赚钱就是赚钱，一点儿也不会因基金管理员对自己感觉的好而多赚一分钱，也不会因为你"恨透了这个熊市"而少给你一元钱。**除非社保基金一分也不投入股市（这一点不现实），否则就应该把分配到股市的资金份额以被动的方式投入大盘指数，这样才能使老百姓的钱不受管理人的交易行为偏差的左右。**

[第三部分]

媒体与财富

☆ 中国经济发展为何离不开开放的新闻媒体

☆ 开放的新闻媒体是市场经济的必要制度机制

☆ 经济学与媒体是如何互动发展的

☆ 媒体和市场对公司治理的监管效率

☆ 从诉讼案例看媒体言论的法律困境

第 15 章
中国经济发展为何离不开开放的新闻媒体

> 开放的新闻媒体则不仅可以独立地提供完整的、公正的市场信息，而且它们能成为中国市场经济的重要纠错机制。开放的新闻媒体不仅对政治民主十分必要，而且可以在经济增长和创造就业方面发挥举足轻重的作用。

尽管官员腐败与社会诚信在中国越来越成问题，为社会各界所深恶痛绝，但是关于这方面的很多报道在中国往往还要受到限制。媒体常常被要求不准报道某些"敏感"或者"不利于社会稳定"的事件。本章所要探讨的，则是新闻媒体的开放程度对中国经济有什么影响？换句话说，我们能从开放的新闻媒体中获得什么经济好处？当然，在我们都为中国经济的高速增长而欢欣鼓舞的时候，可能很难让人听得进"开放的新闻媒体对中国经济是多么多么重要"这样的话。的确，几百年来，人们谈到开放的新闻媒体，着眼点主要是在对当权者的监督、对政府权力的制衡，一提到新闻自由云云，就让人感觉又要谈政治了，其实，不用这么怕，新闻自由对中国经济的深化发展、矫正经济腐败、促进市场交易，同样具有关键性的作用，开放新闻媒体也恰恰是为了增加中国的就业机会所必须迈出的一步。遗憾的是，这一点至今还被人们所忽视。

过去二十几年，中国的经济增长故事从许多方面都给世人留下了深刻的印象。从 1978 年实行改革开放以来，中国的 GDP 年均增长率超过9%，人均GDP（按实际购买力算）从338美元增长到2003年的约5000美元，超过两亿人口脱离了贫困线。中国的城市化程度也从1978年的16%上升到目前的41.8%。就在全球经济因互联网泡沫破灭而放慢增长的这几年里，中国经济不但保持了强劲的增长势头，而且也带动了许多其他国家的经济增长。这样的成就不胜枚举。

中国的非凡经历也令众多学者和评论家迷惑不解：法学界和经济学界广泛接受"法律对发展至关重要"和"制度对发展至关重要"这两项命题，而且制度经济学的这些结论也是"华盛顿共识"所依赖的核心理念基础。但众所周知的是，中国虽然缺乏一个可靠的市场制度架构，法治与新闻媒体开放还有待完备，可是其经济却仍在继续快速增长。特别是与印度或新近转型后的东欧国家相比，中国的现象更像个悖论。印度拥有相对齐备的现代制度，既有民主与法治，又有新闻自由，但其人均GDP却仅从1978年的560美元（当年中国为338美元）增长到2000年的2358美元（那年中国为3976美元），增长速度远远低于中国。这到底是怎么回事呢？

—— 答案在产业结构里

原因是中国这些年快速增长主要依靠的是制造业和住房基建业，这种产业结构对制度的依赖度较低。众所周知，中国经济增长的主要拉动力来自以出口为导向的制造业和建筑业（住房与高速公路建设）。虽然这些产业的发展也促进了服务业的繁荣，但后者并没能充分发挥工业增长所提供的发展潜力。以2004年为例，中国GDP有15.4%来自农业，51.1%来自工业，33.5%来自服务业。而印度的服务业占GDP之比为51%，美国的服务业占比更是高达79.4%。实际上，在所有人口超过100万的国家中，中国的服务业水平最低，位于最不发达的行列。由于中国经济严重依赖"重型"工业，其增长需要消耗大量的自然资源，特别是能源。这种产业结构让中国经济可以在目前体制的局限下仍然能够快速增长。

为了证明这一点，我们可以将中国近几十年来经济增长的发动机——制造业，与金融服务业做一下比较。以玩具制造业为例，它用来交易的产品是可以看得见摸得着的。购买者可以检查玩具车的样式、风格和颜色，从而确定其质量和价值。购买者还可以在购买之前进行多次试车检验。制造商（或销售商）与购买者之间的信息不对称现象虽然存在，但很有限，买方较不容易受骗。当然，在这种情况下，增强产品责任的法律保护与司法独立是合乎人们需要的。然而，即使没有这种可靠的司法制度，可能也还行，购买方顶多是在买之前多花些时间检查、试用该产品几次，由此来克服法律上的缺陷。除此之外，就算买者在买货之后发现产品有瑕疵，或许只要该产品"还能用"，他也可能就接受了，"将就将就了"。因此，制造品的"看得见摸得着"这一特点足以帮助购买方规避其在信息方面的不利局面，从而降低他的交易风险。这样一来，即使在不可靠的市场制度下，制造业也能发展，只要有很多廉价的劳动力就行。

相比之下，在股票等证券交易中交易的则是金融契约，或者说对未来现金流的收益权。第一，契约本身就是一种法律构建的"东西"或说概念，如果没有相应的证券法及独立有效的司法制度，这种金融契约就没有任何意义，就一文不值。第二，恰恰由于金融契约"看不见摸不着"这一隐蔽性特点，购买者在信息方面处于一种非常严重的不利局面：被交易的金融契约无色无味，也无形状，购买方无从检验它。他们不得不依靠证券发行方披露的数据和媒体所提供的信息来评估证券的价格。在这种情况下，畅通无阻的媒体信息流动、自由的新闻调查报道及有关证券发行人和其相关实体的评价意见就变得非常关键，这些独立的信息和评价可大大增加投资者对证券市场的信心，培养市场交易中的诚信基础。

与无形的"服务"市场相比，"实物"市场对法治环境和新闻制度的依赖性要小得多，特别与金融服务业相比更是如此。因此，**那些不具备"对市场发展友善的制度"的国家也许只能集中精力发展其制造业和其他实物业，当然也可侧重农业，但不能对服务业有太多指望。而那些有开放的新闻媒体及可靠法治的国家，则既可选择专注于工业，也可发展服务业，专挑在价值链中利润最高、最赚钱的行业去做**，把"苦力活"留给那些制度欠缺的国家。

我们也可以从跨国数据中看看这一结论是否离谱。为了证明这一点，根据 Freedom House 在 1990 年对 106 个国家新闻自由程度的评分，我把这些国家分为三等份组，然后计算出每组国家中服务业占 GDP 的份额。结果显示，在 2002 年，服务业份额在有新闻自由的国家中平均为 62.4%，在中等新闻自由的国家中为 57.1%，在新闻不自由的国家中为 48.5%。当我用各国的人均服务业经济增加值来取代服务业占 GDP 份额，并以此来衡量一国的服务业发展水平时，得出的结论基本不变。看来，新闻自由确实可减少市场交易双方间的信息不对称，增加参与者对市场交易的对象即"服务品"的信心，减少"服务"市场上的交易风险，从而促进服务业的发展。公正、完整的信息和知识可以增加市场交易中的诚信，而诚信又是服务业市场发展和深化的基础。

在理解了制造业和服务业对制度机制有着不同的依赖度之后，我们现在可以明白为什么中国的经济增长故事并不能否定制度经济学的命题，而是跟后者非常一致。中国的故事是：虽然受制于制度的局限，但凭借其大量的廉价劳动力重点发展其制造业、建筑业等"重型"行业，由于这些行业对新闻媒体和法治环境的依赖度低，所以到目前为止这种经济发展模式还可以成功。然而，这一"重型"发展模式是不能持久的，今天的中国经济现实实际上已在挑战这一模式。

—— 开放新闻媒体是中国经济未来增长的必要基础

对这种"重型"发展模式的挑战来自以下几个方面。第一，这种以高能耗、高自然资源消耗为特征的发展模式不但抬升了世界能源价格，促使许多人预言地球能源供应危机即将到来，而且已经严重破坏了中国的生态环境。中国作为"世界工厂"是有代价的，环境与资源遭受重大破坏和损耗，河流与湖泊也遭到重度污染。

第二，作为纺织品、服装、机械和电子产品的出口大国，中国正面临着日益严重的贸易壁垒挑战，这会使中国难以进一步扩大其在众多制造品市场中的份额。

第三，制造业已不能创造新的就业机会，而中国只能靠服务业来增加新的就业。举例来说，虽然制造业产值自1978年以来以每年14%的速度增长，1995年时制造业从业人数达到9800万的顶峰，但是到2002年，制造业就业数已减少到8300万人。随着效率的提高和技术的革新，制造业的生产力将得到提高，而这只会进一步减少其从业人数。根据亚洲开发银行的估计，中国农村有大约2亿闲置农民，他们都需要工作。官方的城市人口失业率多年来维持在3.6%左右，真实的失业率我们不得而知。不管怎么说，每年新增的可就业人数为1500万（包括350万大学毕业生），但每年新增的就业机会目前是800万，这就意味着每年新增的失业人口是700万（这还不包括新的失业人数）。中国的就业形势十分严峻。

最后，中国长期以来希望改进在价值链的产业地位，慢慢减少对低经济增加值的制造业的依赖度，而服务业的经济增加值普遍较高，可取得更多的利润。

从上述这些因素中，我们可以得出一个明显的结论：中国必须进一步发展其服务业。确实，既然中国的服务业占GDP的份额是世界颇低，也就意味着它蕴含着巨大的发展潜力。在有13亿人需要服务的情况下，这种潜力尤其可观。但是，正如上面讲到的，发展服务业需要法治，需要开放的新闻媒体。在近些年里，这些制度机制已经得到了改进，但还是远远不够。

以上海为例，在1949年前，上海是中国甚至亚洲的金融中心和国际贸易中心，其服务业十分发达。在1978年实行改革开放以来，特别是20世纪90年代以来，中央政府决定将上海重新塑造为未来亚洲的金融中心。10多年来，政府把相当多的金融业务都安排到上海，以此来重点把上海发展为服务业中心。比如，第一家证券交易所是1990年12月在上海建立的，中国外汇交易中心和黄金交易所也放在了上海。过去几年里，证监会把新公司股票上市都安排到上海证券交易所，而不放到深圳证交所。在官方的鼓励下，外国银行和金融公司也陆续落户上海。然而，虽然这只"看得见的手"如此偏重上海，给它提供最好的服务业发展机会，但结果如何？上海服务业在其2004年GDP中所占份额只有47.5%。而且，服务业份额在过去两年里每年下降了0.5个百分点。实际上，过去几年上海房地产市场的持续红火给了其服务业不少推动，但它的服务业还是连续两年在衰退。1995 年，上海金融服务业的经济附加值占其 GDP 的 10%。在 2000 年，这一份额创下 15% 的新高。但在 2004 年，金融服务业的份额又降回到 10%。造成这一趋势的原因之一是自 2001 年夏天以来股价一直在下跌。因此，在未能改进新闻媒体和法治环境的情况下，连具备最好的服务业发展机会的上海也无法提高其服务业水平，其 47.5% 的服务业 GDP 份额甚至低于印度全国的水平。

—— 制度改革势在必行

多年来，经济发展与政治改革并未同步。与其他媒体相比，财经类报刊"在一定的模糊范围之内"享受一定的自由。但是，在一个以国有企业与国有银行为主导的经济社会里，政府对经济的行政管制缺乏有效制约，实际上经济和政治很难分开，因此财经类报刊难以有真正的自由空间。

比如说，国有商业银行的董事长和行长都是由中央组织部任命的副部级干部，对他们的工作言行的追踪报道常常就与政治性新闻沾边，因而属于政治新闻审查的范围。虽然关于金融风险和银行不良贷款问题多年来讨论得非常热烈，各界也一再呼吁加强金融风险管理，但国有银行的不良贷款数量到底有多少，在很长时间里一直是一个机密。在美国"安然事件"发生之后，中国上市公司的治理问题开始受到重视。但是，1300 多家上市公司又多数为国有控股，其最高管理层又大部分由相关行政部门任命。如果记者敢于调查报道这些公司的负面消息，他们将面临着工作被炒甚或吃到官司的危险。在股市价格走低之时，财经新闻编辑会受命只刊登正面报道，不刊登负面新闻，以此塑造出一个经济与金融市场的积极景象。这样的媒体环境限制了有用信息的供应，扭曲了市场中的真实信息，从而阻碍了市场尤其是对信息依赖度极高的金融市场的发展。

与中国历史上的任何时期不同，中国现在有了高速公路、铁路和航空网络，这些运输网将各个地区整合成了一个全国统一市场。货物和服务的交易已跨越了地域的界限。股票、债券、保险和其他金融产品在不同地区之间进行交易。在这么广泛的市场经济里，如果公司管理层行骗，或者产品与服务的提供商行骗，那么他们对投资者和消费者的潜在损害都会是极为广泛和深远的。在这种复杂的市场里，信息的自由流通涉及太大的公众利益。在这种情况下，没有哪个政府能雇用足够多的管理员、监督员来监督、揭露并矫正市场中的不良行为，即使政府能雇用很多很多的市场与企业监察员，他们也不可能有足够的激励把监督做好，或许由此带来的反而是新的寻租与腐败机会。**开放的新闻媒体则不仅可以独立地提供完整的、公正的市场信息，而且它们能成为中国市场经济的重要纠错机制**。我们知道"阳光是最好的杀菌剂"，由媒体将公司造假与商业腐败曝光，这本身就可起到对商业和市场纠错的效果，也是一种最自然的规避金融风险的手段。因此，**开放的新闻媒体不仅对政治民主十分必要，而且可以在经济增长和创造就业方面发挥举足轻重的作用。**

第 16 章
开放的新闻媒体是市场经济的必要制度机制

> 受法律保护的开放的新闻媒体是市场经济发展的一个必要的制度机制。也就是说，如果没有媒体的自由监督，市场经济发展到一定的阶段就要出问题，就会出现市场关闭的现象。

我们要谈的第一个中心问题是：若没有开放的新闻媒体，能否真正发展出好的市场经济？也就是说，新闻媒体对资本市场和商品市场的发展起到什么样的作用？

让我先谈一下研究这个题目的背景。这些年，大家都说发展资本市场、搞改革开放是"摸着石头过河"，我们已经"摸"了二十多年，已经迈出了一大步。"摸"到今天，已经碰到了许多必须解决的问题，这些问题只能靠制度机制来解决。到了这一步，我们应该思考一下：什么样的制度机制会让中国的市场发展得更好？什么样的制度机制会让市场不可能运作得很好？像中国现在的情况，法院不太保护媒体对企业的监督报道，行政部门更是干预媒体对企业的监督报道，这等于将媒体捆绑起来，使它们不能发挥应有的作用；这就

---

* 本文内容是 2002 年 11 月 13 日由上海法律与经济研究所在北京大学光华管理学院组织的讲座。本章文风有些特别，与其他各章都不同，笔者本想把那些口语化的词句改掉，使整篇文章更书面化，但考虑再三，还是觉得应该尽量保留其原样。梁雨同学对讲座做了详细记录，并帮助编写成本文的初稿。

使民众无法判断企业的好坏，也无法判断产品的优劣真伪。一方面是媒体不能对企业进行深入的质疑报道，另一方面是各界都在大喊"诚信"的口号，这不是很矛盾吗？像《新财富》《财经》《经济观察报》《21世纪经济报道》这些媒体的记者和作者，通过他们的报道和分析，让整个财经界、读者对公司治理的问题有这么多的了解，甚至比在美国学过MBA的人了解得还多，因为这些媒体及其他媒体确实挖掘了很多公司的问题，也让读者们学到了很多关于企业经营、经济发展的知识。但是，直到最近，还没有人提到新闻媒体在市场经济中、在公司治理中理应起到的监督作用。比如，有些媒体准备刊发关于某著名企业的报道，可有关部门就是不让它们刊发，理由是这家企业是一面旗帜，不能损害它的名誉。但是你不想想，这样的行政干预，鼓励的是什么？会让企业变得对股东、对社会更负责吗？不可能！这只会让企业觉得"我有政府的保护"而无所顾忌。《财经》就因为刊登了关于世纪星源的文章、陈毅聪就因为写了关于海尔的文章而被双双起诉。这些现象中的矛盾很多。

我想比较系统地谈一谈：新闻媒体在市场经济中到底应该起到什么样的作用？新闻媒体对市场经济的作用为什么很重要？之所以我花大量的时间来研究这个问题，是因为前些时候我搜集了很多个人、法人对国内媒体的名誉侵权诉讼案例，并对它们进行了细致的分析，我觉得收获很大。

在几次讲座和交流中，不少同人向我提出了一个观点，他们说有关新闻媒体的言论自由权历来都是政治层面的问题，只有从对政府权力监督的角度来谈新闻自由才有意义，除此之外，新闻自由不应该有法律的特别支持和保护。这种观点非常主流。这个观点给我留下了一大疑问：抛开新闻媒体对政府权力的监督不说，单从经济发展的角度来讲，难道说一个没有开放的新闻媒体的市场经济体可以发展得很好吗？如果新闻媒体没有开放的言论空间，如果当它们对企业提出质疑时得不到司法上的有效保护，试想一下，这样的经济体能很好地发展吗？

我将从实证的角度、逻辑的角度和一些实际案例来分别讨论新闻媒体监督对市场经济发展的重要性。

—— 中国媒体法律现状

首先，中国新闻媒体目前得到的法律保护到底有多少？从我最近做的一项实证研究来看，当中国的新闻媒体被企业或个人以名誉侵权起诉时，媒体在一审的败诉率是69.27%。这还不包括由于行政干预而没有走完一审的案件及庭外达成和解的案件。

我们也可以对中国和美国的情况做简单的对比。第一，媒体遭起诉时的败诉率在中国是69.27%。也就是说，法院收到诉讼案后，要权衡原告的名誉权和媒体的言论自由权。在中国，至少从这些有一审结果的案件看，法院给原告名誉权的权重是将近70%，而给媒体的言论自由权仅仅30%多一点。相比之下，在美国，媒体的败诉率仅为8%。这跟美国历史上有名的1963年的沙利文案有关。在那次案件中，沙利文诉《纽约时报》名誉侵权，结果迫使美国最高法院重写对新闻媒体的名誉侵权诉讼的司法程序与规则。从那之后，美国对新闻媒体的保护发生了很大的转变，几乎是绝对地保护新闻媒体的言论自由权。经过沙利文案件后，人们都知道法院对媒体言论自由的保护很强。那么，当任何人想起诉媒体时，就会再三权衡，只有在证据足够充分时，只有估计到打赢官司的概率比较大时才会起诉。但是尽管如此,在今天的美国,当个人或法人起诉媒体时,他们的败诉频率还是高达92%,也就是说,法院给新闻媒体言论自由权的权重是92%,这跟在中国的情形有太大的差别。

另外,我们也可以从赔偿金额的角度做比较。如果有一天我觉得媒体写的文章对我的名誉有损害,而我又掌握了足够的证据,那么我就要考虑:我要不要起诉?起诉的话,赢的概率有多大?官司赢了我得到赔偿金的概率又有多大?这些都是原告要衡量的问题。在中国,企业打赢官司并获得赔偿金的概率是61%,而在美国仅为6%。就是说,在美国,即使原告打赢官司,也只有很小的概率能够获得赔偿金。最后,你还要考虑到律师费及其他诉讼费,在考虑进去这些支出后,通过起诉媒体还能挣一点钱的概率是多少呢?在中国是36.5%,在美国仅为1.2%。

这些对比让我们看到中国新闻媒体所处的境况如何——一方面,记者做采访调查时到处遇到障碍和阻力,写完报道后又要受到各种行政干预和约束;另一方面,等你的报道终于发表了,被负面曝光的企业又要对你起诉。这时,按照宪法,法院应该保护你的言论自由。可是,上面的统计数据告诉你,在法院你的败诉概率很高。

在中国,法院受理对新闻媒体的名誉侵权诉讼的门槛也很低。比如,世纪星源起诉《财经》杂志的诉状只有7句话,而海尔对陈毅聪的诉状则更短。也就是说,当我看到媒体刊登了不利于我的文章时,那我上趟洗手间的时间就能写一纸诉状,我可以只写7句话;尽管对我来说就这么简单,但在法院受理之后,作为辩方的媒体就要请律师;又因为法院执行的是"辩方举证"——"谁报道、谁举证",媒体就要为应诉做大量举证工作,做大量准备,这是很麻烦的事情。如果相关法律不改变,这样下去,好不容易才得到的一点言论空间，尤其是媒体对企业监督的言论空间又要消失了。试想，在媒体当前大都不赢利的局面下，如果媒体总是这么容易被诉，这么容易败诉，有哪家媒体还会让它的记者去做质疑、监督报道呢？

—— 多国的实际经历

我们要证明的命题很简单：**受法律保护的开放的新闻媒体是市场经济发展的一个必要的制度机制**。也就是说，如果没有媒体的自由监督，**市场经济发展到一定的阶段就要出问题，就会出现市场关闭的现象**。当然，我不是说"新闻媒体是市场经济发展的充分条件"，不是说只要有了开放的媒体，市场经济自然就会快速发展。媒体监督只是为经济发展提供了一个必需的制度框架、一个有利于经济发展的市场环境。

为了证明这一命题，我们先看看世界不同国家的经历。

首先看证券市场的发展与新闻媒体的言论自由的关系。各个国家有不同的经济背景，大概有 60 个国家有证券市场（并不是每个国家都有证券市场）。我选了 1972 年的 60 个国家或地区做样本，之所以选 1972 年，是因为我觉得时间越早的样本越有利于我们下"因果关系"这样的结论。美国的 Freedom House 及其他国际组织从 1972 年开始对多个国家的新闻自由的程度打分。按照 1972 年的新闻自由分数的高低，我将这 60 个国家分为三等份组，新闻媒体言论自由程度最高的 20 个国家放在一组，最差的 20 个放在一组。然后，我们再看一下到了 1995 年时这三组国家证券市场的发展程度，哪些国家的证券市场后来发展得更好呢？衡量证券市场的发展程度有一系列的指标，这里用的是一国的证券市场总市值与 GDP 之比。在下页图一

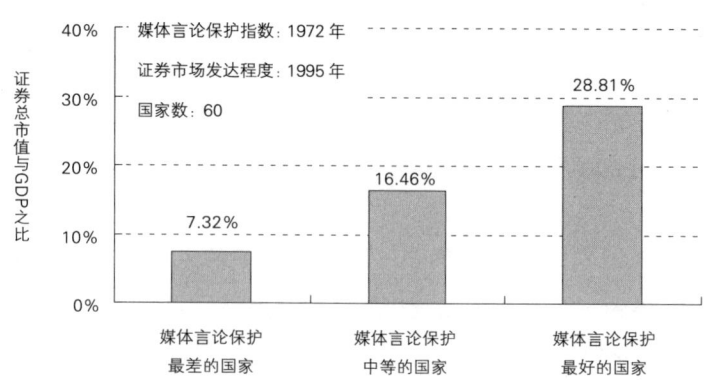

图一：证券市场发展程度与媒体监督的关系

中我们可以看到，证券市场的发展程度与新闻媒体的言论自由程度有着很强的正相关性：媒体言论自由保护得最好的国家，证券市场总市值与 GDP 之比平均为 28.81%；媒体言论自由保护中等的国家，该比值平均为 16.46%；媒体言论自由保护得最差的国家，该比值平均为 7.32%。从实证意义上看，媒体的监督越自由，证券市场越发达。

　　一方面，我们看到新闻媒体言论自由最差的国家其证券市场发展得也最差；另一方面，我们会想，证券市场是发展经济、让人民致富的唯一途径吗？其实也不是。比如，北欧的一些国家，像丹麦、挪威、瑞典，它们都有证券市场，但是并不发达，可是它们的经济发展水平一样很高，所以说证券市场不是国家富裕的唯一道路。

　　为了进一步说明"开放的新闻媒体是市场经济发展的必要制度机制"这个命题，我又选了 75 个国家做样本（其中 17 个没有证券市场），并照样按这些国家在 1972 年的新闻自由程度的高低将它们分为三等份组。那么，到 1999 年这些国家的人均 GDP 如何呢？从图二中发现，对媒体言论保护最差的国家，人均 GDP 是 5233 美元；对媒体言论保护中等的国家，人均 GDP 是 8610 美元；而对新媒体言论保护最好的国家，人均 GDP 是 16222 美元。

再看政府办事效率、腐败水平与新闻媒体言论自由程度的关系。结论也是很明显的。政府效率指数和腐败水平指数都是从"各国风险指南"（International Country Risk Guide，ICRG）得到的，这是一个为跨国投资公司、业务公司等提供咨询服务，以便它们了解各国的政治、经济、文化等风险指标的非营利企业。政府效率指数是从 1 到 10，以 10 表明一国行政部门的办事效率最高、最可靠；而腐败指数也是从 1 到 10，以 10 表明该国的腐败水平最低、最廉洁。第 176 页图三和图四表明，1972 年媒体言论自由保护得最好的国家，到 1995 年其政府的办事效率最高（指数平均值为 7.66）、腐败水平

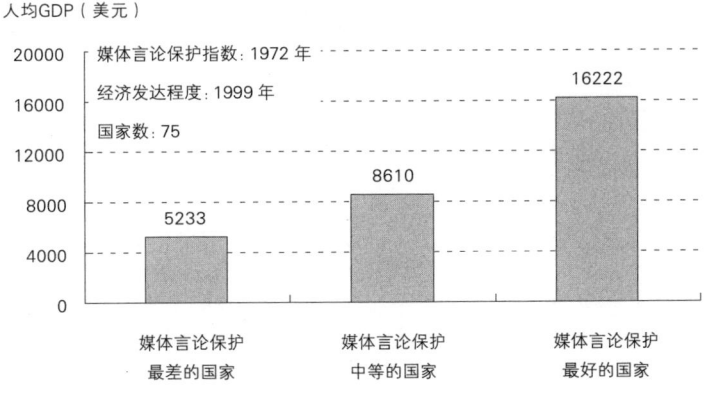

图二：经济发展与媒体监督的关系

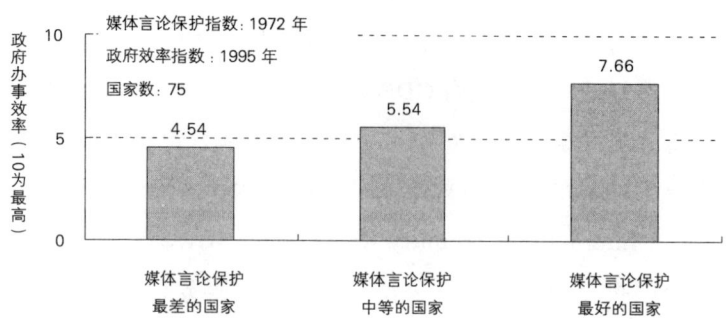

图三：政府效率与媒体监督的关系

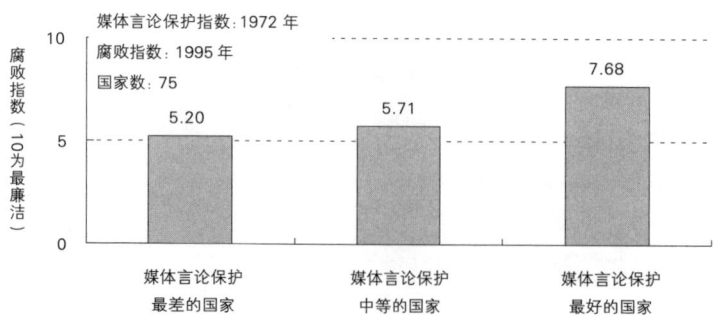

图四：腐败水平与媒体监督的关系

最低（腐败指数平均为7.68）。相比之下，那些对媒体言论自由保护得最差的国家，两指数平均值分别为4.54和5.2。我们由此进一步看到，由于信息透明度的高低不同，腐败水平相差很大。

尽管我们看到证券市场的发展程度、人均GDP、政府办事效率与新闻媒体言论的自由程度都存在明显的正相关关系，腐败程度与新闻自由也存在明显的负相关性，但是，学过计量经济学、统计学的人都很清楚，虽然在数据中看到它们有相关关系，但这也很可能是巧合。我们的思路是这样的：二三十年前这些国家的新闻媒体的言论自由为它们在后来二三十年中的市场经济发展打下了良好的基础，创造了良好的条件。为了做因果关系分析，也为了找到谁是因、谁是果，我们特地将时间拉开，选了1972年的新闻自由评分样本和1995年（或1999年）的市场经济发展水平样本，这样能让我们更好地看出其中的先后因果关系。

—— 中国社会的变化和经济现状也证明开放媒体的必要性

下面我们从中国本身的变化和目前的经济现状来看，为什么这些相关性（即证券市场发展程度及人均GDP等与新闻媒体言论自由程度的相关性）是真的，而不是巧合。现在很多人都在说，改革开放使中国人变坏了，变得不讲诚信了，没有以前的中国人好了，以前的中国人要比现在讲诚信得多，等等。这是为什么呢？真的是改革开放造成的吗？对于这个问题，很多人已经从不同的角度研究过。我谈几点自己的看法。

中国人是不是真的变坏了？其实我觉得这是因为社会结构不同了，跨地区的商品往来增多了，但相应的社会制约机制没有跟上。现在的中国人或许跟过去的中国人并没有什么本质差别，之所以在诚信方面发生了这么大的变化，出现诸多不讲诚信、犯罪率上升的现象，主要还是因为在全国经济向一体化市场发展的同时，相应的制约、约束机制没有跟上，才使得很多人无所适从、无所顾忌，有了空子可钻。

在费孝通先生讲述的传统"乡土中国"中，情况如何呢？那里靠的是"乡土诚信"来形成制约。在一个村庄里，人们相互知悉，信息基本对称，每个人对自己的名誉都很在乎，在那样的环境里，"诚信"就成了理性的选择。我这里强调，"诚信"和"不诚信"是人的一种行为选择，而不是人的本性。为什么在乡土中国"诚信"是理性的选择呢？这是因为一方面人口流动少，一个人一辈子就生活在这个村庄里，大家世世代代都是左邻右舍，信息是完全对称的。比如说，在我的湖南老家，从我家向外走十几里路讲的就是另一种方言，小时候过了好几年我才听明白那种方言；而向另一个方向走十来公里就又是另一种方言。仅湖南一个省就有几百种方言！那么，是什么使得这些方言历经几千年能一直维持到现在呢？这说明人口流动必定很少，否则这些不同方言不可能会这么久地保留下来。随着人口流动的增加，也许50年之后，中国的方言不能说完全消失，至少也会淡化。再举一个例子，像饮食习惯，湖南人爱吃辣的，以前的人口流动少，自然让各地保留了自己的饮食习惯。但今天不一样，北京的湖南餐馆、四川餐馆很多，大家都喜欢吃辣的了，可见，饮食习惯都在呈现一体化的趋势。那么，为什么会发生这些变化呢？这些变化发生后，制度机制所面临的挑战又是什么呢？原来"乡土中国"中的哪些东西可以利用和借鉴，甚至可按一定方式延伸到全国这种"大村"呢？在费孝通先生的"乡土中国"，跨地区的商品交往很少，那时的商品市场基本上以村为单位，最多扩展到邻村、邻镇，地区间的商品市场基本上互相分隔，从来没有实现一体化。在那种以村或镇自成一体的商品市场里，买卖双方信息是基本对称的，即使不对称也没关系，因为在那种世世代代都是左邻右舍的乡村社会里，每个人都很爱惜自己的名誉，包括自己的子孙后代的名誉，在那里你会发现讲"诚信"是理性的选择。

2002年7月，我在苏州参加一个项目评审会，有一天吃饭时，中国科学院环境研究所一位很有名的老师跟我们说："你们知道如今的黄鳝为什么长得这么快吗？就是因为饲养者用了激素，人吃了黄鳝，这些激素在人体内七八年还要发挥作用。"从那天以后，就没人敢再吃黄鳝了。道理就是这样，原来没有跨地区商品交易时，你知道买你东西的人不是本村的就是邻村的，今天不见明天见，你就不敢"乱用药"。而现在，你不知道你的商品卖给了谁，也许你和他一辈子都不会见面。在这种信息不对称之下，你就有了乱用药的激励。两周前我回湖南茶陵老家就发现，村里人卖东西，卖给本村人的和卖到外地的都不一样。我有一个亲戚是卖豆芽的，他对我说：这些豆芽不能吃，里面都有激素，用了激素后，本来要五天才能长大的豆芽只要一天就长好了。本村人知道这个情况就都不去买。这种豆芽都是卖给往广州运菜的人，一大卡车一大卡车地运走了，一夜之间就到了广州的菜市场。在信息不对称的情况下，人的行为就没有了约束。当你不认识你的顾客时，当你不知道对方是否有家有室、有老有少的时候，即使卖给他含有对人体有害物质的蔬菜，你可能不会感到内疚，你只想到赚钱，这就是道德风险。在费孝通先生的"乡土中国"里，这种道德风险比较有限。

传统的"乡土中国"在生产规模和组织形式上跟今天的差别也

很大。比如夫妻店，你既是100%的股东，又是总经理，所有权和控制权都集中在一人身上，没有产生分离。这就不需要证券公司，也没有公司治理结构问题，不用审计公司的介入，没有中介机构，没有因股权交易而产生的民事纠纷、刑事责任，等等。这也是为什么中国过去并不需要西方意义上的法律的原因。"乡土中国"是一种乌托邦式的、较单纯的生活。

改革开放改变了中国社会。如今，人口流动大大增加了，在1992年珠江三角洲就吸引了3400万民工，北京吸引了100多万，将来会更多。中国市场经济的发展对法律的要求也比以前有了很大变化，在广州、上海、北京，外地人的犯罪行为占一个城市的所有违法犯罪案件数的百分比有多大呢？一份资料显示，广州是80%，北京和上海都是70%，这是很高的比例。再看1994年天津的一项统计结果，外来人口的犯罪率是9.33%，大约每十个外来人中就有一个可能会犯罪，本地人口的犯罪率是0.36%。很明显，在一个城市里，外地人的犯罪倾向性要高于本地人，这是因为一旦人们身在外地，离开了本村、本社区那个你熟悉的环境，就失去了约束和制约你的社会制度机制，你和周围的陌生人之间的严重信息不对称与不熟悉，以及你意识到你跟这些人只是短期交往的事实就使你感到没有任何约束，因此犯罪的可能性就会增加。

这里的实质就是信息不对称、相互不熟悉的问题。怎么克服信息不对称呢？这就需要新闻媒体发挥监督作用，让信息自由流通，减轻信息不对称。媒体如何发生作用呢？中国各类报纸、杂志、电视台很多，在几千种的报纸杂志中，一个人恐怕每天连几份也读不了，但是人都有一个共同的特点：每次你自己的名字或者你的公司的名字出现在报纸或其他媒体上的时候，你就会仔细阅读，还会介绍亲戚朋友看；如果报纸上登了一条关于你且让你不满的消息，你就会想：中国有13亿人啊！如果每个人都看到了这条消息，我的脸往哪里放？！可见，媒体的报道会使被报道者和那些还没被报道的人产生自律的心理，让每个人都感到有媒体在监督他，从而约束其行为，这就减轻了信息不对称。如果你生活在一个大家都互相熟悉的环境，就不会无法无天，"诚信"就会是理性的选择，犯罪率可能也会相应降低。但是到了一个陌生的环境，别人不了解你，你也不了解别人，这是一种双向的信息不对称，情况就不一样。比如说，我看待一个陌生人的态度可能是中性，但如果了解了这个人，也就是实现了信息对称，我可能就会有不同的态度和看法。从经济学上讲，如果信息对称，这就能更好地帮助投资者判断上市公司的价值；从心理学上讲，我们对一人一事的主观判断也会受信息对称不对称的影响。

中国几千年来，虽然多次实现了政治意义上的统一，但从未实现有规模的经济意义上的一体化。村庄是社会学意义和经济意义上的基本单位，一直是自给自足、自产自销的"独立小社会"。直到今天才实现了真正意义上的经济统一。多年前只有在广东、广西才能吃到新鲜荔枝，在其他地方就只能吃荔枝罐头或者喝果汁；现在不同了，每年夏天全国各地都有新鲜荔枝出售，而且价格还很便宜，这就是跨地区商品交往增加的一个结果。

上面讲到的荔枝销售到全国各地的事实，不是一个特例，反映的是当今中国商业经济的一个普遍现实。不管从微观还是从宏观方面，都能看出中国在经济意义上一体化的趋势越来越强。为什么这么说呢？第182页图五中给出自1985年至2000年分别进入湖南和内蒙古的外省货物比例。1985年，外省货物占湖南总物流的43%，到1992年为54%，2000年为66%。内蒙古的情况类似，1985年时外

图五：1985—2000年分别进入湖南和内蒙古的外省货物比例

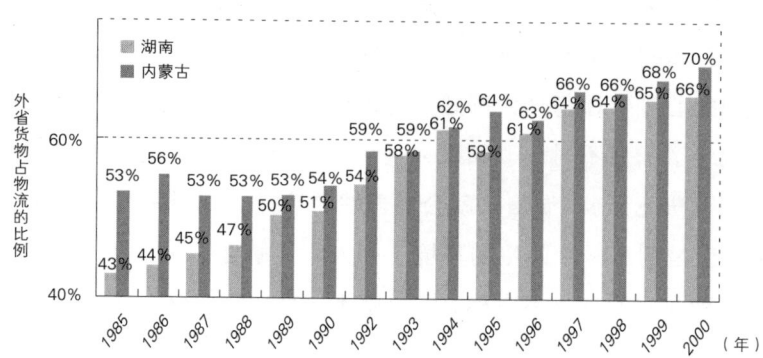

省货物占53%，到1992年为59%，到2000年为70%。其他省区市的数字这里没有给出来，但各省区的趋势类似，都趋向于全国商品市场的一体化。这种一体化意味着你销售商品的买方越来越可能是你从来没认识过、可能永远也不会认识的个人和法人。当你跨地区向他们推销假冒伪劣商品时，你可能没有任何个人化的感觉。而他们在评判、购买你的产品时可能也根本不知道你是谁，更谈不上信任不信任。靠什么来打破这种双向的信息不对称呢？全国市场的进一步一体化就必然意味着买卖双方信息的进一步不对称。如果捆住了媒体的手脚，尤其是只允许媒体报喜不报忧，那不是助长了假冒伪劣商品交易的"进一步繁荣"吗？在"乡土中国"里，以村或邻村为单位的分隔商品市场，即使有人出售有公害的物品，公害范围也很有限。如今全国市场一体化了，可能的公害范围是全国。因此在信息不对称因一体化而日益严重的同时，潜在的受害范围却成指数地扩大。如果还不放开媒体的质疑追踪报道，其后果会如何呢？

从企业的组织形式上也能看出全国一体化、社会复杂化的趋势。实行有限责任公司、股份有限公司制度，推行公司上市，从一开始就把公司推向了统一的全国市场。上市公司面临的是全国性的市场，从一开始信息不对称就很严重。比如，深圳发展银行是一家上市公司，它的近100万股东遍及全国各地，有的在黑龙江，有的在新疆，他们中许多人从来没到过深圳，更不用说认识、了解其管理层。可是，这些股东还是把自己的钱委托给了深发展，给了其管理层充分的对其资产的使用控制权，股东们怎么能放心呢？靠什么来相信深发展的管理层不会"掏空"资产，而会为股东利益最大化努力呢？股民也只能看到屏幕上股票价格的上升和下降，而对公司的经营状况一无所知。虽然有会计师事务所、证券公司这样的中介机构及证券监管机构来帮助股民们对上市公司进行监督、监管，可是，这样一来又引出更多的问题、更多层的信息不对称，凭什么股民们要相信会计师事务所这样的中介机构呢？还有，在执行国家宏观经济政策时，证券监管部门会把股民们的利益放在前面，还是把宏观经济政策利益放在首位？面向大众的股市和其他证券市场把经济交易、社会交往中的信息不对称程度推到一个新的高峰，由此带来的对制度机制的要求也达到新的顶点，怎么办呢？没想到"摸着石头过河"现在已经"摸"出了许多当年未曾预料到的东西，问题也越来越多。

　　面对现在中国市场经济中的信息不对称，"乡土诚信"已经不够"用"了，需要"制度化的诚信"，需要充分发挥新闻媒体的作用才能减少信息不对称，增加市场透明度，增加商品交易、证券交易中的透明度。即使人们像传统的中国人那样对自己的名誉及后代的名誉很在乎，但由于信息不对称，由于每天与你交易、交往的另一方是陌生人，是一锤子买卖，你会更容易把不讲诚信作为理性的选择。

——信息浑浊的后果：市场关闭

前面讲到与陌生人做交易时你更容易选择不讲诚信、选择假冒伪劣，如果充分发挥新闻媒体的作用，至少可以使更多的个人和企业从"陌生人"变为"熟人"。开放的新闻媒体是市场经济的必要条件，也因为如果压制媒体报道，就会降低市场的透明度，许多市场最终会关闭，这也是目前中国证券市场和许多商品市场所面临的危机。

怎样建立一个模型来说明开放的新闻媒体在市场经济中的必要性呢？在这里我举一个最简单易懂，又能说明许多问题的模型：有A、B两家上市公司，我们唯一知道的信息就是，这两家公司中，一个好，一个不好，或者说一个相对好许多。但是因为媒体不够开放，不允许媒体进行质疑报道，而A、B两公司自己披露的信息又都说自己前景辉煌，使得市场的透明度非常糟糕。如果有一个投资者要将10万元投到这两家公司中，他的资金该怎么投放呢？

如果透明度高，即使这两家公司的未来收益不确定、有风险，理性的投资者也能更好地做出选择；但是现在由于媒体的作用受到限制，市场的透明度很低，这就等于在公司未来业务收益不确定的基础上又加了一层不确定性，使投资者又要为多一层的不确定性进行风险规避、多付成本。假如媒体可以自由报道企业的状况，使市场透明度增加了，投资者知道了A公司好而B公司不好，那么他理性的选择就是把钱都投给A公司，他能获得的预期效用（或福利）也最高。但是如果市场不透明，投资者不知道哪家公司好，只知道A好的可能性是μ，理性投资者会采用什么策略呢？这里有一个假设就是投资者是规避风险的，就是说投资者不喜欢风险，他在承担风险时，需要有风险溢价来补偿。

容易理解，在信息极端浑浊的状态下，也就是透明度最差的情况下，μ 会等于 50%，也就说，A 公司有 50% 的概率是好的，这样投资者会怎么决策呢？就是各投一半，投给 A、B 公司各 5 万。在这样的情况下，投资者的效用要比在完全透明情况下的效用差很多。容易得出这样的结论：μ 越高时，投给 A 公司的最优资金比例就越高。我们也可由 $|\mu - 0.5|$ 来测度"市场透明度"：μ 离 50% 越远，市场透明度就越高。容易证明：透明度越高，投资者的效用也越高，整个社会得到的福利也就越好。因此，市场信息越浑浊，对整个社会越不利。

刚才得出的这个结论说起来简单，做起来却很难。我举两个例子：中国四大国有银行的呆坏账比率到底有多高？这个数字是公布出来好还是不公布好？大多数人的意见好像是不公布好，觉得公布出来就会引起恐慌。难道真的如此吗？"不公布"和"公布"真实呆坏账数目，哪种对社会福利更有利呢？另一个例子是，在中国到底有多少人是艾滋病的病原携带者？这也属于机密。这个真实数字是公布出来好还是不公布好？很多人都认为还是公布出来好，但有人会认为如果真实数字太大，公布了不是让整个社会人心惶惶吗？其实，公布了之后人们也许会有短暂的恐慌，但恐慌的同时人们会调整自己的最优行为选择。假如官方公布的数字是 1 万人，而实际人数是 200 万，这样就会影响个人的行为选择。中国有 13 亿人，1 万除以 13 亿，这才是多小的一个比例啊！于是在行为上可能就会放纵一点；但如果知道了实情，200 万除以 13 亿，这个概率就大多了！因此在行为上就可能更为谨慎。我们可以按照刚才讲到的简单模型的思路证明：越是让这些信息透明，能得到的社会福利就越高。

回到刚才我讲的那个简单投资决策模型。在这个模型中，透明度只要稍稍增加一点，你的效用就会增加很多。在"知道实情而人心惶惶但增加效用"与"信息浑浊且效用低"之间选择，很多人还是希望知道实情的，因为这样每个人都会相应调整自己的行为。总之，我们从这个简单模型中得出的结论是：如果 μ 等于50%，也就是在信息极端混沌的状态下，投资者会在A、B个公司间各投一半的钱。

我们看几个案例来验证一下刚才的结论的意义，让我们看一下市场信息浑浊到底会引出什么现象。是不是越浑浊，每个人的效用就越糟糕呢？

案例一：晚清的股民和如今的股民

1882年的上海股市可以说是中国历史上的第一次股市泡沫，其间还不乏仁人志士解读泡沫的起因及潜在的危害。比如，1882年9月2日的《申报》评论道："今华人之购股票者，则并不问该公司之美恶，及可以获利与否，但有一公司新创、纠集股份，则无论如何，竞往附股。"那时与现在相隔一百多年，当时的股民听起来跟今天的股民倒挺相似。今天的人们在讨论股市"乱套"的原因时，也都喜欢指责中国股民的不理性，说他们太注重短线、换手率太高，指责他们不管这个公司、那个公司是做什么的，只要是股票就去买，不问公司的经营状况，不分"美恶"。

那么我要反过来问：在信息浑浊的状态下，股民有办法真正了解公司吗？存在让股民了解公司状况的环境吗？行政部门阻止媒体刊登关于企业的负面文章，只能使股市越来越浑浊。晚清的股民虽然与现在的股民相隔了一百多年，但两者所面临的状况、问题却是差不多的。现在的人有比晚清人进步的地方，比如读的书多了、掌握的知识多了，但是不给你信息，让你在完全不透明的情况下投资操作，你就是有再多的专业知识也用不上啊！所以说，股市的"乱套"不能完全怪股民，他们在信息浑浊的状态下，没办法知道真实信息，就没办法做到把钱投给经营好的企业，没办法对公司做好坏区分。因而，看起来似乎不理性的中国股民的交易行为其实是非常理性的，这是所处的信息环境逼出来的。

有一次我回老家，我哥哥的一位朋友慌慌张张地跑来找我，原来他的股票被套住了，他来问我怎么看股市的走向，该怎么办。我当时吃了一惊：什么时候我家乡的人也被卷入这个浪潮了？这位朋友说，就是前几年。他告诉我，头几年还能挣点钱，但现在不行了，赔了十几万，更多的资金被套住了。我说，你们在茶陵这么偏远的地方，怎么能知道北京、上海、新疆那里的公司的经营状况呀？你们凭什么觉得你们可以玩过在上海、深圳的行家呢？其实，这里有一个职业道德的问题，当你把那些无辜的百姓介绍进股市的时候，你会不会觉得你对于把他们带入一个"劳民伤财"的不归路负有责任？

案例二：内地民企股在香港

不做区分地买卖股票的后果是严重的。刚才讲到，当信息浑浊时，每个人要么选择不碰股市（或其他商品市场），要么会均匀地投资，不管公司是做什么的。这样，公司的经营状况就不能决定股票价格，而几乎所有公司的股票价格都会是一样的。这也是为什么在深、沪两个证券市场，股民们以公司股票的价位来判定哪些股票太贵、哪些股票太便宜。当你无法辨别 A、B 两个公司的基本面时，如果 A 公司股价为 10 元而 B 公司股价为 5 元，你当然觉得买 B 公司股票更合算。正因为如此，在香港上市的股票价格几乎都被压到低于一元,只要股价涨到几毛钱,发股的公司就要把一股拆成多股,使股价都朝着零赛跑。

曾经有媒体报道说,中国的民营企业在香港上市,有个现象就是要涨都涨,要跌都跌,一荣俱荣,一损俱损,见图六和第189页图七。有人据此说,这说明中国民营企业的可信度太低。我不同意这样的说法,这只能说明整个中国股市信息的透明度低,而不能说民营企业就比其他企业可信度低。相反,由于中国民营企业比其他企业更多地受到媒体的监督,它们的透明度反而高于其他企业。只不过因为整个市场信息浑浊,民营企业的透明度也跟着低了,成了牺牲品。在市场信息浑浊的状态下,每个上市公司受到的待遇都一样;每个股民也都会分散购买,愿意为每只股票付出的价格都差不多。好消息传来,所有股票都买;只要有坏消息传来,所有股票都卖,股价就会下跌。

图六:2001年12月"格林柯尔"被媒体报道后民企股价跌幅

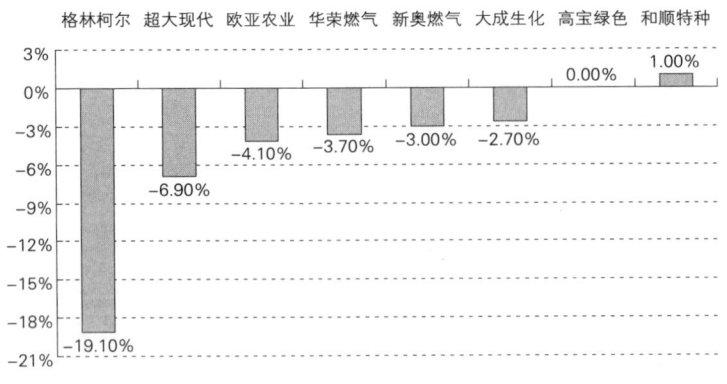

资料来源:《新财富》

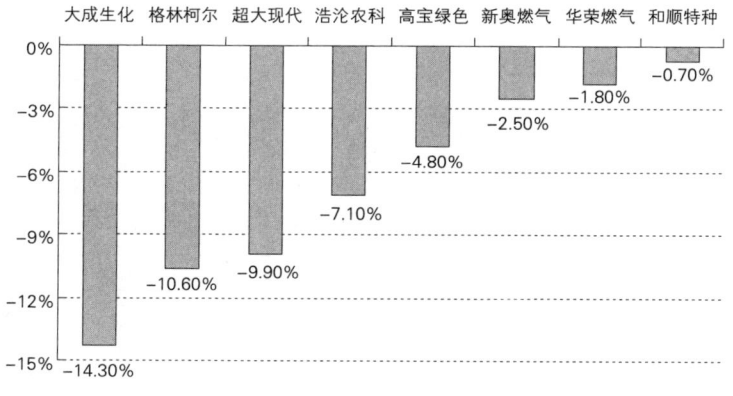

图七：2002年9月"欧亚农业"被暂停交易后民企股价跌幅

资料来源：《新财富》

—— 媒体越是没有自由，一国的股市就越浑浊

实际上，民企股价在香港的经历背后还有着一个更普遍的规律，即一个股票市场上不同股价间的同步程度与该国新闻媒体的开放程度有很强的相关性。在任何股票市场上，一周或者一天内有多少股票会往同一方向走呢？在正常的、完全透明的市场上，应该是有接近50%的股票的走向是一样的。我们从第190页图八看到：美国股票往同一方向走的倾向是最低的，一周中有57%的股价往同一方向走；最高的是波兰，81%；其次就是中国，80%。我谈一个现象，在中国，你走进任何股票交易大厅都会发现：股票屏幕上都是一色的！要红都红，要绿都绿，这在经济学上是很不合理的，除非发生地震或者其他重大灾难事件才可能出现这种现象。就是在这样的极端情况下，也有企业因此得到更好的盈利机会。比如美国的9·11事

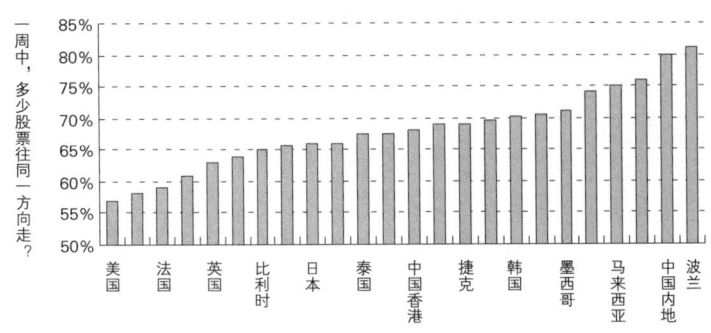

图八：哪种股市更容易一涨都涨、一跌俱跌？

件发生后，很多公司的股价下跌，但也有一些行业的公司股价因此上涨，如计算机安全软件公司、军火制造公司等，因为这些行业在"9·11"之后的业务会大增。正常情况下，不管发生何种事件，不管是什么消息，应该是总有行业能够因此得到好处，同时也总有一些企业会受损。但是，股市参与者是否能把这些利好、利空信息正确地在不同股票中通过股价反映出来呢？这就取决于股市上的信息透明度了。在美国信息透明度高，因而股民们能区分，结果只有57%的股价往同一方向走。在中国和波兰，股市信息很浑浊，故而股民们无法区分，使80%的股票往同一方向走，要涨都涨，要跌都跌。因此，股价同步涨跌的程度基本反映出一国市场经济的信息透明度：同步程度越高（相对于50%而言），则信息越浑浊。（当然，我们通常说如果太多股票同步涨跌，那会存在套利机会；可是中国不允许做空，所以没有挖掘利空信息的激励，就不会有人这样做，这也使股市信息更加浑浊。）

那么，一国股市的信息浑浊程度是否与其新闻媒体的开放程度有关呢？我们看看图九，这里我们还是把这些国家根据其新闻媒体的开放程度分成三等份组，再计算每组国家的股价同步涨跌程度。结果，新闻媒体最为开放的国家，平均有 64.1% 的股价同向涨跌；新闻媒体开放程度最低的国家，平均有 71.0% 的股价同向涨跌。从图中容易看出，一个国家的新闻媒体越是开放，其股市信息的浑浊度越低。这从一个更深层面说明了为什么新闻媒体越是开放的国家，其证券市场就越发达，人均 GDP 就越高。

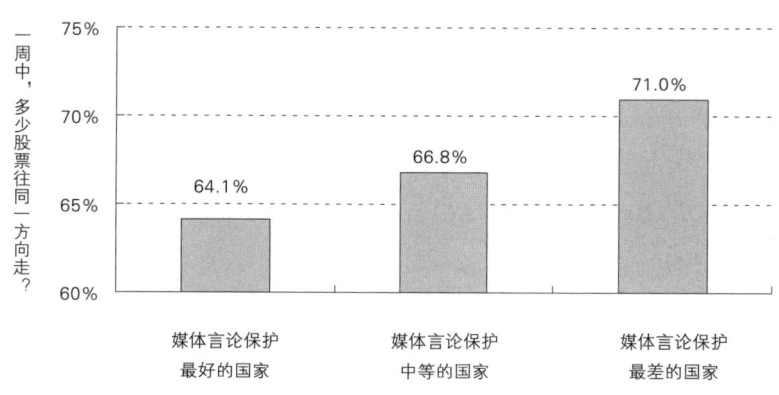

图九：股市信息浑浊度与新闻媒体开放程度的关系

—— 信息浑浊导致市场失败

新闻媒体的开放程度越低，就会有越多的股票同向涨跌。为什么股市信息浑浊就不好呢？因为那会使市场关闭。

让我们换个角度来看刚才的问题。市场是双方面的，有买方和卖方，具体到股票市场，刚才我们是从买方即股民的角度做了一些分析，下面将从卖方即上市公司的角度来谈一谈。在浑浊的市场中，企业会想，只要我会包装自己，能够上市，那我就能浑水摸鱼捞一把；因为信息不透明，买方股民无法知道我的实际经营状况。这样，坏公司就会越来越多地上市。而好的公司呢？它们会想，我不能因为自己是一家好公司而能够通过上市卖出更高的股价，这样一来，还没有上市的好公司就不再考虑上市，而已经上市的好公司就会想着退出。这就是"劣币驱赶良币"，甚至导致市场关闭。比如，民企在香港股市已经开始出现这种情况。几个月前，一些民企想在香港上市，但最近民企在香港的表现使它们近几个月内都不愿意上市，已经上市的民企也在考虑退出。当只剩下一些比较差的公司时，香港的股民就干脆不买了。我们想想也是这个道理，假如我是一家坏公司的老板，我就会天天祈祷："那些好公司千万不要退出啊！退出就把我暴露了。"好的公司退出，股市最后就会只剩下垃圾股。

讲一个近一点的例子，比如中国的银行贷款。在信息完全不透明的情况下，银行不能了解企业的状况，银行的风险就大大增加了。而中国人民银行又不允许利率的自由浮动，使商业银行承担的额外风险得不到补偿，银行的理性选择就是：干脆不贷了，只买国债。这就是市场关闭，银行关闭了贷款市场。

我们也可以举许多商品市场关闭的案例。在信息不透明的情况下，商品市场也会关闭，比如冠生园月饼。在媒体将冠生园重复使用老馅做月饼的事情曝光后，人们突然意识到其他月饼厂可能也在这么做，但无法知道到底哪些月饼厂这么做，哪些没这么做。这种不透明使大多数人决定干脆不吃月饼了，结果月饼行业连续几年没市场。

只要一种商品是可有可无、是可由其他商品替代的，哪怕只有一点信息不透明，人们都会选择离开这一市场，让其关门。

另一个案例是温州，在20世纪80年代温州假货全国有名，结果其产品不管好坏都没人要了，也就是"温州商品市场被关闭"了！在媒体监督和市场的压力下，到90年代，温州的商品不仅畅销世界，而且"温州市场模式"也成为各地的典范。不过，温州是一个从市场浑浊到市场被关闭，再到市场翻身的范例，可是汕头商品呢？其商品在外面的市场还被关着！汕头是著名的侨乡，1997年被列为"中国城市综合实力50强"，2001年外商投资企业2500多家。从表面看，其经济还算发达。但信息不透明的环境总是潜伏着最终会爆发的市场关闭危机。汕头近两年出现了诚信危机：全国有18个地区曾向当地企业发出通知，不要和汕头企业做生意。结果是汕头当地的知名品牌都不敢说自己出自汕头，一些企业干脆搬离汕头。

中国还有多少商品市场、证券市场会成为下一个"月饼市场"、下一个"汕头"呢？开放新闻媒体是避免这种市场失败的必由之路。

—— 新闻媒体的作用方式

新闻媒体如何发挥作用呢？简单讲，主要是通过两种方式。**第一种是媒体的报道监督会自然形成对被报道者的约束，其效果是自律。**按美国布兰戴斯（Brandeis）大法官的说法"阳光是最好的杀毒剂"（Sunshine is the best disinfectant）——曝光本身就把问题解决了一多半。因为人也好，公司也好，对自己的名誉、商誉都很在乎。比如，像银广夏、中天勤，还有美国的安然，媒体对这些公司假账行为的报道，不仅迫使这些公司重新调整行为，而且一时间整个会计行业、所有上市公司都在反思自己的所作所为,这就是媒体发挥作用的方式。再举一例,张维迎教授对中国经济学的贡献非常突出,当然媒体对他的兴趣也总是很大。试想,如果张维迎决定以他陕西老家后院的枣树为基础,并购陕西众多的枣园,成立"张家蜜枣股份公司",使其枣子销售全国。假如在山西也有一家"李四甜枣股份公司"与张家蜜枣在全国竞争,而李四无人知晓,也不让媒体报道他。那么,你会更愿意买张家的蜜枣还是李四的甜枣呢?你会更相信张家的蜜枣没用农药或用得不多,因为其创始人是张维迎,媒体已对他做了广泛报道,大家都知道他,张维迎也会觉得媒体总是在盯着他,他会更多地自律。这是媒体对市场上的卖方、对生产者的无形约束。

第二种是媒体的报道让买方或消费者更好地判断产品、证券的质量和价值,使市场不再浑浊。前面讲到过,这种增强市场透明度的作用是减少市场失败、回避"劣币驱赶良币"的基础。

减少信息不对称、增加市场透明度的机制有多种。比如,从法律上加大对虚假陈述、假冒伪劣商品的处罚,从行政法规上对假冒伪劣行为进行监管,要求更多、更快的信息披露。当然,公司自己也可以主动多披露、快披露。但主动披露的信息必须有独立的调查验证,也包括对没有披露的信息的质疑与调查,这就是新闻媒体在市场经济中的作用所在。

的确,通过加大对假冒伪劣的法律和行政处罚,就像传统中国乡村的"保甲"制度一样,也可以促进市场信息的透明度提高,但那是两种高社会成本的机制,社会为此要付出很高的代价,而且也往往是依赖于"事后"处罚、事后补救。媒体的质疑是"事中",甚至"事前"监督,这种机制的社会成本低,也远比司法、行政监管覆盖面更广。这些机制相互补充、缺一不可。

——怎么办

中国"摸着石头过河"已经走到了这一步,下一步该怎么办呢?再往下是很艰难的,必须建立市场经济所必需的制度机制,需要开放的新闻媒体这样的机制来减少信息不对称。虽然在任何一个国家,即使在美国,市场也不可能完全透明,但有了开放的新闻媒体,总可以使信息更透明些。在目前人口流动频繁、跨地区商品交流增加的情况下,应该参考"乡土诚信"的一些特点,尽可能将其延伸到全国的层面,建立合适的制度机制。

因此,开放的新闻媒体就更加重要。这听起来容易,做起来又另当别论。就这个问题我也跟很多朋友有过谈论,他们也有不同的看法。有一位证券监管部门的朋友提到这样的情况:有一次一家杂志第二天要发表一篇故意吹捧某上市公司的正面文章,该文章的作者比较有名并持有该公司的股票(被套住了),因此他的文章有操纵股价的嫌疑。知道此事后,朋友说,为了大众股民的利益,他打电话要求该杂志把文章撤掉。接到这样的行政"命令",该杂志当然得听。我的这个朋友很正直,我也相信他是为了股民的利益。但是我还是反对这样的行政干预做法。因为有了这次的阻止文章发表,就会有第二次。第一次这样做的时候可能还会有点心理障碍,还要去找真的、充分的理由,一旦"下水",第二次就更容易了,可能只要文章"让我不高兴"即构成行政干预的理由。而且其他的监管人员也可能会这样做。这样,开放的新闻媒体从何谈起呢?谈到这个问题的时候,另一位朋友出了个主意:也不用打电话让该杂志停发这篇文章,你们部门同时让另一家媒体发表反驳文章不就行了吗?这位朋友的建议很好,也反映了开放的新闻媒体的一种合理运作方式,值得我们思考。

这使我想起一件事情：1996年中期选举，美国年轻的共和党议员大胜，控制了众议院，他们的领导人带领大家写了宣誓，要做一百项大事，这当然很受欢迎。他们上任后要做的事情之一是，美国政府的公债很多，历来都是按期付利息，从不拖欠的，他们就想：赖一次账又怎么样呢？于是有人提议案，要求美政府赖一次账。这一提案使经济学界和业界都很震惊：这一赖账可就了不得了。以前美国政府公债都是无风险的，如果赖一次账，从此以后的十年、百年、千年，公债就都被看成有了风险，再想让民众买公债，政府就要支付更高的利率。对于经济学家而言，也少了一个"无风险利率曲线"，以后就没有"无风险利率"参照标准了。所以，赖一次账看起来好像短期内得了便宜，但因为有了一次坏的先例，会对以后造成长久的很坏的影响。你这一次找到了违规的理由，实际上也就为你下次违规找好了理由，接下来就会"破罐子破摔"，所以一定不要去开任何坏的先例。对媒体言论空间的保护也是如此。

我们研究不同的机制，提倡开放新闻媒体言论空间，当然不是让新闻媒体无中生有、肆意中伤别人，而是希望指出：中国"摸着石头过河"，已经过了很远了，应该考虑一下制度机制方面的改革了。如果不改革，接下来的5到10年，会有很多市场关闭的情况发生。

第 17 章

经济学与媒体是如何互动发展的

> 中国的经济学研究首先应该领会过去两百多年在世界发展起来的经济学，在此基础上去创造，这样中国才不仅有"经济"，而且还有"经济学"。

从 2004 年秋天关于产权改革的大讨论中，我们看出今天中国经济的现实是一个世界，而我们以往从政治经济学课程所了解到的"经济学"则是另一个世界，这两个世界间的距离如此之远，如果这个距离长久不改变的话，它必定会在某一时刻导致某种我们不希望看到的结局，甚至可能断送这些年改革开放的成就。毕竟，大脑中所固有的理解社会的概念框架会决定人们对现实社会的评判，缩小这两个世界的距离是我们经济学人无法推卸的责任。那么，如何解读中国的经济学教育与研究现状？它离现实经济有多远？

过去二十几年中国经济突飞猛进，成绩举世瞩目，但经济学教育和研究则是另一幅图景。经济学教育当然也有很大的进步，尤其是过去十几年里，与经济学相关的学术和非学术活动到处可见，一种更加有利于发展的经济文化正在形成。只是平心而论，虽然正规课堂教育对过去这些年市场经济知识在社会中的普及贡献很大，但

---

* 本文原文的摘要版发表于 2005 年 6 月 25 日《经济观察报》。

唱主角的却可能是日益成熟的越来越充满活力的财经媒体,以及直到最近才被逐渐认可的高级管理人员工商管理硕士(EMBA)教育和各类培训班。为什么财经媒体和互联网这些"非正规"平台在提供"有用的"经济学教育,而高中与大学的"正规"课堂却没唱主角呢?为什么"正规"经济学这些年落在改革开放的现实之后,而不是为后者领航呢?

在中国,经济学教育平台大致有以下几种:中学到大学都必修的政治经济学课程,大学经济与管理专业课程(本科和研究生),工商管理硕士(MBA),EMBA,各类培训班,还有大众媒体(包括报刊、互联网和电视)。前四种算是正规教育平台,后两种为非正规教育平台。值得注意的是,对于大多数人来说,由于他们学的是理工科(特别是20世纪90年代之前更是如此),他们在中学和大学上的政治经济学课程可能是一辈子中唯一正式接触经济学的机会,因此对多数人而言,政治经济学的内容是关键。政治经济学课程的内容今天跟二十几年前相比,当然有些变化,但由于我们所熟悉的体制和意识形态原因,其核心经济学理念和框架并没有本质性的改变。对于经济学和管理学科的"专业"课程来说,课程内容的"客观性"与"实用性"已经增加了不少,但学习过这些专业课程的学生毕竟占少数。

与正规的政治经济学教育没有实质性变化相对应的却是:现实经济在快速地增长和变化,企业要融资发展,消费者要进行投资与消费抉择,决策者要掌握宏观经济,国际竞争迫使企业家和商人渴望市场信息并能分析把脉各行各业的市场走势,股民要辨别上市公司的前景如何,等等。快速的市场化和对外开放使过去僵硬的经济学体系无法跟上现实的需要,中国经济与社会的大转型对市场经济知识产生了巨大需求。在正规经济学教育无法跟上的情况下,就只好由财经媒体来"补课",这些年是财经媒体推动了中国的经济文化建设,同时也造就了一批"明星"公众经济学家。

——经济学两百年前在英国的兴起

我们已经谈到,在中国的正规经济学教育平台不能满足现实经济的需要之时,财经报刊、互联网等大众媒体便成为人们获得市场经济理念的最重要平台,也是不同经济学理念交锋的重要媒介。我知道,严肃的经济学人会认为这是"浮躁"的表现,这或许也对。但是我们又不能忘记经济学在中国停顿了几十年的事实,特别是我们还不能说今天的学术环境已离理想很近了。其实,中国的经济学教育与研究今天所处的发展阶段跟18、19世纪的英国有许多类似之处(尽管当时英国是在开创经济学,而今天的中国更多是在恢复)。正因为如此,回顾当年英国经济学的发展历程或许能帮助我们看清中国经济学的现状和未来的可能趋势,也让我们理解为什么大众媒体对中国的经济学教育这么重要。

哥伦布于1492年发现美洲大陆之后,16世纪初,西班牙和葡萄牙便开始了大西洋贸易,开发美洲大陆。英国真正加入海洋贸易、建立北美殖民地还是1600年左右的事。但在随后的100多年里,海洋贸易改变了英国和整个西欧,这些当然是我们以往谈得最多的话题。相对较少谈及的是,那时开始的海洋贸易不仅为报纸等大众传媒的诞生奠定基础,而且也为经济学的诞生播下了种子。

英国在16世纪末加入大西洋和印度洋贸易后,1622年在伦敦便出现了英国历史上的第一份报纸——《伦敦报》(*The London Gazette*),随后也出现了诸如 *A Collection for the Improvement of*

Husbandry and Trade（1692年创刊）、*Course of Exchange*（1697年）和至今还存在的 *Lloyd's List*（1734年）这些财经报刊。[1] 当时这些报刊的出现完全是出于海外贸易和证券交易的需要，刊登的只是各海港离港航船的目的地、进出口商品种类与价格、股票及其他证券价格信息等，提供纯粹的商业与证券信息和刊登广告，没有经济评论。当然，到1720年英国的南海股票泡沫时期（The South Sea Bubble），英国已有大量财经报刊，许多人认为那些报纸的过度渲染在很大程度上促成了金融史上的第一次股市大泡沫。那次泡沫促使英国议会通过一项著名的"泡沫法案"（The Bubble Act），规定任何企业在没有得到议会的特许之前不能成为股份公司，其股份不能上市交易。该法案在相当程度上使英国股市的发展停顿了长达120年。

那次股市泡沫带来的其他后果姑且不管，其间接效果是使英国从此有了相当规模的财经报刊业，而且也培养了相当大的读者群和报刊销售网。股市泡沫破灭之后，以股票信息为主的财经报刊出现萧条，但已经习惯于每天读财经报刊的读者群却仍然存在，成熟的报刊受众的存在对此后经济理念的大众传播极其重要。

到18世纪中叶，英国的海外市场扩张已达到相当规模，除了在美国的13个殖民地以外，它还拥有加拿大、中美洲众多岛国及印度等殖民地。16世纪时，英国人还不知道有白糖、烟草、茶叶、咖啡这些东西，但到1700年，英国人均年消费白糖2.6千克、烟草1千克。这些都是从美洲和亚洲进口的东西。从印度进口的棉布和印花布也改变了英国人的时装偏好，使其服装业由羊毛慢慢转向棉织品。

---

1 Wayne Parsons, *The Power of the Financial Press: Journalism and Economic Opinion in Britain and America*, 1989.

特别是从 18 世纪 60 年代开始的棉纺与织布技术机械化，使英国日益依赖中美洲国家，从那里进口棉花到英国加工纺织，然后又将棉织品出口到欧洲大陆和其他国家。18 世纪中叶，英国的海外贸易规模已经相当大，其国内的经济结构也发生很大变化。比如，1700 年时其农业、工业和服务业就业分别占总就业人口的 56%、22% 和 22%，到 1820 年这些产业的就业比例分别为 37%、33% 和 30%。[1]这些海外贸易及本国产业的发展也给英国创造了相当大的中产阶级。

到那时，人们不仅已看到海外贸易和本国市场发展的好处，也看到要为海洋贸易付出的代价。为了维护其海外贸易利益，在当时没有成型的世界秩序的情况下，英国不得不建立并维持世界最强大的海军，也经常发动或进入战争。到 18 世纪末为止，英国已多次跟法国、西班牙、荷兰作战，1776 年至 1783 年间，为维护美国殖民地，英国与想要独立的美国作战近 7 年。

那么，这些昂贵的海外贸易到底值不值得？为什么要扩展并维系其海外军事基地网络？市场交易给社会带来了什么？政府对经济到底应该起什么作用？海外贸易及英国经济的发展带来了种种错综复杂的政治、社会、商业与经济问题，给英国社会带来的转型冲击就像这二十几年的改革开放给中国社会带来的冲击一样，人们渴望有更清楚的理论框架帮助他们理清繁杂的经济现实，为他们未来的发展导航。这种对经济知识的渴望在中产阶级中尤为突出。可是，直到 18 世纪中叶还并没有 "经济学" 这回事，更谈不上有什么成熟的经济理论。于是，在海外贸易刺激出的对经济知识的饥渴和 "经济学"

---

1 关于英国的这些资料均来自 Angus Maddison, *The World Economy: A Millennial Perspective*, 2001.

的不存在之间形成了巨大的反差（就好像中国过去二十几年所经历的一样）。

就在那个时期，财经报刊第一次成为经济理念的辩论平台。一方面，那时英国的中产阶级已经较成熟，可担任经济思想辩论的"裁判"；另一方面，通过阅读不同思想理念的交锋，报刊读者也可获得正规学堂里学不到的经济理论，何乐而不为呢？第一次思想交锋发生在《重商者》(The Mercator)和《英国商人报》(The British Merchant)之间。1720年左右，《英国商人报》刊登了亨利·马丁（Henry Martin）的一系列专栏文章，大力推举自由贸易的好处，而《重商者》则刊登文章反对自由贸易。当时既然没有"经济学"，自然就没有"经济学家"了。在报刊上登出经济论争的作者一般是具有分析头脑的财经记者或评论员，其中有众所周知的经济学祖师亚当·斯密和李嘉图。亚当·斯密于1776年出版的经典名著《国富论》首先起源于财经报刊的"大众化"经济论争。李嘉图的价值论也是先以"书信"形式刊登在当时的《晨报》(The Morning Chronicle)上，随后于1817年出版了他的名著《政治经济与赋税原理》。穆勒（Mill）及麦考罗克（McCulloch，人们称他为第一个真正的"经济学家"）等也是当时由财经记者转变而成的著名的"公众经济学家"。

以大众媒体作为探究经济原理同时传授经济知识的途径，最大的优势是它的灵活性和新闻相关性：根据每天发生的事件和热点经济问题，报刊可以边报道边评论，同时也讲解其背后的经济道理，或者请有造诣的专家撰写相关的剖析解释文章。另外，媒体间的竞争是公开的，这也可帮助改进这些评论报道的质量。这些特征是课堂教学与教材难以具备的优势。对于以前经济知识欠缺的大众而言，大众媒体显然是一种最方便的"补课"方式。

1803年创刊的《爱丁堡评论》(Edinburgh Review)是当时影响最大的报刊之一，它不仅成为向大众传播亚当·斯密和李嘉图等市场经济理论的主力，而且还倡导了以数据和事实为基础的经济分析方法。那时显然还没有"计量经济学"这回事，但它的基于数据的经济分析给人们耳目一新、清晰易懂的感觉，使依赖大众媒体的经济讨论又上升到新的高度。

　　另一份富有影响的报刊是今天还在的《经济学人》杂志，它创刊于1843年，其宗旨就是向人数众多的中产阶级和商人以通俗易懂的形式传输深奥的经济理念与商业知识，"把那些看起来像迷宫的经济理论与理念变成社会大众的普通常识"。《经济学人》的定位是严肃的政经新闻加评论，半学术性和半常识性。

　　从18世纪初到19世纪中叶的100多年是政治经济学的创立时期，也是该学科的黄金岁月，它的发展基地不是大学，也不是正规的研究机构，而是公众报刊媒体。这些报刊和活跃于其中的公众经济学人一起改变了英国与美国社会的大众文化，他们的努力不仅创立了经济学，使其成为一个独立的学术领域，而且从根本上培养了英美社会的商业文化，使自由市场及相关理念成为英美大众文化的重要核心，使几乎所有受过教育的人都能对自由市场谈论一二。这种市场文化的培养对随后英美经济的发展贡献巨大，让社会更能支持建立与产权保护相关的市场制度架构，也为证券金融市场的发展提供了必要的土壤。

　　直到1882年美国《华尔街日报》和1888年英国《金融时报》创立，以大众媒体为平台的经济研究与理念传播的时代才正式告一段落。从那时开始，财经报刊转向以新闻与金融信息为主，经济学则成为一门独立的学科进入象牙塔。这一转折的背景大致如下：第一，到 19 世纪末，英美社会已基本领会并普遍接受自由市场理论，亚当·斯密的《国富论》已深入人心，除了专业人士外，大众对经济理念的兴趣开始减少，远不如 18 世纪和 19 世纪上半叶，于是大众报刊不再愿意投入太多的篇幅给理念论争性的文章。第二，由于铁路技术在 1860 年后越炒越热，大众对铁路股票的兴趣猛增，炒股热情远远胜过对经济理念的热情，人们更感兴趣的是"如何赚钱""如何选好股票"等，而不是"私有制还是公有制更好""自由贸易还是贸易保护更好"等问题。第三，经过早年的努力，经济学体系到 19 世纪末已基本成形，专业化程度已很深，也慢慢建立了一套自己的话语。正是在这一时期，经济学院系陆续成立。比如，英国皇家经济学会于 1890 年成立，伦敦经济学院于 1895 年创立，剑桥大学经济学系于 1903 年创办。与此同时，经济学专业学报也第一次出现。比如，哈佛的《经济学季刊》于 1886 年创办，英国的《经济学学报》在 1890 年发刊。这些专业院系和学报的设立标志着经济学已成为一门独立的、成熟的学科。走进象牙塔后的经济学不仅进一步建立了自己的一套分析范式和专业话语，其研究主题和兴趣也不再完全受当时当地的热点新闻问题所支配，而是更多由专业经济学家的研究所推演出的问题决定。换言之，从此以后，经济学研究的不只是现实问题，而且包括纯学术的问题，经济学理论也得以不断深化。

到第二次世界大战时期，经济学及许多其他学科的学术中心基本已从西欧转移到美国。这说明世界学术强国跟经济强国是极度相关的。二战之后，数理逻辑逐步由美国经济学家引入经济学，成为经济学的核心分析方法，并开始出现"数理"和"计量"实证两类主要"证明"（或者"证伪"）经济理念的研究方法，使经济学向科学靠近。作为结果，经济学研究越来越细，专业化程度越来越高，"外行经济学家"与"内行经济学家"的区分也越来越明显。以大家熟悉的经济学大师为例,当年的亚当·斯密、李嘉图、凯恩斯等都是从财经记者转入经济学的,而今天的大师没有一个不是先读经济学或相关博士学位的,过去这些年诺贝尔经济学奖得主也多是因为其原创性的数理或计量研究而获奖,以至于在介绍这些人的研究成果时,媒体还无法用大众语言讲清楚。

—— 经济学在中国

经济学首先是通过报刊进入中国的。

中国报刊业开始得很晚,起因是为了传教。1815年,外国传教士创办了中国的第一份报刊——《察世俗每月统计传》,后即有1833年在广州创刊的《东西洋考每月统计传》,以及同年创刊的《澳门杂文编》。首批报刊的内容以宗教教义、伦理知识、科学文化为主。基于当时国人受教育面的限制,那时媒体的受众规模可想而知。

财经报刊在中国的出现则是鸦片战争以后的事。最早是1857年面世的《香港船头货价纸》(《香港中外新报》的前身),其"内容以船期、货价、行情和广告等商业讯息为主",是中国的第一家以商业新闻为中心的报社。从内容和风格上看与17世纪的英国同类报刊相似。1861年在上海也出现了它的分报——《上海新报》(其英文名为"The Chinese Shipping List & Advertiser",直译为《中文船期广告纸》)。[1] 这些报刊均为外商所办。

---

[1] 参见董锦瑞:《早期中文外报受众意识探析》,人民网,http://media.people.com.cn/GB/22114/44110/44111/3295990.html;马光仁主编:《上海新闻史:1850—1949》,1996年版。

经济学在中国的传播大约起始于1872年由英商美查创办的上海《申报》。为了把《申报》办成适合中国人看的报纸，美查聘请华人主笔，让他们按照中国的文化习俗、兴趣爱好、语言文字表达习惯来办报，这大大扩展了《申报》的读者面和影响力，在中国培养了第一批财经读者群。接下来，《申报》在传播经济学知识方面起着主导作用。特别是在1872年"轮船招商局"等华人公司股票开始交易之后，《申报》每期刊载股民关心的股市与经济信息，而且不断刊登经济理念和公司经营类的文章，"公司治理"在1880年之后也成为《申报》《上海新报》等报刊的热门话题。

1902年严复翻译亚当·斯密的《国富论》（严复译为《原富》），他的工作把经济学在中国的传播推向另一高潮。到民国时期，经济学教育与研究总体上进展得很快，特别是像《东方杂志》（1904年创办）等报刊贡献非凡。1927年由耶鲁大学经济学博士何廉先生创建的南开大学经济研究所，一方面为中国培养了第一批经济学研究生，促进了经济知识的传播，另一方面开创了用计量方法研究中国社会经济问题的先例（这一工作由方显廷先生带动）。同一时期，章宗元、马寅初、陈岱孙、巫宝三等先生在中国推广现代经济理论。但是，这些前辈的经济学传播与研究在20世纪50年代之后基本停止，《申报》《东方杂志》等均于1949年左右停刊。直到80年代初期，人们能接触到的经济学知识基本不超出官方政治经济学的范畴。

改革开放之后，张培刚、厉以宁等教授努力启动经济学的恢复工作，编著出版了一系列微观经济学、宏观经济学及其他西方经济学教材，成为"文革"之后第一批"非政治经济学"著作。这些早期著作里往往是每介绍一种理论要先批评一顿，叫你"先花很多时间学习，然后又叫你马上把所学的都忘记"，当然那是时代的特色。

尽管如此，这些努力的意义堪称重大，它们实际上是今天许多决策者当年读过的第一批经济学著作。80年代中期出版的"走向未来丛书"也在市场经济启蒙上起到了突破性的作用。

此后，陆续有翻译或编著的经济学书籍出版，专著类包括商务印书馆在80年代起出版的"汉译学术名著丛书"中对二战前，特别是20世纪之前的古典经济学名著的翻译；上海人民出版社和上海三联书店出版的"当代经济学系列丛书"中的"当代经济学译库"；1989年起汤敏和茅于轼主编的三册《现代经济学前沿专题》；1993年由田国强主编、上海人民出版社出版的14册"市场经济学普及丛书"；等等。这些和其他经济学名著的翻译和编著工作对国内学者的经济学研究产生了很大影响。到今天，特别是有了互联网之后，经典文献和前沿文献的资料可获得性已不成问题。教材类的翻译出版包括20世纪90年代初期萨缪尔森的《经济学》、范里安的《微观经济学：现代观点》，还有在"经济科学译丛"中出版的斯蒂格利茨的《经济学》（1997）、平狄克与鲁宾费尔德的《微观经济学》（1997）、多恩布什和费歇尔的《宏观经济学》、米什金的《货币金融学》及曼昆《经济学原理》（1999）和《宏观经济学》（2000）等等。这些西方大学流行的经济学教材也慢慢成为中国大学生和研究生的主流教材。但是，到目前为止，这些著作只是作为经济学专业的教材，而且在许多院校还只是在"西方经济学"名义下出现。

正规经济学课堂在慢慢改进，这些是非常积极的进步。与此同时，现实中的市场经济生活却不能慢慢等待这些改进，所以过去二十几年里大众媒体变为"有用的"经济理念的重要来源。实际上，虽然翻译的著作可以帮助经济学专业人士的学习与研究，但对于企业界、政府决策层及社会的众多人士来说，这些著作可能太抽象，也不一定对他们在现实经济中碰到的具体问题有直接帮助。相比之下，大众报刊则可根据今天的热点问题去查找相关的经济理论、采访"公众经济学家"，以非常具体的形式和内容边报道评论，边传授经济学理念，媒体成了真正的"社会大学"。

1985年创刊的《中国企业家》和《中国经营报》、1989年创办的《中华工商时报》等报刊，在改革开放的前期对于推动非公有制经济的健康发展、引导民营企业家的成长等方面做出了积极努力。特别是1990年年底推出中国股市之后，几千万人立即有了对经济学、管理、法律知识的需求，这为财经媒体提供了一个前所未有的施展机会。20世纪90年代初出现了第一批证券财经报刊，包括《证券时报》《中国证券报》《证券市场周刊》等。1993年11月十四届三中全会的《中共中央关于建立社会主义市场经济体制问题的决定》确立了市场经济体制的基本框架。接下来，公众对于市场经济的基本理念是什么、计划与市场各自的优劣等关系中国改革方向的重大问题都十分关注，有着强烈的知识需求。在此背景下，一些部委创办的经济类报纸开始出现：1994年，国家体改委创办《中国改革报》、国家计委创办《中国经济导报》、国务院发展研究中心创办《中国经济时报》、中国市场经济研究会创办《中国市场经济报》。这些报纸当然因为重复而浪费了一些资源，但在当时确实起到过重要作用，它们不是以新闻报道见长，而是以理论为主题，刊登了许多学者的激烈争论。到90年代末，社会和学界对中国要建立市场经济达成进一步的共识，大家的关注点基本转移到"如何建立"的题目上。

1998年推出的《财经》杂志是另一个里程碑，它不仅通过专栏和深度报道给读者推出耳目一新的市场理念，为"如何改革开放"出谋划策，而且以它的独立调查报道树立了一种全新的中国媒体人风格，由此带动财经媒体更上一层楼。2001年启动的《新财富》则独创另一种风格：以公司案例和数据为基础的深度分析为特点，以务实精神剖析公司"如何创业致富"的策略。《新财富》的风格也影响了其他媒体。2001年创办的《经济观察报》以理性和建设性定义其风格，为读者提供深度政经新闻、把握新的财经理念潮流。还有《21世纪经济报道》等报刊，通过经济理念与新闻、数据和案例相结合，让国人的经济与商业知识日益剧增，加上这几年风风火火的EMBA教育，这些是过去多年里中国现代经济学家传授理念、论争学说的主要平台。它们为培养中国社会的经济文化贡献非凡。

—— 对未来的展望

过去，政治经济学教育使正规课堂无法为国人提供分析、理解变革过程中的繁杂经济现象的工具，这一局面给大众媒体提供了一次给社会补经济学课的机会，但EMBA和大众媒体的补课只能解决"近渴"，并不能从根本上代替正规教育平台。**为了满足市场改革的需要，我们必须改变中学和大学政治经济学教材的内容**。正如我们前面谈到的，由于政治经济学是目前大多数人受过的唯一的正规经济学教育，而政治经济学课中的概念不外乎是"剥削""唯劳动创造价值"等等，这些概念有必要加一些精确的定义和调整。过去二十几年的现实成功告诉我们：**市场交易不是像我们以前所理解的"你赚我亏或我赚你亏"的零和博弈，而是一种双赢的价值交换；民营化和私人产权也并没那么可怕，而是一种增加整体社会福利的制度安排；行政管制不是救世主，反而会增加寻租机会、降低市场效率，行政管制越少的行业往往是越兴旺的行业**。这些和其他市场经济观念应当

成为新政治经济学的核心。

如果说英国的经历有任何借鉴意义的话,那么我们可以预见,随着中国经济的进一步市场化,媒体读者对经济理念的需求和耐心也会逐渐减少,人们对"如何赚钱"和商业信息的兴趣会逐步胜过对经济理论的兴趣。迫于生存的压力,财经媒体会慢慢减少其"经济学教育"的角色,像《华尔街日报》那样选择更侧重商业新闻与财经信息。经济学教育应该回到大专院校和中学课堂上。这也要求调整政治经济学和专业经济学课程的内容,使未来社会人们掌握的经济学尽量跟现实经济接近。

那么,除了经济学教育之外,经济学研究呢?最近二十几年,许多同人为改变中国经济研究的落后现状做出了非常大的贡献。如果说哈佛《经济学季刊》和英国《经济学学报》当年的创立曾标志着经济学作为一门独立学科的开始,那么,中国不是已有不少经济学等社会科学类学报吗?遗憾的是,我们不能只看学报的名称而不看其内容。除了这几年像中国社科院《经济研究》、北大《经济学季刊》等少数学报之外,一些学报实际上与大众媒体无实质差别。我们大致可从两方面判断一门学科是否达到足够的专业化深度:第一,如果其学报文章是一般受过大学教育的读者就能读懂的,那说明该学科还不具备"专业性",说明它还没走出大众媒体的范围。第二,看从"外行"变成该学科的"内行"需要多少年的学习与研究,需要的年数越多说明该学科的专业化程度越高,对其中心问题的研究应该越深。反之,如果一个学科的学报跟报刊文章或者政治文献一样易读,那么该学科专业化的道路还很漫长。按照这两个标准,让我们自己去评判一些学科在中国的发展水平吧。

中国正在进行的变革包括三大方面:其一是从农业社会转向工

业社会；其二是从国有经济／计划经济转向民营经济／市场经济；其三是从封闭社会走向开放社会。这三方面的任何一方面都可以给一个社会带来深度的震荡，何况是三大变革同时进行呢？由此引出的各种经济和社会现象的确给我们提供了一次百载难逢的学术创造机会，让我们能看到在其他国家没有经历过的经济事实和问题，这无疑有助深化人类的经济学知识。但是，机会不等于必然的现实，关键还在于学术研究能否自由。

当然，上面的讨论可能让人觉得我在声称有"中国自己的经济学"这回事。其实不然，据本人在美国及其他国家跟相关人士的交往，我不觉得人的本性会因肤色、语言或国界而异，只要人的本性是无国界的，经济学就只有人类的经济学，像物理、化学、数学不分种族和国家一样。我的意思是说，中国的不同经济经历应该能帮助我们"证实"或者"证伪"依据其他国家的数据还无法"证实"或"证伪"的经济理念。如果是这样，通过对中国独特的经济现象的研究，我们或许能排除掉某些到目前还无法排除的经济理念，也能推演出根据其他国家的经历还没能推出的经济理念，但这不是要以"中国的经济学"去替代世界的经济学，而是要对现有理论进行细化和深化。

从经济学史的角度讲，当经济学中心在二战时期从西欧转移到美国之后，由美国学术界把"数理逻辑"和"计量实证"引入经济学研究，这是一种根本性的突破。数理逻辑的引进顿时改变了以往社会科学理念不便于"证伪"的弊病，以往定性的分析使其结论甚具模糊性，使研究者无法将其"证伪"（或"证实"）。但数理推论使经济理论的结论便于受到数据的直接检验。而"计量实证"方法又让我们能直接应用统计学等学科的成果，使经济理论服从于更为严谨的科学检验，以免我们接受那些似是而非的谬论。虽然数理方法不是研究经济学的唯一方法，但是，**中国的经济学研究首先应该领会过去两百多年在世界发展起来的经济学，在此基础上去创造，这样中国才不仅有"经济"，而且还有"经济学"**。

第 18 章
媒体和市场对公司治理的监管效率

> 市场和媒体对公司的监督通常更直接,甚至在事态刚刚发生或正在发生时就可产生效果。政府行政监管的直接责任应以设立并维护合理的市场机制为核心,把对公司的直接监管和监督留给董事会、市场和媒体。

美国安然公司于 2001 年 12 月 2 日正式申请破产,得到《破产法》保护而进行重组,其股票由 2001 年年初的 90.75 美元跌至当日的约 0.5 美元。这一事件标志着连续 6 年被美国《财富》杂志评为"最有创新精神"、美国 500 强中排名第七的安然公司从此成为历史。当然,即使公司破产,事情远没有结束。紧接下来的是一系列诉讼案。比如,机构投资者和个人股东对安然公司、29 位公司要员与董事及安达信会计公司提起集体诉讼。诉讼缘由包括欺诈、误导性陈述、假账和内幕交易。美国证监会对已离任的安然财务长及其他现任要员以关联交易和做假账立案。

除了这些戏剧性发展、标题性报道外,安然事件的过程也给我们很多启示,这个过程有许多值得分析、总结的地方。这里我们借助这一案例讨论时下的热门话题——公司治理,重点是分析各种公司治理、监管渠道的特点。

目前关于公司治理问题的讨论主要集中在三方面:公司董事会的构成(独立董事)、政府行政监管(证监会)和民事与刑事诉讼

（法庭）。但从安然事件的发展过程中我们会看到，除了这三种渠道外，还有两种更重要的监督渠道：市场和财经媒体。也就是，**我们可大致把对上市公司的监管与监督分成五层：**

  第一层：董事会

  第二层：证券市场参与者

  第三层：媒体

  第四层：行政监管

  第五层：法庭诉讼

  这五层缺一不可，但监管与监督的效率和成本却差别很大，它们在问题发生的不同阶段起着不同的作用。从下面的分析中我们会看到，因为董事会成员常以公司管理层和当事人为主，在许多实际情况中这一层监管并不有效。另一方面，政府行政监管与法庭通常是在事态发展到尾声或极端严重时才介入，这两层监管的举证责任重，成本最高，主要起到"事后补救"作用。

  市场和媒体对公司的监督通常更直接，甚至在事态刚刚发生或正在发生时就可产生效果。但这两种渠道（尤其是市场渠道）需要相应的市场机制配合，比如做空机制、信息披露机制。如果缺乏这些配套机制，本来可以非常有效的市场监督也会无效。因此，**政府行政监管的直接责任应以设立并维护合理的市场机制为核心，把对公司的直接监管和监督留给董事会、市场和媒体**。以下我们从对公司的治理监管和市场机制两个角度介绍安然事件的发展。

——安然的背景

安然公司的前身是休斯敦天然气公司。到20世纪80年代末，其主业是维护和操作横跨北美的天然气与石油输送管网络，营运的石油和天然气占全美市场的20%。但安然的董事长肯·雷（Ken Lay）不甘到此为止，他的目标不仅是要成为石油和天然气输送大王，也想成为能源交易大王。20世纪80年代末之前，由于美国能源价格基本由政府控制，不存在能源价格风险，故而不存在能源期货交易的必要。但随着美国在80年代末解除对能源价格的管制，一方面油价与天然气价格的波动给人们制造了能源交易的商机，另一方面也因此增加了许多能源消费商对控制能源价格风险的需求。这两种因素均为能源期货与期权交易建立了良好的环境。看准这一商机，在肯·雷的带领下，安然于1992年成立了"安然资本公司"（Enron Capital）。与此同时，安然也开始了国际化的道路，于1991年在英国建立了第一家海外发电厂。到1995年，安然的收入有22%来自安然资本公司，12%来自国际项目。

为了进一步实现从"全美最大能源公司"变成"全球最大能源公司"这一目标，安然公司继续在印度、菲律宾和其他国家扩张，包括建设玻利维亚到巴西的天然气输送管网络。另一方面，安然在北美的业务也从原来的石油、天然气的开发与运输扩展到包括发电和供电的各项能源产品与服务、纸业，甚至还进入宽带网交易。正因为这些努力，安然的收入从1996年的133亿美元增加到2000年的1008亿美元（见第216页图一），而其净利润从1996年的5.84亿美元上升到2000年的9.79亿美元（见第216页图二）。

安然的创新不仅使它很快进入美国500强名单，而且早在1995

图一：安然的年收入

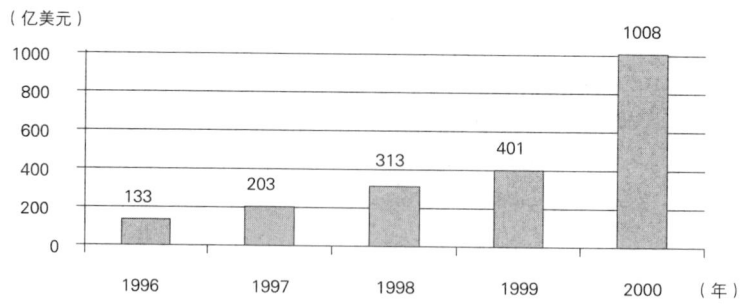

图二：安然的年利润

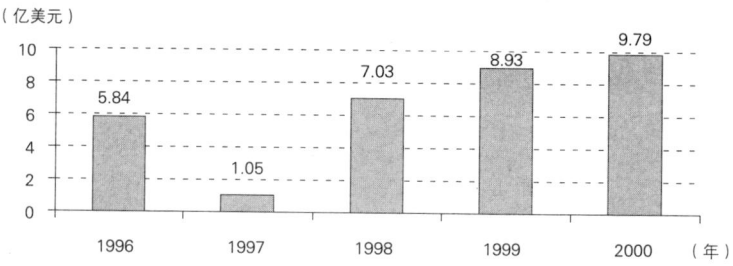

年就被《财富》杂志评为"最富创新"的公司，连续6年都在"创新精神"这一项中排名在微软、英特尔、思科这类以技术革新而闻名的大公司前面。安然的创新表现在多个方面。比如，在用人方面，公司内部机制宽松，非常有利于鼓励"各尽所能"。为促进个人技能的发挥，安然把整个公司组织成一个包罗3000多个子公司和关联企业的大家族，使决策权最大限度地下放，让各分支机构、子公司有权自行决定相应的业务。例如，1999年安然伦敦交易所的交易员路易·凯成，在未告知公司高级管理层的情况下，自己招收了350人来设计天然气在线交易网（EnronOnline）。网上交易于1999年11月开通后，安然在线交易价值突破1290亿美元，使其成为世界上最大的电力和天然气电子交易所。成功后，安然董事会大举表扬路易·凯成所带来的革新。公司执行副总裁凯思自豪地宣称："如果此项目报批董事会，管理层会要求制订一个详细的可行性方案，再由专家评估，很有可能这一项目会因此下马。此成功案例使我们意识到，创新想法的可行性不应由管理层来决定，而是取决于赢得多少雇员的支持，好的项目自然会吸引员工的参与和支持，而不受上层干预。"公司这一创新文化推动安然不断扩充，并带来巨大成功。

安然的创新最主要还来自于对金融工具的灵活运用。通过新的金融工具把本来是不流动的资产或能源商品"流通"起来，其主要手法有两种：一种是为每一种能源产品（包括天然气、电力和各类石油产品）开辟期货、期权和其他复杂的衍生金融工具，由这些期货、期权市场和非正式的店头衍生金融合同把能源商品"金融化"。在世界各国的能源证券交易中，安然占据着绝对垄断地位，成为世界上最大的能源交易商。比如，为了避免3年以后汽油价格波动风险，你的公司可能希望买进一种汽油合同，按照这一合同，如果3年以后汽油价每升超出40元，你公司只须付40元买进100万升汽油；如果3年后汽油价低于20元，你公司愿意按每升20元买进100万升汽油。那么，谁愿意卖给你公司这种特定的汽油衍生证券呢？该合同又值多少钱呢？——安然在任何时候都愿意卖给你公司这种或其他任何汽油衍生证券。也正是由于这类业务的需要，安然研制了一套能源衍生证券定价与风险管理的系统。这些定价技术、风险控制技术及财力上的优势，使安然垄断了整个能源交易市场，使其从一个天然气、石油传输公司变成一个类似美林、高盛的华尔街公司，唯一的差别是安然以能源证券为主,而美林和高盛以金融证券和股票为主。1990年,安然收入的80%来自天然气传输服务业,而到了2000年,其收入的95%是来自能源交易与批发业务。图三给出能源交易占安然总营运利润的份额,由此可见2000年的安然与1989年的安然有多么不同!

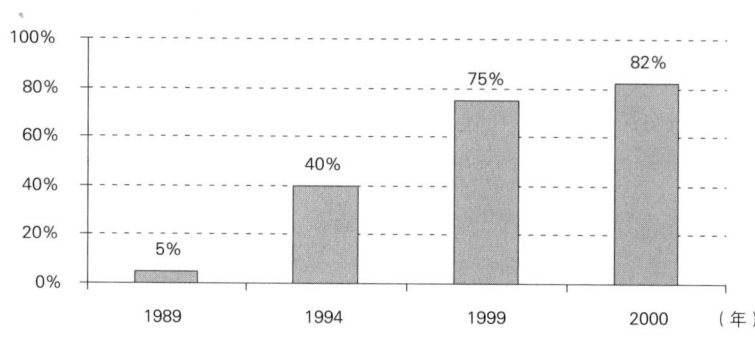

图三:能源交易占安然总营运利润的份额

另一种手法是将一系列不动产(如水力资源、厂房、天然气与油矿)汇集一起做抵押,通过某种"信托基金"或资产管理公司对外发行债券或股权,以此把不动产搞活。当然,靠不动产抵押发行证券本身不足为奇,关键在于安然以此种方式建立了众多关联企业与子公司,它们之间隐藏了多种复杂的合同关系,从而达到隐蔽债务、减税及人为操纵利润的目的,这一手法也恰恰是安然破产的主因。

这些错综复杂的关联企业架构加上安然有名的会计操作手法,不仅使安然的收入与利润像第216页图一和图二所示那样增长,也使华尔街与股民不断把钱投向其股票。随着安然收入的增长,其股价也相应上升,在1995年为15美元左右,到2000年下半年达到近90美元的新高。第219页图四给出了安然股价自1992年后的涨势情况。

图四：安然股价从 1992 年到 2001 年年底的表现

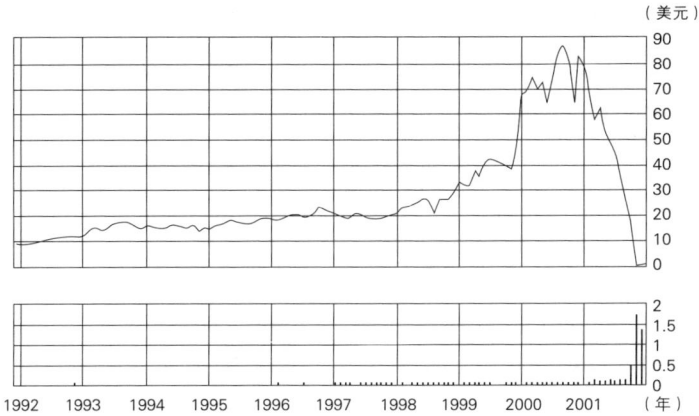

—— 市场与媒体对安然的监督

监管上市公司的市场参与者大致可分为两类：第一类是华尔街各公司的职业股票分析师，由于他们是华尔街各公司的雇员，而这些公司靠承销、推销股票及投资者买卖股票的佣金赚钱，因此这些证券分析师有明显的自身利益，他们有把什么股票都说成"好股"的动机。习惯上，这些执业者在美国被称作"卖方分析师"（sell-side analyst）。

另一类是机构投资公司、基金管理公司和对冲基金公司的证券分析师与基金经理，以及为投资者和这些基金公司提供分析报告，但不靠股票交易本身赚钱的证券分析师，他们都被通称为"买方分析师"（buy-side analyst）。显然，买方分析师有充分的激励和动机去对上市公司进行客观的分析，因为他们的收入最终是靠其分析报告的准确度而决定。

财经媒体的激励结构与买方分析师的相对类同，因为媒体的报道和记者采访在美国都不允许收费，其收入的来源最终也是由分析、报道的可信度与准确性决定。

图五中，安然股票的价格从2001年1月的80多美元跌到10月中的30美元左右，也就是说，在10月15日到10月23日安然的关联交易内幕与财务状况正式曝光之前，其股价就已下跌了大约2/3。那么，市场参与者和媒体在此过程中到底起了何种作用？是什么机制促使安然股价朝着应有的价值靠近？又是哪种监管渠道迫使安然的内幕全面曝光？是哪种渠道导致对安然的关联交易和财务手法负直接责任的财务长辞职？为看清这几点，下面我们按时间顺序介绍事态发展的几个重要环节。

早在1995年，《财富》杂志就对安然利用关联企业来平衡利润收入或隐藏债务的手法提出质疑。但直到2000年年底，由于安然股

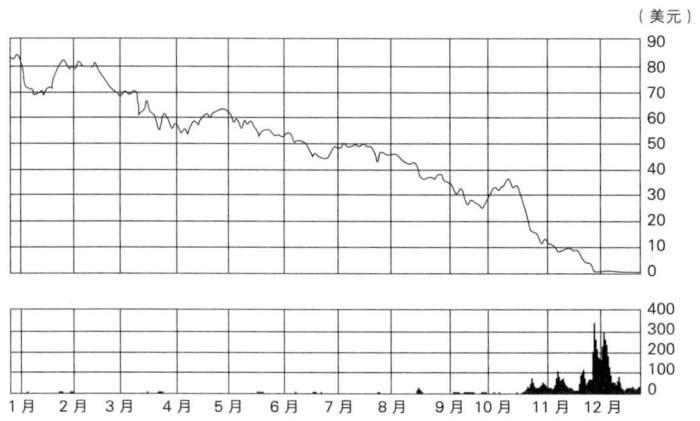

图五：安然股价从2001年年初到年底的表现

价的不断上涨，它与关联企业间的复杂合同关系一直没有机会构成问题。在其股价不断上涨的时候，《财富》和其他分析师对安然的这些质疑自然也不容易引起注意。

（一）2001年3月

2001年3月5日，《财富》杂志发表的一篇题为《安然股价是否太高？》(Is Enron overpriced?)的文章指出，在2000年多数股票下跌时安然股价却上升了89%，其收入翻倍，而且利润也增长了25%，因此在18位跟踪安然公司的卖方分析师中有13位将其推荐为"强买"，它的市盈率为竞争对手杜克能源公司的2.5倍，也是标准普尔500指数市盈率的2.5倍。因此，《财富》那篇文章质疑道："既然如此，安然股价是不是太高？尤其是连为安然欢呼的人也承认，没有人能搞得清安然的钱到底是怎么挣的！原因是安然历来以'防范竞争对手'为由拒绝提供任何收入或利润的细节，把这些细节以商业秘密名义保护起来。而他们提供的财务数据又通常过于繁琐和混乱不清，就连为标准普尔公司和惠誉公司这样的债务评级公司负责财务分析的专业人员，都无法弄清这些数据的来由。不管是极力推荐安然的卖方分析师，还是想证明安然不值得投资的买方分析师，都无法打开安然这只黑匣子。"针对《财富》记者的这些质疑，安然财务长反击道："安然共有不同商品的1212本交易账本，我们不希望任何人知道这些账本上的任何东西，也不希望任何人知道我们在每个地方赚多少钱。"

《财富》文章进而对安然股票提出以下几项质疑：

第一，既然人们喜欢把安然比作能源交易业的高盛公司，那么安然股票的定价应当跟高盛这类华尔街公司的定价相当。可是，安然的市盈率为 55 倍，高盛的是 17 倍。在营运方面，2000 年安然的净资产收益率为 13%，而高盛的为 27%。其他华尔街公司的收益率一般都高于 20%。由此可见，安然股价的泡沫成分重。

第二，安然的年报中"资产与投资"部的利润数总是一个谜。年报对该部门的注释是："从事世界各地发电厂兴建项目，完工后运作这些项目，再把这些项目单项单项地卖掉；此部门也参与能源与通信企业的股权和债券买卖等业务。"该部门 1999 年第二季度的利润为 3.25 亿美元，2000 年第二季度跌至 5500 万美元。为什么有这么大的变化？由于无法弄清这个部门的收入来源，不同分析师的解释各异。摩根士丹利的分析师说是因为他们投入的几个通信项目业绩不好，而 Dain Rauscher（一家华尔街公司）的分析师说是因为他们没能卖出足够的项目资产。

第三，安然通过"资产与投资"部的含糊资产出售金额来操纵其利润。这样，当任何季度的利润达不到华尔街分析师的预期时，安然总可以通过增减项目资产的出售来达到或超越预期利润额。这种人为操纵只会误导投资者。

第四，尽管几年来安然声称要尽快减少负债量，但在 2000 年的前三个季度其债务不仅没有减少，反而发行了 39 亿美元新债券，使债务总额在 2000 年 9 月底达到 130 亿美元，其负债率（债务对总资产比）升至近 50%，而在 1999 年年底其负债率为 39%。另外，它的营运现金流在 1998 年为 16 亿美元，1999 年为 12 亿美元，而 2000 年的前 9 个月仅为 1 亿美元。尽管安然的营运现金流在逐步下跌，但它所公告的净利润却在年年上升（见第 223 页图六），这本身就说明安然的利润不是来自主业，要么来自非经常性收入，要么是造假而产生。

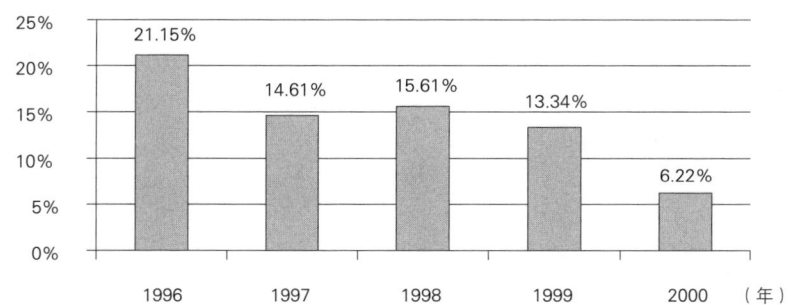

图六：安然的营运利润率（营运利润/总收入）

（二）2001 年 5 月

2001 年 5 月 6 日在波士顿的一家名叫 "Off Wall Street"（以下简称 "OWS"）的证券分析公司发表了一份安然分析报告（因这家公司服务的客户均为各类机构投资者与基金公司，所以属于"买方分析师"公司）。该报告建议投资者卖掉安然股票，或者做空。其结论的主要依据是安然越来越低的营运利润率。图六中安然的利润率从 1996 年的 21.15% 跌至 2000 年的 6.22%。按照 OWS 公司的分析，在 2000 年第四季度，安然的利润率为 2.08%，到 2001 年第一季度进一步降到 1.59%（尽管第一季度的收入为 500 亿美元，比上年同期增长近 3 倍）。在安然利润率快速下降的情况下，OWS 对其前景无法看好。

此外，OWS 公司对安然的关联交易与会计手法也持消极看法。比如，他们发现，2000 年第二季度安然以高价把一批光纤电缆出售给一家关联企业，这笔交易收入使安然每股净利润比华尔街分析师的预期超出 2 美分。可是，如果没有这笔关联交易，其实际的每股净利润却要比预期的低 2 美分。因此，OWS 建议投资者不要轻信安然公布的财务利润。与此同时，高盛、美林等卖方分析师仍强力推荐安然股票。

（三）2001 年 7 月

2001 年 7 月 12 日安然公布了第二季度的财务状况，包括每股 45 美分的净利润（比华尔街分析师预期的多 3 美分），营业收入比上一季度稍低。但更有意思的是，安然总裁、财务长和股东关系主管在当天发布季报后与分析师及媒体举行的电话会议。

这里要说明一下，尽管美国证监会没有严格要求，但绝大多数美国上市公司自愿在公布季度财务报表后，与分析师、基金管理员、有兴趣参加的股民及媒体召开一次电话会议，上市公司董事长、总裁、财务长等要员一般都会参加。大致程序是，上市公司提前一到两个月宣布哪天的几点钟用哪个电话号码召开季报电话会议，邀请所有有兴趣参加的机构和个人在某天之前于上市公司登记。会议召开时先由公司总裁或财务长简单陈述本季度状况，然后主要时间由参与者提问讨论。

除公布季报时召开这类电话会议外，现在的惯例是，只要有重大事件发生或需要解释时，上市公司都会自发地召开电话会议。这比股东大会容易可行，又能让相关人士提出尖锐的质疑。美国证监会并没有要求上市公司必须这么做，那为什么上市公司会自愿选择这种方式呢？关键在于媒体的压力、分析师行业和市场本身的压力。你想要融资、要投资者投钱，就得向股民交代、解释。

在 7 月 12 日的电话会议上，有两个方面质疑最多。

第一，安然的股东关系主管解释说，其"资产与投资"部 1/3 的利润是来自经常性营运收入，而剩下的 2/3 是来自安然不动产投资项目的价值重估。这一点让众多分析师觉得不可思议，在 2001 年第一季度时安然公布说这些不动产价值大跌，而时隔仅 3 个月安然又说这些不动产价值大升。但实际上，安然股票在这两个季度中都在下跌（见第 220 页图五），那么安然不动产投资的价值怎么会在第一季度跌，而第二季度涨很多呢？安然的总裁和其他要员在电话会议上无法说清。这说明他们在会计上进行了操纵。

第二，许多参与者进一步质问关联交易事项。当一位分析师问到安然与其众多关联企业之一（LJM 资本管理公司）的几笔交易对第二季度利润的贡献有多大时，安然总裁仅说："哦，我们和 LJM 只有几笔微不足道的交易。"以此搪塞过去，回避做实质性回答。而实际上，LJM 的总经理是安然财务长，与 LJM 的交易是导致安然最后崩溃的导火索之一。

那次电话会议之后，媒体和多位买方分析师进一步分析、追踪报道安然的内幕。

（四）2001 年 8 月

到 8 月中旬，估计是终于了解到事态的严重性，安然总裁杰夫·思格林突然辞职，这更加助长了媒体、分析师与其他多方的质疑。但安然一概否认思格林的辞职说明任何问题的存在。思格林辞职后，安然董事长肯·雷重新接任总裁，同时他召集众多员工，对他们宣称"安然没有任何会计问题，没有任何能源交易问题，也没有任何资金短缺问题"。同时，他保证安然将改进财务报表的透明度，增加信息披露。有意思的是，他这么一说，大多数华尔街卖方分析师还真的相信肯·雷，继续推荐安然股票。

可是，买方分析师与媒体更加追踪不放。2001年8月30日，一家名叫TheStreet.com的财经网站发表一篇分析文章，对安然第二季度利润的来源提出强烈质疑，认为主要是来源于两笔关联交易。第一笔是5月安然北美分公司以10.5亿美元将3家天然气发电厂卖给另一家安然关联企业。多数分析师认为这个价格太高，多算了至少3亿到5亿美元。第二笔是在6月30日，也就是第二季度结束的前一天，由一家关联企业以1.2亿美元的价格把一批在德州的不动产卖给另一关联企业。同业者认为这批不动产最多值5千万，而不是1.2亿。因此，该文认为，在正规营运收入不足时，安然通过关联企业间的高价交易（"对倒"）来人为制造利润。如果不靠这两笔"对倒"交易，安然可能在第二季度每股只挣30美分左右，而不是公布的45美分，并且第二笔交易的时间也过于巧合。

（五）2001年10月

2001年10月16日，安然公布第三季度的财务状况，称营运利润每股43美分，但如果加入10亿美元的一次性重组费（one-time charges），每股亏损84美分。有意思的是，为响应安然董事长肯·雷对改善公司透明度、增强信息披露的承诺，第三季度的财务报表确实加了几项新内容，但同时又把以前的明细款项去掉，使其季报反而更加含糊。

当天，安然举行关于第三季报的电话会议，参加者包括众多分析师、媒体和不少股东。会上质问最多的是有关安然的两笔巨额一次性重组费。第一笔是为水力资源、宽带通信网及其他不动产投资项目做出的10亿美元重组和损失费，与此同时，第三季度的运作成本却比前两季度分别低2亿多美元。因此，买方分析师认为安然可能把有些正常运作费用一同打入"一次性重组费",使这种非经常性费用很高,也变相使安然的营运利润很高(因为在会计中一次性重组费和营运成本分开处理)。第二笔是为了中断与"某一关联企业"的财务合约而带来的12亿美元重组费,这笔重组费从"股东权益"(shareholder equity)项中扣除。当问及这笔重组费细节和"谁是这一关联企业"时,肯·雷董事长拒绝回答。媒体和分析师都认为这家关联企业是LJM资本管理公司。

肯·雷的拒绝回答给媒体又留下追踪的理由。接下来的几天,《华尔街日报》连续披露安然许多关联企业的细节。比如,安然财务长法士托是LJM、LJM二号和其他关联企业的主要股东或总经理,他仅从LJM和LJM二号两公司就得到300多万美元的报酬。

10月22日发表在TheStreet.com网站上的文章进一步揭露出安然与另外两个关联企业——马林二号信托基金和Osprey信托基金的复杂交易。该文详细分析了这些复杂合同给安然的负债率和股价带来的潜在致命性风险,其中一种最大的可能性是:为兑现这些合同条款,安然可能要大规模增发股票,但当时安然股价已跌到20美元左右。

面对媒体的广泛报道,安然于10月22日召开特别电话会议,邀请媒体和各市场参与者参加。在电话会上,当有人追问安然财务长与各关联企业的关系时,肯·雷再次拒绝回答。但多数提问关系到马林二号信托基金和鱼鹰信托基金,因为通过这两个基金,安然共借债34亿美元,而这些债务并没有在安然季报、年报上出现。有一位对冲基金经理(买方分析师)质问道:"因为马林二号是以安然的部分水力资产做担保(外加安然股票的进一步担保),而这些水力资源顶多值1亿美元,那么是否意味安然必须为此补进9亿美元(马林二号共有

10亿债务）？"在被问及这一点时，肯·雷董事长顿时暴怒，一时大骂这位买方分析师，指责他占用了太多电话会议时间，并要电话会议操作员把这位分析师赶走。尽管肯·雷回避了这一质问，事实是，如果真的像这位分析师所说，安然可能不久要借债更多，使其负债率达到65%。果真如此，安然许多其他的财务和债务合同就会出现一系列连锁反应，都会要求安然以现金还债，会迫使它面临破产。

紧跟着安然在电话会议上的狼狈表现之后，次日安然股票又跌了21%，到20.65美元，相对于年初跌幅达66%，交易量超过3600万股，当日安然的总股本缩水40亿美元。大跌之后，安然当天宣布开除连任多年的财务长法士托，并由杰夫·马克蒙取代。据《华尔街日报》10月26日报道，安然管理层也因此分为两派。一派以由肯·雷董事长为代表，认为法士托没有掏空关联公司的资产，并且辩解说，这些关联交易为安然提供了风险套期保值的有效手段。而以新任财务长为代表的另一方则开始公开谴责法士托的失职，认为法士托在许多关联企业中的任职带来严重利益冲突问题。但新上任的财务长是安然工业市场集团的前总经理，因此也是一位安然老手。

实际上，这位新财长自己是否一身清白呢？10月26日The Street.com报道，这位新财长自己至少在13家安然关联企业中任董事和其他要职。该文质疑道："这不是换汤不换药吗？"

在媒体和市场各方压力下，安然决定对过去数年的财务状况进行重审，把其中的一些关联企业一起并入安然的财务报表。

（六）2001年11月

经过一周的重审，11月8日安然宣布在1997年到2000年间由关联交易共虚报了5.52亿美元的盈利，并宣布解雇原会计公司和安然的法律顾问。由于急缺现金，同时也因评级下调而需偿还的债务，安然开始与昔日竞争对手德能公司（Dynegy Inc.）开始兼并谈判。

接下来事情就较清楚了。11月9日德能公司宣布收购安然。11月28日，市场传出安然没能力筹集20亿美元现金来完成与德能的合约。安然的股价在开市后的几小时内下跌28%。同时，安然宣布本周内会有6亿美元的欠款到期。当天，标准普尔公司在没有任何预兆的情况下，突然将安然的债券连降六级列为"垃圾债"。中午，穆迪投资服务公司也将安然降为垃圾股。安然股价向下重挫85%，股价低于1美元，成交量高达1.6亿股。安然和德能都宣布提前收盘。当天下午收盘后，德能立即宣布终止与安然公司的兼并计划。

安然的公司债被降为"垃圾债"后，触发了安然与关联企业——马林二号和鱼鹰信托基金签订的合同条款，安然必须立即退还34亿美元债务。但安然没钱，也无法通过增发股票偿还，因为其股价已跌到60美分。唯一的选择是申请破产。12月2日，安然正式向破产法庭申请破产，成为历史上最大的破产重组案。

整个事态的发展中，媒体与买方分析师在不断地分析、质疑安然公司，迫使安然公司面对现实，调整不当行为。没有他们对安然的积极监督，安然可能还没有破产，可能还在继续使用金融手法、会计手法和多重关联企业在欺骗股东。

美国证监会于2001年10月底正式对安然立案调查，10月31日对已离任的安然财务长法士托发出传票，命令他配合证监会的调查。美国证监会也通过法庭途径迫使安然公司各方为调查合作。前面也讲到，不少律师事务所正在代表股东对安然、多位董事和其他现任与前任要员提出起诉。但证监会的这些调查与法庭的介入只能起到"事后补救"作用，并对其他上市公司和后人构成威慑。

——股票卖空机制的作用

前面讲到美国证监会和法庭对安然不能进行直接监管，这不仅仅因为这些行政与执法机构没有直接利益卷入（因此没有足够的激励与动机），而且也因为政府行政部门无法雇用足够多的人手去细管。对上市公司的直接监督应主要由媒体和市场参与者去承担。那么，证监会和法庭的作用在哪里呢？在美国，它们更侧重于间接监管，也就是，它们的责任是设置并维护有利于市场运作、实现"三公原则"的市场规则与机制，通过市场机制让市场和媒体自己去"纠错"，去监督公司行为。证监会监管效果的好坏还取决于是否有促进市场自律的机制存在。要想让市场自律，就得给市场参与者相应的激励。

回到安然事件，我们要问，为什么买方分析师、基金公司分析师比华尔街卖方分析师更愿意去客观分析、调查安然的内幕与各种复杂关联交易呢？当然，这些买方分析师一部分代表众多的开放式共同基金、退休金、保险公司等，它们持有许多安然的股份和其他证券，它们的分析师自然有动力去查清真相。

另一些买方分析师直接服务于以卖空股票为主的对冲基金。许多人可能觉得这些以做空为生的基金管理人，是在投机并搅乱市场。但事实上，如果没有它们的分析师、研究员专门去追查安然的内幕细节，安然或许还在继续欺诈股东，或许有更多的股东在过去和将来遭受更多的损失。如果要鼓励足够多的人去追查有问题的上市公司（尤其是有欺诈行为的公司），市场就应当提供足够的"奖励"机制，这种奖励机制就是允许他们做空。

那么，在安然案例中，这些以做空为主的对冲基金表现如何呢？2000年，纽约的一家名叫Kynikos Associates的对冲基金公司，它的主业是替客户寻找卖空的股票对象，并进行卖空操作。它的总经理詹姆斯·卡诺士早在2000年年底就盯上了安然公司，那时安然股价略低于90美元。当时引起他质疑的因素之一是安然的总资产回报率，尽管其利润增长率和收入增长率都很高（见第216页图一、图二），可在2000年它的总资产回报率仅为6%左右。第二个因素是安然的年报和季报财务报表让人无法读懂，缺少很多款项。在多次询问华尔街卖方分析师后，他发现不仅他自己弄不清，其他分析师也无法解释为什么"安然的收入和利润这么强，但资产回报率这么低"。第三个因素是卡诺士注意到，内部要员在加快抛售安然股票。如果内部要员都在抛，这难道会是利好吗？在美国，上市公司董事、主要经理和持股10%以上的股东在买卖本公司股票时，必须向证监会申报。证监会得到申报后一天左右就会在其数据库网站上公告，随即这些内部人的买卖交易就成为公开信息，可免费查到。

图七显示自2000年12月至2001年11月，内部要员所抛售安

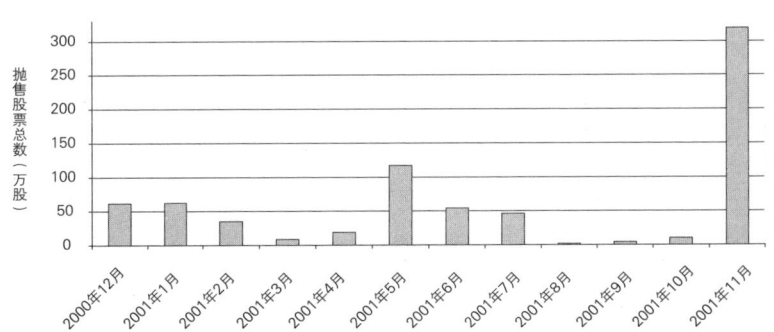

图七：内部要员在各月抛售安然股票的总数

第18章 媒体和市场对公司治理的监管效率

然股份的总数（按月统计）。此间除出售外，并无内部人购进安然股份。从图中看到，内部要员出售主要有三波，分别是2000年12月到2001年2月，2001年5月到7月，然后又是11月达到高峰。其中，肯·雷董事长在此期间持续不断地在卖，原总裁思格林在6月至7月间出售最多。

除卡诺士的对冲基金外，还有许多其他基金也参与卖空安然股票。图八给出2000年10月起每月累计的、尚未清仓的安然空头股数，也就是每卖空一股，纽约证交所就得做一记录，并在空头股数总数中加一；每当有人买进一股用来对冲以前已做空的股数时，纽约证交所在空头总数中减一。每月中旬纽约证交所公布一次各上市公司的剩余空头股数。从图八中看到，2000年年底之前，随着安然股价进一步上涨，卖空安然股票的人增多，到2001年2月其空头总数达到1400多万股。到6月底做空活动又开始稳步上升，当时对安然关联交易与会计手段的质疑也在不断升温。

由此可见，伴随着媒体与市场对安然的追查，做空机制不仅为

图八：安然股票在各月的累计空头股数

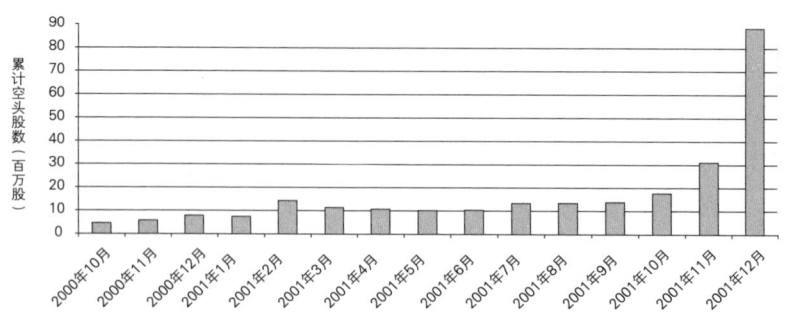

进一步追踪提供了激励，也加快了安然股价从 2001 年年初的 80 美元有余朝着它应有的价值（几乎是零）靠近（见第 220 页图五），因此这些以做空为生的对冲基金为股市的健康发展做出了贡献。

有人会问，这些基金使安然股价提前跌向零，那么它们不是给安然股东带来损失吗？我们可以从几方面看清这一点：第一，在下跌前已买进安然股票的人，实际上他们已经被安然欺诈。如果能通过这些对冲基金的做空交易及媒体的追踪尽早给他们一种利空的信号，他们或许不会等到 11 月底以不到 1 美元的股价出售，而是以更高价在此之前出售。第二，对于那些本来打算持股到底的股东，那么早跌还是等一切都曝光后再跌或许都一样，他们自己已受安然欺诈，只能最后到法庭寻求民事索赔。第三，正因为做空交易促进股价尽早朝应有的价值靠近，使此后购进安然股票的投资者受损更少，也就是，股价越早跌至应有的价值，一方面使后买者受害越少，另一方面也可使更少的投资者受害。因此，做空交易对股市的长期健康发展是件好事。

—— 安然的董事会

董事会中各位董事对股东负有诚信责任，这种责任是股东相信董事会能对上市公司进行监管的基础，也是出现问题时股东起诉董事会的主要法律依据。但在实际中董事会很难真正独立，往往受公司管理层的支配，因此尽管理论上董事会应完全代表股东利益，但事实上这种监管机制很有限。

一般来说，2/3 的董事应独立于管理层。美国机构投资管理委员会的定义是："独立董事与所任职企业唯一的关系是他的董事职责，而不应参与公司的其他营运和管理。"按照纽约证交所和纳斯达克所制定的公司治理结构标准，董事会中负责监管公司财务的审计委员会应全部由独立董事组成。

那么安然的董事会怎样呢？这些董事与安然是怎样的关系？安然在2000年召开了九次董事会，董事每人接受了7.9万美元的薪金。其中一些董事情况如下：

罗伯特·巴佛：安然最大的个人股东，拥有850万股，是贝壳石油天然气公司（Belco）的董事长和总裁，他从1983年开始任安然的董事。2000年里，贝壳公司与安然的交易达3200万美元，同时向安然出售了100万股期权合同。

何博特·危那科：1985年就加入安然董事会，并任金融委员会主席。他拥有凯普里康（Capricon）投资公司，这家公司全资控股耐科（Natco）集团。2000年中，耐科集团向安然和附属企业销售超过37万美元的合同，占整个公司销售额的1.6%。

约翰·叶规特：前通用电气公司的高级经理，2000年5月加入安然董事会。因咨询服务，安然向他每年支付20万美元咨询费用。

查尔斯·赖曼斯特：执行董事，薪金委员会主席。安然对他所在的安达信癌症中心大量捐款。而就是这个委员会在几周前发布文件：如果安然被德能公司兼并，现任董事长肯·雷将得到2000万美元的补偿。

劳德·魏汉姆：前英国下议院议员，在安然董事会任审计委员会成员。他与安然签订了每年7.2万美元的咨询合同。

温迪·格然曼：在安然董事会任审计委员会成员，也是联邦交易委员会成员,又是美国期货委员会的主席。在之前的 3 年里,安然向她所任职的乔顿马桑大学和她的研究中心捐助了 5 万美元。

约翰·曼德桑:审计委员会成员,也是安达信癌症中心的总裁,安然在之前的 5 年里向此中心捐助了 56.79 万美元。

据记录,安然共签订了 7 份涉及 14 名董事的咨询服务合同,还有多项与不同董事所在的企业进行产品销售的合同,或是向一些董事任职的非营利机构捐款。如此关系使安然的董事会成为一个有浓厚人际关系的俱乐部。不难理解,当安然将关联交易递交董事会批准时,自然获得通过。

当然,安然董事会的这种非独立性远远不算罕见,其他许多上市公司也类似。但这并不是要否定独立董事的重要性,或者否定董事会的必要性,而是要承认其实际上的局限性,如果没有媒体和市场也对董事会进行监督,那么董事会顶多只会靠良心去运作,而不是按股东委托的诚信责任去运作。

—— 小结

董事会、市场、媒体、政府行政机构和法庭是五种不同监管上市公司的渠道,它们各有利弊,在问题发展的不同阶段起到不同的监管监督与纠错作用,都至关重要。但**这五层结构中,越靠前的监管渠道,起的作用越直接,成本越低,可能越有"纠错"效果。越靠后的渠道,"事后补救"性质越强。**

通过安然事件,我们看到媒体和市场(尤其是买方分析师)对证券市场正常运作的重要性。从这一分析中我们也看到，在《财经》揭发银广夏、《财经》与《21世纪经济报道》揭发亿安科技内幕、《新财富》披露北大系与清华系时，这些发现本身也许不应看成是中国证监会监管的失败（当然，如果证监会和法庭对这些违规、违法者调查不周或处罚不妥，那另当别论），而应看成是财经媒体的成功，因为证监会既无足够人力，也不应该细管到不会有任何违规发生的程度，但媒体应该去追踪发现这些内幕，这是上述五种监管监督渠道的不同分工。证监会应更多从市场机制上去设计和调整，有了更好的市场机制并且给了市场参与者相应的激励，媒体和市场就可以在相当程度上监督好上市公司。在讨论对上市公司的监管时，我们不能忽视财经媒体的作用。

第 19 章
从诉讼案例看媒体言论的法律困境

> 尽管中国媒体在市场经济发展和社会公共利益的维护中起到越来越重要的作用,在"政府喉舌"和"社会大众喉舌"间选择的立足点也日益多样化,但是,它们得到的法律保护到底有多少呢?

前面讨论了新闻媒体对市场发展的一般性贡献及近两年的几个媒体诉讼案例,接下来我们看看中国法院在判案实践中给媒体的保护到底有多少,这些分析的目的是帮助我们更系统地认识今天媒体所面对的法律现状。在风格上本章与前几章也不同,侧重点放在大样本分析,而不是具体的个案。

媒体法学研究与实践的核心问题是如何平衡宪法所保护的媒体言论权与自然人和法人的名誉权。在过去的十几年中,媒体法学研究经历了一个从无到有的过程。然而,直到今天,学界对平衡媒体言论权与自然人和法人名誉权的一般性问题还没有达成共识:有的学者倾向于保护名誉权,将媒体名誉侵权视作一般侵权处理;另一些

---

* 本文根据题为《媒体言论的法律困境——关于新闻侵权诉讼的实证研究》的论文改写而成。感谢王勇华为本项目提供的许多建议和大量数据收集工作,也特别感谢上海法律与经济研究所举办的专题讨论会和与会专家的评论意见,感谢梁治平、方流芳、孙旭培、张维迎、吴敬琏、江平、贺卫方、白建军、王亚新、范愉、Don Clarke、郑顺炎等教授和同人们的评论和建议,他们的评论意见让本文的写作受益匪浅。

学者则主张应重点保护媒体的言论权和批评监督权。尽管如此，学界还是就许多其他的基本理念达成了共识：**第一，当被报道的对象是公众人物（包括行政人员和其他行使国家权力的人）时，法律应向媒体言论权倾斜；第二，当报道的内容涉及公众利益时，媒体言论权应先于名誉权；第三，当报道评论的对象是一般公民或者内容无关公众利益（如私事）时，名誉权应先于媒体言论权；第四，当报道的对象是法人时，媒体言论权应优先于法人的名誉权。**

法学理念只是反映了问题的一个方面。在实际审案过程中，法院又是如何判案的呢？本章中，我们首先收集、分析了210个对媒体的诉讼案例，通过系统性实证分析发现："实然"与"应然"不仅偏离很远，有时甚至是截然相反的。这些实证数据清楚地显示，目前媒体法律实践中存在一些严重问题。如果不改革相应的司法程序和实体法标准，年轻的中国媒体将无法面对日益增多的侵权诉讼。

—— 问题的提出

2001年暴露的银广夏、蓝田股份、中科创业等上市公司的丑闻，以及美国发生的"安然""世界通信"等上市公司假账事件，一次又一次地提醒我们：发展市场经济不只是简单地建立一个证券交易所，让一些公司上市，成立一个证监会进行行政监管。一个开放的、有效的市场经济体系还需要一个利益受到相互制约的立法和司法体系，更需要受到法律严格保护、享有充分言论自由的媒体。尽管中国有"银广夏""亿安科技"等事件，美国有"安然""世界通信"等事件，但是，通过比较两国对类似事件的事后问责、补救和纠错机制运作上的差别，我们不难看到，在任何一个利益多元的社会里，开放而自由的媒体是多么关键和具有建设性。

尽管中国媒体在市场经济发展和社会公共利益的维护中起到越来越重要的作用，在"政府喉舌"和"社会大众喉舌"间选择的立足点也日益多样化，但是，它们得到的法律保护到底有多少呢？在宪法保护的媒体言论权和自然人与法人名誉权之间，法官选择的实际平衡点到底在哪里？从一些新闻侵权诉讼看，这些问题的答案可能都对年轻的中国媒体不利。

自1987年1月1日《民法通则》实施以来，媒体名誉侵权诉讼主要以个人原告为主。但是，从2001年12月开始，这类诉讼出现了一种新的趋势：首先是蓝田股份因刘姝威研究员对其财务状况提出质疑而以名誉侵权为由，将刘研究员告上法庭，成为中国第一例上市公司因媒体言论而提起的名誉侵权诉讼。紧接着，世纪星源于2002年3月因《财经》杂志对其财务状况质疑而诉后者名誉侵权，并于6月一审胜诉。[1] 同年7月，海尔以名誉侵权起诉在互联网和杂志上发表质疑文章的陈毅聪证券分析师。更有意思的是，世纪星源的诉状主体是七句话，而海尔的诉状则只有三句话。如此简单的诉状就可以迫使在财力上与上市公司难以比拟的财经媒体和作者奉陪到法院。这种"简单"的指控把媒体带到法院后，法官又倾向于使用"谁报道，谁举证"的辩方举证原则[2]，这使本来就很难赢利的媒体行业和执业者败诉的可能性大增。

为了看清目前媒体侵权法律实践的真实情况，我们对过去16年

---

1 胡名，忠管，亚东等:《世纪星源诉〈财经〉名誉侵权——法庭判〈财经〉道歉赔30万》，载《深圳商报》2002年6月5日。
2 孙旭培，林爱珺:《规范举证责任，保障舆论监督：质疑"谁报道，谁举证"》，载《新闻大学》2002年夏。

的媒体名誉侵权案进行系统的实证分析。这里"媒体"指的是报纸、杂志、广播、电视、互联网、内部和公开的刊物、书籍等。案例诉由是媒体已发表的言论，诉讼被告可以是媒体出版者本身，也可以是在媒体上言论的作者或业者。据不完全统计，自1987年1月1日《民法通则》实施至今，已有1000多起对媒体的名誉侵权案。[1] 但由于多数案件已无档可查，加上早些年并没有要求法院写出详细的判决书，因此，从各种可以找到的资料中我们只能收集到210个媒体名誉侵权案例。

本章将从媒体败诉的频率和法院判决媒体赔偿的金额两个角度来测度法院的系统性倾向（或者说"偏差"）。除分析法院审判的总体情况外，我们也从以下几方面对诉讼案做分类研究：（1）原告是否为公众人物；（2）原告是否为政府行政官员、警察、法官或其他行使国家权力的执业者；（3）原告是否为法人或机构；（4）报道的内容是否涉及公众利益；（5）被告媒体是否与一审法院属同一省份。通过这些分类研究，我们试图比较法院的审判实践与这些年新闻侵权法律文献中的理念是否一致。也就是说，本章的目的是对"实然"和"应然"做直接比较检验，由此帮助我们探讨"实然"向"应然"靠近的司法改革途径。

—— 案例样本基本情况介绍

（一）数据来源及数据库基本指标

我们选择的210个案例来源主要包括：（1）从北京法意实证信

---

[1] 张西明：《我国新闻侵权诉讼及相关研究现状综述》，载《新闻与传播研究》2000年第11期。

息咨询有限公司的案例数据库中选择了42个合格案例；（2）从国家法律法规光盘数据库中选择了10个；（3）其他案例都是从互联网上检索而得。由于互联网上的案例大多数没有法院判决的原始文本，为保证案例的准确性，在统计与这些案例有关的数据时，我们要求每一案例至少有两篇以上其他来源的报道，来佐证数据的真实性。

为阅读方便起见，一些常用术语的定义如下：

（1）公众人物（public figure）：包括著名的演艺界人士、文化界人士、政府官员、重要企事业单位主要负责人等。"公众人物"是相对于出版媒体的发行范围而确定的概念。

（2）行政人员和政府官员：指原告是具有一定行政权力或者代表一定国家权力的人，如政府官员、警察、法官等。

（3）公共利益（public interest）：凡是涉诉媒体言论的内容与一定范围内的众多人具有利害关系，就认定为涉诉内容关系到公共利益。

（4）内容失实：涉诉内容与客观情况不符合。文中我们将区分"相对事后办案时所能掌握的信息的失实"和"相对作者发表言论时所能掌握的信息的失实"，即要区分"事后失实"与"事前失实"。

（5）主观言论：涉诉内容中包含作者的主观评论、推测性结论等。

（6）媒体与一审法院是否同在一个省份：包括媒体是否与法院同属于一个省、自治区或者直辖市。

（二）基本数据信息

下面对数据的基本情况做一个简单的介绍。第242页表一说明，自20世纪90年代中期以来，媒体被诉名誉侵权的数量急剧上升。从收集的样本看，1999年媒体被诉侵权的案件有29件，2000年有45件，2001年有30件，2002年有28件，2003年上半年的案例为

表一：以年为标准对数据库的统计情况

数据时间 项目	案例数（个）	一审判决侵权数（个）	媒体一审败诉频率（%）	媒体一审赔偿总额（元）
2003年前6月	6	4	66.67	924000
2002年	28	17	60.71	1496000
2001年	30	21	70	1490064
2000年	45	18	53.33	1685800
1999年	29	22	75.86	5678650
1998年	6	6	100.00	41100
1997年	12	6	50.00	213000
1996年	7	3	42.86	505000
1995年	9	7	77.78	739000
1994年	5	4	80.00	826250
1993年	5	3	60.00	6000
1992年	3	1	33.33	500
1991年	5	3	60.00	1100
1990年	6	4	66.67	3400
1989年	8	4	50.00	35300
1988年	1	1	100.00	0
其他年	4	0	0	0
汇总	210	130	63.00	13645164

6件。当然，这种上升本身或许并不代表对媒体的诉讼案真的增加了，而可能是由于媒体的报道空间被放宽。从总体看，随着人们法律意识的增强，各类司法诉求应该都有所增加。

表中还反映出判决赔偿的金额也在逐年增长。根据统计的情况，1999年法院一审判决媒体赔偿的总额为5678650元（除去一个赔偿额达到500万元的特例）。到了2000年，这一数字上升到1685800元。尽管在2001年这一数字少于2000年，但是仍然达到1490064元的高额。这些总体的数字还不能说明赔偿金额逐年增长的趋势，因为每年的案例总数不一样。如果计算一下各年判决赔偿额的平均值，我们则可证明这一趋势：1999年赔偿额的均值为32316.6元，2000年为93655.5元，2001年为70955.4元，2002年为88000元，2003年上半年为231000元。这些数字中，尽管2000年的数字大于2001年，但是，考虑到2000年恒生电脑诉王洪等案件一审判决赔偿98万元这样的特殊情况，这个数字的变异不应该影响到对整体趋势的判断。此外，媒体一审败诉频率这项指标也能证明判决赔偿数额的整体趋势。

第244页表二说明，媒体被诉名誉侵权的案件遍布全国各省、自治区和直辖市。不仅包括社会经济文化比较发达的沿海省份，而且包括了如新疆、青海、甘肃这样的偏远内陆省份。这说明，媒体被诉侵权并不是个别地方的事，而是一种全国性的普遍现象。

虽然各地都有媒体被诉侵权的案件，但有几个省市的案件比较多，其中以北京最为突出。统计到的案件中，北京有40个，占总数的19.04%，其他比较多的有上海（24个）、江苏（16个）、湖南（11个）、广东（10个）、浙江（9个）和广西（9个）。诉讼案件的多少大致由三种因素决定：第一，当地的司法是否发达。一般而言，越发

表二：以审结法院所在地为标准对数据库的统计情况

数据 项目 时间	案例数（个）	一审判决侵权数（个）	媒体一审败诉概率（%）	媒体一审赔偿总额（元）
安徽	5	3	60	54000
北京	40	22	55	2069900
福建	5	1	20	5000
甘肃	3	2	67	15000
广东	10	6	60	372000
广西	9	8	80	370000
贵州	1	1	100	1100
海南	6	3	50	9350
河北	4	3	75	25300
河南	4	3	75	36500
黑龙江	3	3	100	370000
湖北	5	3	60	10000
湖南	11	8	73	1226063
江苏	16	11	69	41400
江西	3	3	100	181000
辽宁	6	2	33	306000
内蒙古	1	1	100	0
宁夏	1	1	100	1000
青海	2	2	100	9000
山东	3	3	100	183000
山西	8	6	75	1889000
陕西	10	7	70	255250
上海	24	12	50	316000
四川	7	6	86	5071900
天津	2	2	100	60400
新疆	3	1	33	0
云南	2	2	100	15000
浙江	9	5	50	800001
重庆	4	2	50	161000
其他	1	1	100	5000
总数	210	133	63	13859164

达的地方可能其人民的司法诉求倾向性也越强，诉讼案可能相对较多。第二，诉讼案内容是否"敏感"或涉及"过分敏感的人物"。如果一省的实际诉讼案中有太多涉及"敏感"的人或事，那么被报道出的诉讼案可能相对较少。第三，教育水平越高的省市，其媒体诉讼案可能越多。

从一审判决的赔偿额看，四川第一位（5071900元），北京第二位（2069900元），山西第三位（1889000元）。考虑到四川在1999年发生的一个案件赔偿额达到500万元，如果不计该案，那么，北京以总额2069900元居第一位，占总赔偿额的15%。决定判决赔偿额高低的因素与上述三种因素雷同。

有意思的是，在第244页表二中，沿海省份、北京、上海等经济发达的地方，其媒体一审败诉频率也普遍较低，而不发达的内地省份的法院更容易判媒体败诉。

上面的两个表格都是以一审判决为统计对象。所以，也有必要对案件的二审情况做出总结。在一审判决后，没有提出二审的案件共有107件，占总数的50.95%。提起上诉的案件共有103件，占总样本的49.05%。

提出上诉的案件中，二审改变原审判决的共有19次，占上诉案件的18.4%。此外，还有4个案件通过二审调解结案。这说明，二审改变一审判决的机会非常小。除去4个二审调解结案案件，二审维持一审判决的概率为80%。在原判被改变的19个案件中，二审法院将一审媒体侵权改判为不侵权的共有14个，占二审改变原判案件总数的73.6%。而二审将一审认为媒体不侵权的改判为侵权的案件则有5个，占二审改变原判案件总数的26%。但是，就整个二审结果看，将一审判决媒体侵权改变为不侵权的比率很小（14%）。二审维

第19章　从诉讼案例看媒体言论的法律困境

持原判但改变赔偿金额的共有12个。

—— 媒体何以频频败诉

（一）基本假设的确立

媒体的言论权和舆论监督权是受到《中华人民共和国宪法》第三十五条和相关行业法律保护的基本权利之一。个人和法人的名誉权不仅间接受到《宪法》的保护，而且，名誉权作为人格权的一个重要组成部分又被《民法》所确认和进一步保护。那么，媒体言论权与个人和法人的名誉权，哪个优先或更重要？这一问题是新闻侵权法理的核心，目前的法律文献并没有一个一致的回答。例如，有的学者认为："名誉权保护与言论出版自由之间的冲突，既是一个宪法问题，也是一个民法问题。""这两种权利，不存在哪一个重要的问题。那种认为言论自由当然高于名誉权等人格权保护的观点是不能接受的。"[1]

正如后面我们将谈到的，在不区分诉讼原告是否为公众人物等情况下，可能无法回答在两种权利之间的平衡点到底应该在哪里。例如，如果原告是公众人物，那么媒体的言论权应该在先。如果原告是非公众人物，那么其名誉权的保护应该在先。因此，在不对整个诉讼案样本做细分的情况下，我们把上述讲到的法理表述成一种可由案例数据检验的假设理念："当媒体遭名誉侵权起诉时，其败诉的概率为50%。"

也就是说，如果在一般情况下（亦即在不知道具体案情的情况下），名誉权和媒体言论权是同等重要的话，那么一半的时候媒体胜

---

[1] 张新宝，康长庆：《名誉权案件审理的情况、问题及对策》，载《现代法学》，1997年3月，第14页。

诉（言论权胜诉），另一半的时候媒体败诉（名誉权胜诉）。

（二）实证数据所反映的真实情况

表三给出了210个案例的统计情况，其中对整个样本而言，被告媒体败诉的频率（即概率）为63%。这意味着，在过去十几年的判案实践中，法院给予名誉权的权重为63%，给予媒体言论权的权重只有37%。因此，法院实际上偏重于保护名誉权，这与前述"两种权利同等重要"的理念相悖。

表三：媒体侵权诉讼总样本的统计情况及与美国的比较

数据 统计项目	国别	中国	美国
媒体败诉频率（%）		63	约9
媒体胜诉频率（%）		37	约91
平均赔偿额		62572.21元	20600美元
中值赔偿额		10000元	—
起诉时原告预计能获赔偿的概率（%）		53.6	6
起诉时原告预计能在付完律师费后剩下一些赔偿额的概率（%）		30.3 （假设律师费为8000元）	1.2

这些年里，一旦媒体一审败诉，法官在约85%的时候同时判媒体赔偿损失，平均赔偿费为6698元（绝大多数为精神损失费），中值赔偿费为1万元。这里，"中值赔偿费为1万元"指的是：法院判决媒体败诉赔偿的案件中有一半的赔偿低于1万元，另一半案件的赔偿费高于1万元。一般而言，由于个别侵权案的赔偿费特别高

（例如，恒升电脑诉王洪、《生活时报》等一案中，一审判被告共赔偿98万元）[1]，这容易使各案的平均赔偿数变得特别高。在这种情况下，"中值赔偿额"能更好地反映赔偿费的"平均水平"。

与50%的媒体败诉理念概率值相比，实际的63%败诉频率似乎相差不远，不那么"极端"。但是，如果与美国的情况比，相差就很多。据爱荷华大学新闻传播学院多年的研究和美国"诽谤应诉资源中心"（Libel Defense Resource Center，简称LDRC）提供的统计资料，近30年美国媒体遭名誉侵权诉讼时败诉的概率约为9%，媒体胜诉的频率为91%！[2]这说明，美国法院给予言论自由的权重是91%，给名誉权的权重仅9%，跟中国分别为37%和63%的权重分配截然不同。

我们也可从诉讼经济学的角度看两国媒体业处境的差别。假定今天甲报纸刊登一篇有损我名誉的文章。那么，在决定是否起诉之前，我必须回答的第一个问题是：如果对甲报起诉，我胜诉的概率有多高？前面讲到，在中国我胜诉的概率为63%，在美国为9%。要回答的第二个问题是：如果起诉，我得到赔偿的概率有多大？在中国，我能得到一些赔偿的概率为53.6%，而在美国则只有约6%。[3]

---

1 刘继纯：《消费者概念·网上言论》，载《检察日报》，http://www.angelaw.com/weblaw/wang_14.htm。
2 Randall Bezanson，"The Libel Suit in Retrospect: What Plaintiffs Want and What Plaintiffs Get"，*California Law Review*，1986（5）。另外，关于LDRC的统计资料，请参见David Logan，"Libel Law in the Trenches; Reflections on Current Data on Libel Litigation"，*Virginia Law Review*，2001（87），P.503–530。从Logan文章中可见，在20世纪90年代，约82%的媒体名誉侵权案在开庭之前法官以速决（summary judgment）判媒体胜诉。经过庭审的案件中约有一半是媒体胜诉。这跟20世纪70年代和80年代的结果基本类似（见Bezanson文和下一脚注中的文章）。合算起来，美国媒体胜诉的频率为82% + 50% X 18% = 91%。
3 David Sutherland，*Why People Sue Media and What to Do about It*，http://www.adidem.org/articles/DS10.html。

当然，起诉甲报之后，我可能胜诉，也可能得到赔偿，但我还得支付律师和其他诉讼费用。那么，在中国，付完律师和其他诉讼费后还能剩下一些赔偿费的概率为30.3%（假定诉讼费平均为8000元）；而在美国，则仅有1.2%的概率。

从这些比较中我们看到，美国媒体名誉侵权诉讼的审理过程大大偏向于保护言论权，媒体败诉的概率极低。从经济的角度讲，个人和法人把媒体告到法庭是一件绝对不划算的事（付完费用后还能得到剩余赔偿的概率只有1.2%）。但是，在中国，一方面法院受理对媒体的侵权诉讼标准非常低（海尔案中只须写三句话），另一方面原告胜诉的概率及最后能得到剩余赔偿的概率都非常高，这充分鼓励人们去起诉媒体，体现不了《宪法》对媒体言论权的保护，其后果可想而知：媒体在诉讼压力下，要么放弃真正的舆论监督、放弃对任何人的质疑批评，只报喜不报忧，要么媒体人士就得另谋职业。[1]

（三）为什么媒体如此容易败诉

中国媒体面临如此法律困境的原因大体包括两个方面：第一，历史原因；第二，举证责任、举证标准和司法程序上的原因。众所周知，中国媒体舆论监督和言论自由的空间还是近十几年才产生的。正因为如此，新闻侵权法研究也是近十几年的事。虽然对该领域的研究早在十几年前就开始了，但是，当法学家在《宪法》所保护的言论自由权和名誉权之间选择研究侧重点时，几乎都倾向于选择名

---

[1] 如果媒体继续轻易败诉，后果的严重性不难想象。参见孙旭培，林爱珺：《规范举证责任，保障舆论监督：质疑"谁报道，谁举证"》，载《新闻大学》2002年夏。关于财经媒体对证券市场发展的关键作用，参见陈志武：《财经新闻自由与股东权益保护》，载《经济观察报》2002年6月3日。

誉权而不是媒体的言论权。在特定的历史环境下,因为言论自由权带有更多的政治敏感性,而名誉权则更中性,于是就出现了法律界看到的更多是名誉权,新闻界看到的更多是言论和舆论监督权。法律界是从名誉权保护的角度谈媒体的言论权,而新闻传播研究界则从媒体言论权保护的角度谈名誉权,以至于在1993年6月北京大学法律系召开的"新闻监督与公民人身权保护"会议上主持人不得不说:"我们开会研讨就是为寻找既保障新闻监督又维护公民人身权利的途径,不是要一方代表新闻监督,一方代表对人身权利的保护,来进行情绪化的辩论。"[1]

新闻界与法律界的这种分歧最终必然对新闻界不利,因为法官、律师以及相关法律法规和文献大多数出自法学界。这种分歧的结果是,对名誉权和其他人身权的保护在法律上已具有较好的可操作性内容[2],而关于媒体言论权的保护问题则要么被包括在名誉权法律之中,要么就没有太多的可操作性内容。从众多案例判决书看,法官对名誉权的理解和接受程度都很高。由于名誉权与每个人切身相关,所以比较直观易懂。相比之下,媒体的言论权则抽象得多,跟整个社会的价值取向息息相关;加上言论权利本身的政治敏感性,这就使法官们很自然地在实际判案中将名誉权摆在媒体言论权和舆论监督权之上。

当然,这种理念也直接影响到媒体侵权案的司法程序和举证责任安排上。按照侵权法的一般原则,承担新闻侵权责任的四大要件是:第一,发表的媒体言论有失实或有诽谤性等;第二,存在损害;

---

[1] 关于法律界和新闻界学者对两种权利平衡问题上的分歧,参见张西明:《关于新闻侵权纠纷的双向思考》,载《新闻与传播研究》,1994年。
[2] 参见王利明,杨立新:《人格权与新闻侵权》,中国方正出版社,1995年。该书是关于名誉权、人格权和新闻侵权的经典著作。

第三，失实言论与损害间有因果关系；第四，发表言论方有过错。

从大多数案例看，庭审的绝大部分时间花在判断言论是否失实上。一旦能证明言论失实，法院普遍应用"过错推定"和"损害推定"的判案原则。也就是说，如果被告媒体不能证明自己"无过错"和"无损害"（亦即辩方举证），法庭就会以失实言论推定过错和损害的存在。例如，在世纪星源诉《财经》杂志的一审判决中，深圳罗湖区法院运用的就是这种原则。这种举证责任倒置与"过错推定"和"损害推定"显然有利于原告，使被告媒体处于劣势，经常败诉。

上述几个原则与美国在1964年沙利文诉《纽约时报》案之前的情况有许多类似之处。沙利文案之前，美国新闻侵权法律由各州自行设立，相关的司法诉讼程序也由各州制定。[1] 其中，各州普遍运用严格责任（strict liability）原则：只要原告能证明言论失实，就推定被告媒体有过错和导致了损害。但是，到了20世纪50年代末和60年代初，这种对媒体过于苛刻的过错与损害推定原则给美国南方的种族歧视者提供了法律方便。在北方媒体（包括《纽约时报》）广泛支持并报道马丁·路德·金领导的黑人民权运动之后，南方种族歧视者则以各种名誉侵权为由，指控《纽约时报》等媒体。由于当时美国法院使用过错与损害推定原则，多家媒体相继在州法院败诉。沙利文诉《纽约时报》案就是其中一例。在一审和二审败诉后，《纽

---

1 关于沙利文案和由此发生的变革的文献很多。关于沙利文案本身，参见美国最高法院判决书，New York Times Co. v. Sullivan, 376 U.S. 254，1964. 之后的评论文章包括：Harry Kalven, Jr., "The New York Times Case: A Note on 'The Central Meaning of the First Amendment'"，*Supreme Court Review* 191, 1964. 该作者称："在言论自由领域中沙利文案的判决书可能是有史以来最重要和最好的。" J. Lewis, "New York Times v. Sullivan Reconsidered: Time to Return to the Central Meaning of the First Amendment"，*Columbia Law Review*, p.604, 1983；Charles Tingley, "Reputation, Freedom of Expression and the Tort of Defamation in the United States and Canada"，*Alberta Law Review*, p.620, 1999.

约时报》只好在1964年上诉到美国最高法院。在判决中，最高法院重新树立了涉及美国《宪法》第一修正案言论自由权的诉讼规则。此后，公众人物以名誉侵权起诉媒体或其作者时[1]，举证责任在控方。除非控方能举证推翻被告媒体的报道内容，否则被告媒体应推定为"无过错""无损害"。正是由于1964年沙利文案从根本上推翻以往的过错与损害推定原则，此后美国媒体被诉和败诉的频率大大下降。时至今日，媒体败诉的概率约为9%。

正如魏永征教授谈到的，在中国，有的学者甚至认为"成立新闻侵害名誉权不必同时具备四个构成要件"，主张对于像侵害名誉权这样的侵权行为，"不一定要证明实际损害发生"[2]。在这种理念下，法官在审理媒体侵权案时，自然会把庭审的焦点集中在报道的言论是否失实上，而对于其他要件则使用连带推定的方式予以认定，这种处理方式所导致的后果必然只有一种：媒体频频败诉。

（四）媒体容易败诉的进一步分析

由于本章重点是对案例的实证分析，下面我们简单讨论法院在审理案件时对上述四大要件处理上的偏差，从几个角度进一步解释媒体的高败诉频率。

1. "无侵权责任"的言论失实空间有多大

1993年《最高人民法院关于审理名誉权案件若干问题的解答》（以下简称《解答》）的第八条规定："文章的基本内容失实，使他人

---

[1] 继沙利文案后，GERTZ v. ROBERT WELCH, INC. 一案进一步拓宽了沙利文案树立的规则的应用范围，延伸到包括所有公众人物。GERTZ v. ROBERT WELCH, INC, 418 U.S. 323, 1974.

[2] 魏永征：《新闻侵害名誉权的损害事实》，载《政治与法律》1994年第1期，第49页。参见该文引用的文献。

名誉受到损害的,应认定为侵害他人名誉权。"在审理案件的过程中,对"基本内容失实"这一点,不同法官有权做不同的解释,许多情况下法官把这一要件理解成"只要与事实有出入就内容失实"。在图一中,我们不妨把中心区想象成代表绝对准确的事实陈述(客观上这是不可能的,因为只要是通过文字表达的事实就会有失真,任何文字表述或多或少带有人为主观性),那么,笔者认为在"无失实"中心区周围应该有一个"安全失实区",只有在媒体超出该安全区时才应该承担侵权责任。正如贺卫方教授所说:如果只有100%准确的言论才受到宪法的保护,那还需要这种保护干什么?[1]只要媒体作者不是出于故意,只要是正常人都可能发生的无意的言论失实,媒体应得到"安全失实区"的保护。[2]后面我们会谈到,根据案情的

图一:"安全失实区"与法律责任区

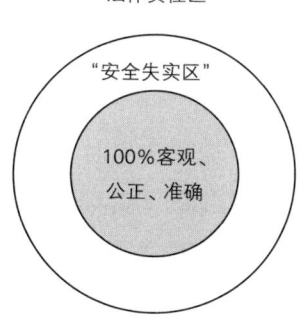

---

[1] 何军:《第四次媒体诉讼高潮》,载《经济观察报》2002年8月5日。
[2] 关于为什么要有这样的"安全失实区",论述很多。参见贺卫方:《传媒与司法三题》,载《法学研究》1998年第6期;魏永征:《被告席上的记者——新闻侵权论》,上海人民出版社,1994年;王利明,杨立新:《人格权与新闻侵权》,中国方正出版社,1995年。

不同，"安全失实区"应该大小不同。

2."事前失实"还是"事后失实"

在判定发表的媒体言论是否失实时，法官应当区别"作者当时所能知悉的信息"（亦即事前信息）和诉讼时调查得到的信息（事后信息）。这两种"信息集"[1]差别很大，由于媒体当时所知的信息有限，作者在写作时可能确信是真实的，但到事后看许多言论是失实的。特别是新闻作者不代表国家权力，无权要求上市公司、行政部门、社会名流等提供任何信息，而法院在审理过程中有权要求他们提供所需的信息。因此，不能以事后诉讼调查时能掌握的信息来判定早先的媒体言论是否失实，而应该以作者当时能知悉的信息作为判定的基础。跟刑事犯罪事实调查不同，犯罪事实不一定随时间而变化。但媒体"言论是否失实"是一种基于信息才能判定的结论：用于判定的信息集不同，得出的结论会大相径庭。因此，不能简单采用类似刑事调查的方式来判定因言论引起的诉讼案。

经济学和公司治理研究中，我们通常强调在公司管理层和股东间的信息是不对称的，即使对于同一人，在不同时间的信息集差别也很大。媒体诉讼研究领域说的是同样的道理：掌握的信息不同会使人做出不同的判断。在判定言论失实时，法官也应理解不同时间、不同境况和不同人之间在信息上的不对称性。判定"言论是否失实"必须考虑到这些信息不对称的客观存在。

举例说，1989年5月30日《家庭与生活报》发表题为《大明星偷漏税百万元，毛阿敏只是小巫见大巫》一文，称："从消息可靠

---

[1] 在信息经济学中，我们把一个人在特定时候和特定环境下能了解、知悉的所有信息和知识放在一起，称此集合为"信息集"，也叫"知识集"。信息集的大小随时间和环境而变化，越到后来信息集就越大。

人士处得悉,有位赫赫有名的四川籍女明星,近期偷税漏税上百万元。有关部门已准备起诉她……"法院调解书称:"明星指向刘晓庆,刘诉诸法院。经查,税务机关认定刘偷税2907元,漏税7040.53元,已处以追缴、罚款。"[1] 就刘最近因偷漏税被刑事拘留及1989年一案的其他问题我们不说,法院当时显然没有指明这些调查得来的确切数据发生的时间。或许这些数据是因《家庭与生活报》一文发表后税务机关补加的,或许这些数据在文章发表之前就已经确定,法院对此应当加以区别和声明。如果这些数据是后来税务机关补加的,那么《家庭与生活报》当时当然无法知道。另外,即使这些数据在文章之前就有,《家庭与生活报》无法像法院那样要求税务机关合作并提供所需的准确数据。可是,法院还是以其事后调查得来的信息为标准,判决该报言论失实。

3. 侮辱、诽谤性言论

1993年《解答》中第八条:"文章反映的问题其本属实,但有侮辱他人人格的内容使他人名誉受到损害的,应认定为侵害他人名誉权。"关于何种"侮辱性"言论、用词可以作为法律意义上的侵权责任的构成要件,笔者认为应该进行更多的讨论。例如,"作者指名道姓地侮辱一个女干部是'特号产品''专门的营私者''扒手''大流氓'……显然构成侵权。"[2]

然而,在2000年恒升电脑诉王洪、《生活时报》等一案中,消费者王洪买了恒升电脑产品后发现质量问题频繁出现,于是他在互联网上写道:恒升电脑"娇气得像块豆腐,这样的东西和好产品比

---

[1] 参见成都市中级人民法院民事调解书,[1989]成法民一字第6号。
[2] 王利明、杨立新:《人格权与新闻侵权》,中国方正出版社,1995年,第490页。

起来不是垃圾又是什么"?这些言论后经《生活时报》《微电脑世界周刊》转载报道,这些"侮辱性"言论被北京市第二中级人民法院在二审中判定构成名誉侵权,判令王洪赔偿9万元损失。仅仅因为王洪对花钱买的笔记本电脑不满意而发表了几句过激言论(多数正常人都会有类似反应),在互联网上让其他潜在的电脑消费者知悉其使用恒升产品的经历(这也可以说是给社会的一项公益服务),就被判名誉侵权损害赔偿9万元(一审中王洪被判赔偿50万元)。

相比之下,上市公司张家界旅游开发股份公司在1996年至1998年间累计虚构收入12261万元,这种证券欺诈行为使众多股民遭受实际经济损失,破坏证券市场建设,给社会带来损害。可是,责任人受到的处罚如何?证监会对公司三位不同时期的董事长和20名董事处以行政警告,对其中两位董事长共罚款11万元。[1]这些主要责任人的民事或刑事责任还暂无下文。虽然名誉侵权与证券欺诈属不同类型的违法行为,但这种处罚程度的差异和倒置似乎给我们很多启示:对于涉及公众利益的过激言论,法律上是否宽容不够?不同类型的违法行为间是否要建立某种"一致"的处罚标准?司法公正至少要包括两种含义:不同人在做了同一种违法行为后得到的处罚必须一致,而不同类的违法行为间的处罚标准也必须"一致"。

4. 如何确定法人的名誉损害

"由于法人毕竟不是人,没有情感而只有利益使然,所以对法人的名誉采取不同的法律规范加以调解似乎更为妥当。"[2]当法人以名誉

---

[1] 参见中国证监会上海稽查局:《证券违法违规案例评析》,上海人民出版社,2002年,第200-202页。

[2] 张新宝、康长庆:《名誉权案件审理的情况、问题及对策》,载《现代法学》1997年第3期,第12页。

侵权提起索赔时，必须以"实际经济损害"为原则，而不能以精神损害为赔偿的基础。但是，目前的实际情况并非如此。例如，在世纪星源诉《财经》的一审判决中，《财经》被判赔偿损失 30 万，但原告方没有举出任何有因果关系的实际经济损害证据。[1] 按笔者提出的对上市公司应使用的"股价原则"[2]，实际上《财经》文章在 2002 年 3 月 5 日发表后，世纪星源的股价不仅没跌，反而连续 4 天上涨约 32%。因此，《财经》文章不仅没有带来名誉侵权的经济损害后果，反而使原告公司的价值上升。可是，一审法院忽视了这一点。

—— 言论权与名誉权间的平衡：偏重公众人物还是普通公民

媒体法学中基本的共识之一是：当公众人物（包括行政官员）以名誉侵权起诉媒体时，媒体言论权应先于公众人物的名誉权；当一般公民以名誉侵权起诉媒体时，媒体言论权应后于公民的名誉权。[3] 根据这一法律理念，当公众人物是原告时，媒体败诉概率应该比一般公民起诉时要小，这样可以更好地保证媒体不去干扰普通公民的生活。可是，这种"应然"在实践中如何？

1　胡名，忠管，亚东等：《世纪星源诉财经名誉侵权，法庭判〈财经〉道歉赔 30 万》，载《深圳商报》2002 年 6 月 5 日。
2　陈志武：《财经新闻自由与股东权益保护》，载《经济观察报》2002 年 6 月 3 日。
3　张新宝，康长庆：《名誉权案件审理的情况、问题及对策》，载《现代法学》1997 年第 3 期；贺卫方：《传媒与司法三题》，载《法学研究》1998 年第 6 期；魏永征：《被告席上的记者——新闻侵权论》，上海人民出版社，1994 年；陈志武：《财经新闻自由与股东权益保护》，载《经济观察报》2002 年 6 月 3 日；侯健：《舆论监督与名誉权问题研究》，北京大学出版社，2002 年。

（一）总体情况概述

从表四中看到，当公众人物以名誉侵权诉媒体时（共146个案例），媒体败诉频率为65.07%；如果一般公民起诉媒体（共64个案例），媒体败诉频率为60.94%。因此，实际的情况跟"应然"正好相反：法院更多的是保护公众人物的名誉权而不是一般公民的名誉权。

表四：公众人物、普通公民和法人机构诉媒体之比较

比较项目	数据 类别	原告是否为公众人物	原告是否为行政官员	原告是否为法人或者机构
是	媒体败诉的频率（%）	65.07	71.79	51.79
	平均赔偿额（元）	130351	34952	313948
	中值赔偿额（元）	10000	15000	50000
否	媒体败诉的频率（%）	60.94	64.66	66.88
	平均赔偿额（元）	19406	40760	39181
	中值赔偿额（元）	4000	5000	10000

在美国，如果公众人物为原告，媒体败诉频率约为4%；当一般公民起诉媒体时，媒体败诉频率则为24%。[1]美国的情况与中国的恰恰相反：媒体对公众人物的监督权远高于对普通公民的监督权。

媒体败诉后，中国法院判决的赔偿额也偏向公众人物：判给公众

---

[1] 这些数字资料来源于以下两文：Randall Bezanson, "The Libel Suit in Retrospect: What Plaintiffs Want and What Plaintiffs Get", *California Law Review*, 1986（5）. David Logan, "Libel Law in the Trenches; Reflections on Current Data on Libel Litigation", *Virginia Law Review*, 2001（87）, pp.503–530.

人物的赔偿额平均为 130351 元，中值为 1 万元，而判给普通公民的平均赔偿额为 19406 元，中值赔偿额仅为 4000 元。这种偏向也跟法理上的"应然"正好相反：当媒体报道公众人物失实时，法院应从宽容媒体的角度处罚；当媒体报道普通公民失实时，法院应从重处罚。

上面讲到的公众人物既包括明星与其他社会名人，也包括行政官员、法官和公司法人。我们把 56 个原告为公司法人或机构的案例暂时去掉，将剩下的 154 个案例按原告是否为政府行政人员（含法官）分成两组，然后分别对两组案例做统计。其结果也放在第 258 页表四中。我们看到，如果原告是代表国家权力的行政人员（共 39 个案例），媒体败诉的频率为 71.79%，平均与中值赔偿额分别为 34952 元和 15000 元。但是，如果原告为普通公民（共 116 个案例），媒体败诉频率为 64.66%，平均与中值赔偿额分别为 40760 元和 5000 元。这种分析表明，法院更偏重于保护行政人员和其他行使国家权力者。

最后，表四还给出公司法人为原告时和自然人为原告时的差别。我们发现，如果原告是法人（共 56 个案例），那么媒体败诉频率为 51.79%，平均与中值赔偿额分别为 313948 元和 50000 元。如果原告是自然人，媒体败诉频率为 66.88%，平均与中值赔偿额分别为 39181 元和 10000 元。因此，自然人起诉媒体时比法人更易胜诉，但法院判给自然人的赔偿额比给法人的要少许多。这似乎是唯一的"实然"与"应然"基本一致的结果：法院更倾向于保护自然人的名誉权而不是法人的名誉权。当然，除世纪星源诉《财经》一案外，其他 55 例法人原告都不是上市公司。或许，由于上市公司是各地方政府的政绩指标，从目前几例看（如蓝田股份诉刘姝威，海尔诉陈毅聪），上市公司得到的名誉权保护可能比谁都多——这一点还有待今后更多案例证明。

（二）报道的问题涉及公众利益时媒体败诉情况

前面讲到，新闻学界与法学界达成的共识之一是：当报道的内容涉及公众利益时，媒体的言论权应先于原告的名誉权。也就是说，如果报道的问题涉及公众利益，媒体败诉频率与被判的赔偿额都应比报道的问题与公众利益无关时要低，以体现舆论监督为社会服务的原则。这是我们希望实证的理念。

整个样本中只有51个案例所报道的问题不涉及公众利益。在这些案例中，媒体败诉频率为70.59%，平均和中值赔偿额分别为18600元和1000元。（表五）相比之下，如果报道的问题关系到公众利益，虽然媒体败诉的频率要低一些（60.38%），但赔偿额却高出很多（平均为129902元，中值为20000元）。这一结果表明，一方面，法院不区别对待媒体言论是否涉及公众利益；另一方面，当媒体报道的内容涉及公众利益时，法院判决的赔偿额反倒更高。这种更高的赔偿只会阻止媒体去质疑、监督涉及公众利益的问题。

表五：公共利益问题与外省媒体的情况

比较项目	数据 类别	报道的问题是否涉及公共利益	被告媒体是否与一审法院同省
是	媒体败诉的频率（%）	60.38	54
	平均赔偿额（元）	129902	108787
	中值赔偿额（元）	20000	7900
否	媒体败诉的频率（%）	70.59	77.92
	平均赔偿额（元）	18600	88459
	中值赔偿额（元）	1000	31000

（三）如何使司法"实然"靠近"应然"

第 258 页表四和第 260 页表五的结果表明，司法与行政的不独立是导致目前新闻侵权审判实践与法理"应然"截然相悖的原因之一。当然，也有司法程序和实体证据标准的原因。为纠正目前存在的这些系统性司法偏差，正如笔者在别处建议的，应在举证责任和举证标准上进行调整。[1]

第一，当被报道的对象是普通公民或者报道的内容属于私事时，只要原告能证明媒体言论失实，法官即可使用"过错推定"和"损害推定"的原则。只要被告媒体不能举证推翻这些推定假设，就可以判媒体有侵权责任，从而体现"举证责任在辩方"的思想。对这类诉讼案，给媒体的"安全失实"空间最小，以更好地保护一般公民的名誉权。

第二，如果被报道的对象是公众人物或者报道的内容涉及公众利益，即使原告能证明媒体言论失实，法官也不能运用"过错推定"和"损害推定"。相反，法官应该运用"无过错推定"和"无损害推定"。原告必须针对（1）言论失实、（2）过错、（3）实际损害进行举证，也就是举证责任全在原告方。在这种情况下，媒体"安全失实"空间应当最大，一般性的失实不应构成侵权。在过错要件上，应当以"故意行害"作为判决的主要依据，而对于一般过失应该宽容。

在原告为公众人物或报道内容涉及公众利益时，如果法院采用的是"谁报道，谁举证"这种辩方举证程序安排，那么，目前媒体监督的法律困境只会再继续下去。[2]

1　陈志武：《财经新闻自由与股东权益保护》，载《经济观察报》2002 年 6 月 3 日。
2　孙旭培，林爱珺：《规范举证责任，保障舆论监督：质疑"谁报道，谁举证"》，载《新闻大学》2002 年夏。

—— 媒体言论权与地方保护主义

司法地方保护主义是一个众所周知的现象，其原因包括法院在人事、财政、住房等利益上对地方政府的严重依赖。那么，在媒体侵权诉讼中这种地方保护有多严重呢？

在第260页表五中，我们按被告媒体是否跟一审法院同省（包括直辖市和自治区）将案例分成两组进行统计。其结果为：如果被告媒体是外省的，媒体败诉频率为77.92%；而如果媒体属于本省，那么败诉的频率则为54%。在赔偿金额上，外省媒体的平均赔偿额为88459元（中值赔偿额为31000元），而本省媒体的平均赔偿额为108787元（中值赔偿额为7900元）。考虑到其中有一个案例的赔偿额高达500万元，它极大影响了平均赔偿额的数目（这一点从中值赔偿额偏小可以看出），完全可以认为，法院过分处罚外省媒体，本省媒体与外省媒体间的这种差别是任何意义上的司法公正所不能容忍的，更何况这涉及《宪法》保护的根本权利。

这些统计结果也说明为什么原告都倾向于从最底层的本地法院开始起诉，那样二审终审法院也是本地的中级法院。比如，蓝田股份在公司所在地的湖北省洪湖市法院起诉刘姝威，世纪星源在深圳市罗湖区法院起诉《财经》，海尔在青岛市崂山区法院起诉陈毅聪。

如何改变这种局面呢？可从两种途径修改涉及媒体侵权诉讼的司法程序。[1] 最简单的途径是要求所有违宪指控（尤其是跨省指控）必须从省高级法院起诉，以最高人民法院为终审。另一办法是，不管从哪一层法院起诉，只要是涉及《宪法》的指控必须以最高人民法

---

[1] 陈志武：《媒体侵权诉讼可能引发一场危机》，载《新财富》2002年6月号。

院为终审。其原理是不能让地方法院终审裁定《宪法》保护的权利。如果涉及《宪法》的指控必须由省高级法院做一审，是不是情况就必然不同？至少，受理诉讼的门槛和原告举证标准会高些，而且以最高人民法院作为终审法院，会使误判概率减小。

关于这一点，美国的经验也值得参考。在1964年沙利文案之前，新闻侵权法律由美国各州自立、自定，这在很大程度上促成了沙利文案之前的司法地方保护主义。以沙利文案为代表的美国民权运动时期的新闻侵权案，迫使美国最高法院整体"重写"新闻侵权法律，把更多的媒体侵权诉讼审理权从州法院转移到联邦法院（包括联邦上诉法院有复核权）。到今天，美国的被告媒体也都倾向于在联邦法院应诉侵权诉讼，而不愿在州法院，原因是一方面担心州法院太偏向本地原告，另一方面觉得联邦法官更熟悉、更愿意去保护宪法权利。[1] 这跟中国的情况有许多类似之处。

—— 媒体侵权诉讼的演变趋势

最后，我们分析媒体侵权纠纷的变化趋势。第264页表六把整个样本分成两段时期：2000年之前和2000年1月之后。第一段时间共有91个案例，第二段有119个案例。从表六中看到，2000年之前媒体败诉频率为66.34％，而之后的败诉频率则降到60.55％。这种变化可能由三方面原因造成：第一，随着社会法律意识的增强，诉讼的倾向性增加。第二，原告胜诉的概率历来就高，这促使更多人对媒体起诉（使滥诉增加）。第三，随着整个社会对新闻自由和媒体的宽

1　Bruce W. Sanford, *Libel and Privacy*, 1998, p.610.

容度增加，法官们保护媒体言论权的意识也相应地在加强。

尽管媒体败诉频率在下降，但法院判决的赔偿额却在直线上升。表六中，2000 年之前的平均赔偿额与中值赔偿额分别为 120139 元和 5000 元。然而，自 2000 年 1 月至今，平均赔偿额为 84786 元，中值赔偿额为 20000 元。就平均赔偿额来看，似乎不能说明上述结论，但是由于一个判决赔偿额高达 500 万元的案例发生在第一段时期（1999 年），所以它极大地提高了 2000 年前的平均赔偿额。另外，表六的数据显示，2000 年之前和之后在判决赔偿额与原告索赔金额之比值上的差异较小，但总体上，法院判决的赔偿额与原告索赔额之比在逐年下降。

表六：2000 年之前和之后的比较

数据时间 比较项目	媒体败诉频率（%）	平均赔偿额（元）	中值赔偿额（元）	判决赔偿额与诉赔金额之比例	
				平均值（%）	中值（%）
2000 年之前	66.34	120139	5000	9.05	3.33
2000 年 1 月之后	60.55	84786	20000	8.55	2

第 265 页图二给出不同时段的中值赔偿额，这进一步表明法院判决的赔偿额确实在快速增长。

为什么在媒体败诉频率下降的同时，赔偿额反而不断上升呢？这种趋势与美国近年的情况类似。[1] 一种可能的解释是，虽然法院在越来越多地保护媒体的言论权（或许这本身也是这些年对法院更多的舆

---

1 David Logan, "Libel Law in the Trenches: Reflections on Current Data on Libel Litigation", *Virginia Law Review*, 2001（87）, pp.503–530.

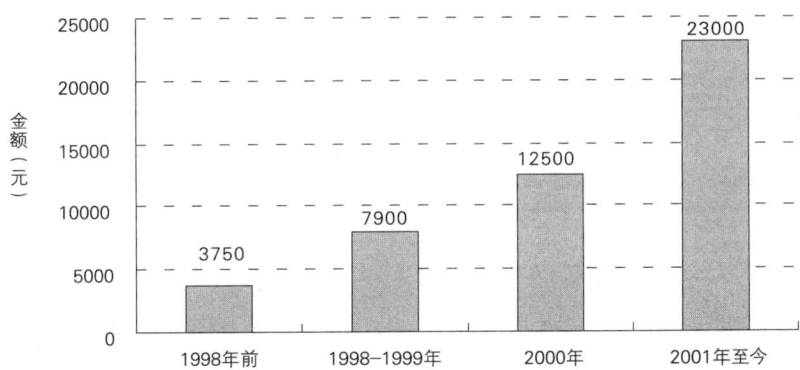

图二：不同时期的中值赔偿额

论监督的结果），但另一方面整个社会（包括司法界）对个别媒体不负责任的不满程度也在日益增加。这种日益上升的不满情绪正在慢慢地转换成对败诉媒体的更高处罚。这种趋势应该给媒体界一种警示。

—— 如何保护媒体的言论权

本章的分析表明，法院处理媒体侵权诉讼的司法实践与法律理念相差甚远。不管是根据早些年的媒体言论权与名誉权"不存在哪一个重要的问题"的理念[1]，还是根据许多学者的在两权之间应侧重保护媒体监督、批评权的理念[2]，司法实践都没给媒体应有的保护。在究竟应该侧重保护名誉权还是言论自由权的问题上，法官在63%的时

1　参见张新宝，康长庆：《名誉权案件审理的情况，问题及对策》，载《现代法学》1997年第3期，第14页；王利明：《人格权新论》，吉林人民出版社，1994年，第450页。
2　比如，贺卫方：《传媒与司法三题》，载《法学研究》1998年第6期，第26页。

候选择名誉权。其他，如在公众人物与普通公民之间、公众利益与非公众利益问题之间、本省与外省媒体之间，法院判决的偏向与法律理念也截然相反，该得到保护的弱势方往往更得不到保护。

宪法之所以要保护公民、媒体的言论权，就是因为在行使对公众公司、公众人物、代表国家权力的机构和个人进行舆论监督时，不可避免地会发生一些无任何恶意的言论失实，或者是用词过激。恰恰是在发生"无恶意"的言论失实的时候，媒体才更需要法律的保护，这也是法律保护的价值所在。可是，在实际中，恰恰是在这些情况下，媒体被法院处罚得更重，而不是得到法院更多的保护。

当然，本章以实证数据说明这些系统性偏差的程度，目的是提出问题。对这些偏差可能有许多解释，这些都是法律界应该深入研究的。那么，媒体如何从目前的法律困境中走出来呢？

[第四部分]

法律与财富

☆ 立法，立法，再立法吗

☆ 证监会、法院与人大：如何分管证券市场

☆ 司法独立、判例法与股东权益保护

☆ "判例法"的优势

☆ 集体诉讼是保护股民的有效方法

☆ 美国如何对待内幕交易

☆ 追查"东京究"

第 20 章

立法，立法，再立法吗

> 不管是针对新行业还是老行业，中国的立法者一谈到立法，就习惯性地想到针对从业者的"约束性"条文，想到要"把他们管起来"，而不是要约束行政部门的权力，反倒是一边倒地增加、扩张行政部门的权力。其结果是不仅没有推动新行业的发展，反而使其空间被压到最小，违背立法初衷，那又何必呢？

随着 2004 年《证券投资基金法》[1]（以下简称《基金法》）的出台，中国确实又多了一部法律。从好的方面看，这部基金法让基金行业的规则更明朗化了，但是不是"基金立法有利于基金业的健康发展"，并使基金行业真正远离"基金黑幕"了呢？如何分析这部新法的内容和实际效果呢？从更广泛的角度讲，中国这些年的立法的确是一部接一部，但在有了众多法律之后，我们是否应该总结一下未来的立法原则：到底什么时候应该为一个行业立法？立法的角度又应该是什么？显然，写一部新的书面法律可能是一个国家制度建设中最容易做的事，但写一部"良法"并不容易，而且即使能够通过一部"良法"，并不等于就有了法治。

---

* 本文根据发表在《新财富》2004 年 3 月号的同名文章改写而成。《外滩画报》记者许凯为整理最初的访谈记录做了不小的贡献，也感谢石明磊给予本文的帮助。
1 修订后的《证券投资基金法》自 2013 年 6 月 1 日起施行。

——立法的理念

这里我首先要强调的是，并不是说如果没有《基金法》，基金行业就会无法无天了。恰恰相反，现有的《证券法》《合同法》《民法通则》《刑法》等都足以规范基金行业的发展。在中国已具备基本的刑法、民法、商法与行政法的总架构的情况下，弄清楚任何新立法的出发点至关重要。

一个行业什么时候该出台法律或者该出台什么法律呢？可能的情况一般有两种：第一，一个行业，业务已经成熟，运作到现在却没有法律，出现的问题已经很多，同时无法约束参与者的不规范行为。在这种情况下，推出的法律更多是为了约束、克服违规行为对这个行业的损害。这时，大家对出现问题的行为、形态有了清楚的了解，出台的法律要针对危害的程度进行限制，并设定合适的处罚范围和程度。这种法律，更多强调的是约束从业者，是约束性的条款。

第二种情况，这个行业是个新行业，无论是立法者还是业界，可能对其中的问题还没有相应的认识。出台法律的动机可能是想通过立法为该新行业的发展提供便利，是要促进其发展。如果是这样，那么从理念上讲，立法者应该更主要的是通过立法为从业者提供更多的发展空间、更多的权利，是鼓励性的。也就是说，给从业者多开"绿灯"，鼓励他们发展，是要通过立法来约束行政监管部门的权力，让该新行业不至于被监管部门束缚了手脚。其目的是通过立法减少行政部门的约束，让有资格进入这个行业的人受到法律保护。

因此，针对两种不同的情况，立法的出发点应该有本质上的差别。但实际情况却不理想，**不管是针对新行业还是老行业，中国的立法者一谈到立法，就习惯性地想到针对从业者的"约束性"条文，想**

到要"把他们管起来",而不是要约束行政部门的权力,反倒是一边倒地增加、扩张行政部门的权力。其结果是不仅没有推动新行业的发展,反而使其空间被压到最小,违背立法初衷,那又何必呢? 实际上,立法很重要的目的就是保护人们的创业权利,保护他们不受到行政管制的不合理干扰。

——以《基金法》为例

比如,基金行业是一个新的行业,按理属于上述第二种情况,就应该采用鼓励行业发展、为从业者多开"绿灯"的立法方针,鼓励更多的人进入这个行业。可是实际通过的《基金法》过于偏重于约束从业者,同时扩张行政监管部门的权力。我们不妨看看中间的几条。

《基金法》第十七条:"基金管理人的经理和其他高级管理人员的选任或者改任,应当报经国务院证券监督管理机构依照本法和其他有关法律、行政法规规定的任职条件进行审核。"

那么,基金行业既然是商业活动,为什么对经理和其他高级管理人员的选任,要经过证监机关审核?最多只须申报备案就行了。凭什么行政官员就比那些基金公司股东们更知道谁更胜任呢?比如,张三所在基金管理公司的股东,他们知道谁更有资格胜任经理职务,因为他们选择经理关乎其切身利益。张三开基金管理公司,他重视公司的未来,他比任何人更清楚哪些人对公司最有利。这些问题不应该由证券监管机构去考虑。很多人可能会想,有了证监机构的监管,中国的投资者权益有望得到保护了。这些都是从条款本身来看的,事实上不一定是这么回事。这样反而给了监管部门更多的寻租机会。导致的后果是基金经理人考虑的不是怎么为自己的股东谋取利益,而是怎么去运作各种审核事项。如果开放式基金没有选择好基金经理人,投资者总可用脚投票,那比行政干预有效多了。

又如《基金法》第十三条:"设立基金管理公司,应当具备下列条件,并经国务院证券监督管理机构批准:[……](二)注册资本不低于一亿元人民币,且必须为实缴货币资本;(三)主要股东具有从事证券经营、证券投资咨询、信托资产管理或者其他金融资产管理的较好的经营业绩和良好的社会信誉,最近三年没有违法记录,注册资本不低于三亿元人民币。"

这里又是要批准。我们不得不问,什么叫"较好的经营业绩和良好的社会信誉"?从愿望上看,这没错,但如此模糊的规定,该如何去执行?从法律经济学角度讲,法律中加进去的任何条款,都要考虑到执行的社会成本问题。如果成本高,就要考虑放进该条款的利与弊。什么叫"良好的社会信誉"?这么主观的东西只适合放进宗教圣经中,是道德教条的东西,不应该是法律条款。其次,要求注册资本不低于一亿元,主要股东的注册资本不低于三亿元,这样的要求也毫无必要。立法者的本意是希望公司有足够的实力保证投资者的利益,但实际的情况是大家为了满足条件而去造假。以《公司法》为例,很多人为了达到注册资本,不惜去借现金或者通过别的手段欺骗监管部门,而等到验资注册完毕,这些钱可能马上就会变得子虚乌有,就连净负债也未可知。这一规定的结果是,为了开办公司,大家都被逼着去造假。我们一直在呼吁企业和个人讲诚信,试问:靠欺诈注册的公司,该如何讲诚信呢?更糟的是,立法者应该早就非常清楚人们在注册资本上玩的把戏,早就知道注册资本上的要求完全没有意义,但他们还是没法放弃这个念头。另外,注册资本额度的目的是什么？是不是说只有有钱人才有权利去办公司致富，没有钱的人，即使你很有能力，也不能涉足商业一步？为什么我们的法律不能给没钱但有能力的人致富的机会呢？这里，顺便提一下，美国的股份有限责任公司的注册资本为零。

《基金法》第五十九条："基金财产不得用于……买卖其他基金份额，但是国务院另有规定的除外。"

这其实就是大家讨论的"基金的基金"，为什么要加以禁止？这个约束条款的动机是什么？我个人不能理解，因为没有人谈到"基金的基金"运作中可能出现的问题。在美国，"开放式基金"和"对冲基金"有1万多家，但老百姓并不能判断自己选择哪个更好。比如说张三自己有100万，但不知道该如何选择这些基金。当然，他可自己做一个10只证券基金的投资组合，但张三自身并没有经验，也没经过专业训练，不知道该如何评价基金业绩。但他有这个需求，他就可以找基金管理人帮他理出合适的"基金的基金"组合，然后用"基金的基金"的钱合起来买卖其他基金。本着基金行业发展的考虑，立法的思路应该是鼓励，既然市场上可能会有这样的需求，为何不让行业内的人先去试试？那么，证券投资基金是不是可以购买其他基金？当然应该可以。

再如《基金法》第七十五条："基金份额持有人大会应当有代表百分之五十以上基金份额的持有人参加，方可召开；大会就审议事项作出决定，应当经参加大会的基金份额持有人所持表决权的百分之五十以上通过；但是，转换基金运作方式、更换基金管理人或者基金托管人、提前终止基金合同，应当经参加大会的基金份额持有人所持表决权的三分之二以上通过。"

在朴素的感觉层面，大家都会觉得这个规定很有道理，但实际的结果并不一定如此。比如说，一种情况是"应当有代表18%以上基金份额的持有人参加时方可召开"，一种是"应当有代表80%以上基金份额的持有人参加时方可召开"，看起来也许80%的比例更有利于保护投资者。但实际会如何呢？还举张三的例子。假设张三是一家基金的总经理，但很多人觉得张三很糟糕，不能胜任总经理职位。那该如何罢免张三呢？《基金法》规定，应当有代表50%基金份额的持有人参与，方可召开基金份额持有人大会。这50%的持有人出席会议，可以选择两种方式，一种是通过通信方式，另一种是直接到会。对张三而言，他非常希望这次会议由于达不到法定人数而被取消。事实上，由于很多基金持有人分散在全国各地各个行业，并且很多人持有的份额也不大。要让他们从全国各地赶到一个地方召开会议，持有基金份额比较少的持有人肯定不愿花费人力财力成本出席，这样就造成基金大会无法召开。即使以通信方式召开，也还会有许多基金持有人不会参加。结果是张三成功保留了自己的基金经理位置，依旧很糟糕地管理着数千委托人的资金。因为投资者当中，有积极投资者和被动投资者，积极投资者很关心自己基金的运作和获利情况，被动投资者则显得漠不关心。漠不关心的结果是，积极投资者想召开会议罢免糟糕的基金经理却不能实现。从表面上看，如果把比例定到"应当有100%基金份额的持有人参加时方可召开"，这似乎最能保护投资者，可实际上这让基金份额持有人大会永远开不成。

最后看看第一百零一条："基金管理公司或者国务院批准的其他机构，向特定对象募集资金或者接受特定对象财产委托从事证券投资活动的具体管理办法，由国务院根据本法的原则另行规定。"

这个问题根本就不应该去管。还以张三公司为例，如果李四愿意拿出2亿元让张三管理，那么张三从李四那里拿了这2亿元，是不是属于向特定对象募集？每个人都有签合约、进行交易的权利，为什么张三公司在李四的同意下帮李四做投资管理，还需要得到证券监管机构的批复呢？这是个人谋生的起码权利。严格讲，一个家庭也可算一个私募基金，因为妻子和小孩的财产或许都委托给了丈夫来投资管理，那么丈夫和妻子之间的这种委托，是不是也属于"向特定对象募集资金"呢？如果是，似乎政府也要去监管。退一步说，假如有三个朋友委托张三去炒股，那也可以说是私募基金关系。由此可见，法律应该划出一个私人、民间有权享受的契约自由、交易自由的空间，在这个空间内，任何行政部门都无权干预。不要一提金融，就想到政府要干预、要管制。

我们也可以分析《基金法》的其他条款，但基本的倾向是一样的，都是限制基金从业者的权利空间，扩张行政监管部门的权力范围。虽然这部法律的用意是好的，是想帮助、促进基金业的发展，但实际出台的法律可能更多地制约了这个新行业，限制了人们的创新空间，甚至会约束守规者，增加特权者的获利空间。

——是不是又回到中国的法律传统

实际上，《基金法》所表现的立法倾向恰恰反映了中国历代重行政与刑法、轻民法的法律传统，强调行政与刑事制裁，缺少民事责任及程序法方面的规范。我们的传统观念认为，法律是统治者用来加强其统治权力、维持社会秩序的工具。以《大清律》为例，它作为清朝法制体系的核心部分，主要汇集了涉及官员行为、官僚机构职责等政府机构的制度，还有就是规定了从上到下，一直到县一级官员的无限权力，包括行政、司法审判，甚至推出新的法规的国家权力，这些都由县官一家独揽，不受任何制约，司法审判仅仅是众多行政行为中的一种。这部法典并不包括解决个人与官方之间及民间的纠纷的法律条款，仅仅涉及一些被认为可能影响到朝廷制度的民事行为。因此，该法典本质上属于行政法典和刑事法典，它倾向于依赖行政和刑事处罚来调整社会关系。

正如我们上面所看到的，《基金法》主要是规定了行政部门的权力，就如同行政部门自己推出的行政法规一样。既然如此，那又何必要由全国人大常委会来通过，为什么不由行政部门自己去不受约束地给自己增加权力呢？之所以中国《宪法》把立法权放在全国人大常委会，而不是在行政部门，道理是很显然的。但实际由人大常委会通过的法律似乎并没有限制行政监管部门的权力，反而给了它们更大的权力空间，就像《基金法》所体现的那样。

—— 法律越多，法治越好吗

我们当然希望中国有更好的法治，但这并不等于要有更多的法律，不能动不动就这个要立法、那个也要立法。目前不是法律多少的问题，而是法律是否能够得到有效执行和法律本身是否合理的问题。中国的法律太多了，人大常委会更应该做的是对现有法律的执行进行听证监督，同时也应梳理过去的众多法律，看它们与中国的总体市场经济理念是否冲突。写一部新的书面法律可能是制度建设中最容易的事，但一部真正好的法律是一部能执行得了的法律，是一部有相匹配的执行机制的法律。对于一部法律执行过程中遇到的问题，人大常委会的相关专业委员会，比如财经委员会和法律委员会，应该进行公开听证，至少要相关的机构出来解释为什么执行起来这么困难。发现问题后，如果人大常委会能马上听证，就可以针对问题采取相应的措施。听证会应该公开，不能随便找人过来，私下聊聊，这样不利于问题的解决。听证会必须要有媒体参加，接受民众的质询。人大常委会不应该只停留在书面立法上。

从法律经济学角度讲，一个国家可能属三种情况之一：第一，没有什么法律，大家都去做自己想去做的事情，坏人和好人都各显神通；第二，有法律，但不怎么执行，或执行起来很随意、很随机，不确定性很大；第三，有法律，执行得很严格、很规范，社会秩序运行良好。

第一种情况不理想，大家都可以违规，社会秩序运行的形态全凭个人的能力强弱，无法无天；第三种情况下，各种行为有法可依，人们都把法律当一回事，社会有序发展。第二种情况介乎于二者之间，恰恰是一种对不守规矩者最理想的法律状态，因为这种法律把真正守规矩的人的手脚捆住了，只有他们把法律当一回事，而不守法的人却可以站在法律之外，享受各种特权。即使大家知道有法律，但问题是，法律有没有被执行？执行得是否公正？如果执行起来很困难、很随意，如果司法不独立，那么人们就会相应地做出行为选择。如果你遵守，你得不到好处；而不遵守的话，被发现的概率非常小，或可凭借某种手段凌驾于法律之上，或者即使被抓住，负的责任也不多——这样，法律在人们心中的地位反而降低了。假如是第二种情况，那还不如没有法律，因为没有法律至少可以让本来守规矩的人也得到一份好处。中国属于哪一种情况呢？

还以《基金法》为例，它的起草本身是很困难的，因为基金业在中国是新鲜事，一些参加起草和审议该法律的人也未必对基金管理、对证券交易有太多的了解，他们不一定能预计到这个行业未来可能会出现哪些问题，哪些应该约束，哪些应该放开，等等。这样的立法很难做好。这就是为什么现在不用忙于为各行各业立法，而是应按照判例法的精神先让从业者、让法院依照现有的相关法律去运作，至少等到有足够多的经验后才能立法，那样才能减少后悔的次数。

另一个问题是，法律制定者往往把执行者过分理想化了，前面讲到的《基金法》条款就是一个例子。立法者的良好愿望是一回事，但执行法律的人又恰恰不是他们想象的那样没有私利的机构，而是由一些具体的、有私利的人在运行。比如，当一个国家的行政机构普遍存在腐败，也不透明，同时新闻媒体的监督报道又受到约束，那么立法机构在制定法律时绝对不能忽视这些现实，更不应该通过新的法律再给行政机构增加更多的权力。立法者有责任考虑到每项法律条款可能产生的现实后果。

第 21 章
证监会、法院与人大：如何分管证券市场

> 政府只有在以下情况下才有必要介入市场交易中：第一，两方势力不对等、信息严重不对称；第二，强势方的侵权或违法行为会对公众产生伤害。因此，证监会的所有运作都应以保护弱势投资者为根本宗旨。

股市是一个大众市场，其正常运作不能，也不应该只靠政府行政部门（证监会），而是需要行政、司法和立法的全面配合，各负其责。那么，在市场监管责任上，证监会、法院和人大常委会的分工应如何？彼此又如何监督？

2001年作为"监管年"，一年中诸如亿安科技、银广夏、麦科特、蓝田股份这样的市场操纵案和虚假陈述案层出不穷。一时间，股市信用危机达到极点，社会各方把视线均集中在证监会身上，"加强监管"成为全社会的共识。另一方面，最高人民法院先于2001年9月宣布"暂不受理"证券民事索赔案，在2002年1月15日改为暂时只受理虚假陈述案时，又加入经证监会认定的前置条件。这样一来，使本已掌握相当的证券立法、行政和执法权的中国证监会更加巩固其司法权。这些呼声和措施无疑过分扩大了证监会的权力，也

---

* 本文根据作者发表在《财经》2002年5月5日的同名文章改写而成。感谢陈亚丽、熊鹏和周年洋对于此文的帮助。

同时不恰当地增加了其责任与压力。在许多相互冲突与矛盾的任务和责任下，难道证监会能单枪匹马使参与者和利益者众多的股市正常运作起来？证监会到底应如何定位？

为进一步发展中国证券市场，我们必须重新思考市场的基础设施建设问题，尤其是证监会、法院与人大之间的分工与制衡。我们先从证券市场的特点分析为什么需要政府监管的介入。然后，通过英国和美国多年的监管发展史和我国十余年的经历，进一步说明市场的运作需要三大部门的全面介入。大众证券市场是一种社会成本和个人成本都很高的融资手段，但现代生产规模又不得不依赖它。

—— 从股票市场说起

为了看清政府应从哪些角度监管上市公司和市场，我们可以按照股东数量把企业结构大致分为三类。第一类是最原始的"夫妻店"形式：自家拥有，自家经营。以"武大郎"开店为例，武大郎既是股东，又是总经理，因此，企业的产权和对资产的使用控制权均集中于武大郎身上，不存在"所有权"与"控制权"的分离。正由于此，这中间不存在公司向股东披露信息的问题，也不需要独立审计，不存在公司治理结构问题。在这种情况下，政府无须介入处理"所有者"和经营"控制者"间的任何问题。

第二类是"小数目股东"拥有的股份制企业。以湘财证券为例，其股份分别由几十位股东拥有，总经理持有一些股份，但不一定控股。此时，所有权与控制权开始分离。但因为股东数不多，信息披露与审计要求都只是针对这几十位股东，股东与总经理之间及股东之间的关系都由合同确定。股东与经理之间的信息不对称也开始存在。

但由于公司没有上市，不存在股份交易价格，所以即使有人想通过虚假或误导性陈述来影响湘财证券的股价，也没有途径。任何手段都不能使不法者谋利，内幕人也没有途径与大众股民进行不公平交易。如果这些小数目的股东与经理层发生纠纷，法院根据《合同法》解决即可。除法院外，政府没必要以其他方式介入处理"所有者"和经营"控制者"间的任何问题。

第三类是上市公司。以深圳发展银行为例，2000 年年底深圳发展银行共有 82 万流通股股东。这 82 万股东遍及全国，有的远在黑龙江、新疆，许多股东可能从来没去过深圳，将来可能也不会去。那么，这些股东怎么可能放心把钱交给深发展经理层控制使用呢？这些年关于股东权益的讨论让我们了解到，这种极端的产权与控制权的分离至少带来以下几个问题：第一，股东与经理层之间存在严重的信息不对称。总经理掌握确切的信息，而身在局外的 82 万股东只能根据披露的信息来了解。第二，一旦股东把钱投出，上市公司经理层完全掌握资产的使用和支配权。第三，股东数量众多、财力和势力弱小，而掌握公司资产的经理人数少、财力和势力强大。第四，正因为信息严重不对称、股市参与者众多，股票交易价格成为极好的操纵对象，也为内幕人以匿名身份进行不公平交易提供了机会。如果没有这种大众市场，庄家与内幕人怎么可能有激励单独或联手操作？

以上几方面都说明一点：**众多股民处于绝对的弱势，上市公司掌握所有的主动权，处于绝对的强势。在这种势力和信息都严重不对等的大众市场上，政府应当介入，目的是保护弱势的广大股民。**但问题是，由哪些政府机构介入？以何种形式介入？当然，立法机构不应直接介入，它的职责在于立法，而不应直接参与执行。它应做的是起草并通过保护股东的法律，监督其执行，同时也要确保其他政府机构的规章不与这些法律相冲突。

那么,具体的执法与市场监管责任如何在行政部门和法院之间分配呢?对这一问题的解决方案大致有三种:第一种,完全由行政机构(证监会)来管制("纯管制"模式),不需要法院介入——中国目前的状况就是如此。第二种方案是完全由法院来监督("纯法院"模式),不需要行政机构介入——1934年前的美国和1986年前的英国就是如此。第三种方案是由证监会和法院同时从不同方面介入,综合并平衡各自的作用("行政与法院配合"模式)——今天的美国和英国就是如此,行政和司法分担不同的责任,分别制定并维护市场规则。

—— 英国走过的路

英国是世界上最早开发出一个规模可观、交易活跃的证券市场的国家。早在1853年,其政府公债占当时整个英国证券市值的70.2%,剩下的是股票和公司债券。1880年时,只有约60家公司在伦敦证交所上市。但到了1900年,政府公债仅占整个证券市场市值的13.5%,公司发行的各类证券和股票占了86.5%,其中相当一部分是跟铁路相关的股票和债券。到了1907年,在伦敦证交所上市的公司数已达600家。随后,英国股市继续飞速发展,到1951年的顶峰时共有3500家上市公司。这些上市公司对英国的经济举足轻重,它们的年利润在那时就已占全英国所有企业利润的70%。因此,英国股市的主要发展期是在1880年到1950年间。

在当时的英国,上市公司股份和其他私人财产没有区别,可以同样方式转让或交易。股市交易只是可行的转让途径之一。如果这些交易过程中发生纠纷，任意一方可以去法院起诉。受理证券案件后，法官按相关的民事或刑事法律审理，就像处理其他财产转让或合同纠纷一样。

除了发生纠纷时有司法介入之外，并没有"英国证监会"或类似行政机构存在，采用的是"纯法院"模式。证券交易像其他商品交易一样，由买卖双方自由进行，各负其责，政府不做任何干预。整个19世纪，与证券相关的虚假陈述、内幕交易和市场操纵案也不断发生，受害方可到法院起诉索赔。作为判例法的起源国家，英国法院当时基本按以往的判例与民法和刑法来审理这些与证券相关的诉讼，并没有正式的成文证券法。比如，英国的第一部成文《公司法》产生于1844年，该法律第一次正式要求公司上市之前必须出具"招股说明书"，以此作为其与原始股东间的契约合同。但这部法律并没有指明招股书中应该包含哪些内容，也没有正式禁止上市公司董事和经理们的虚假陈述，没有明确证券欺诈的民事和刑事责任，这些均留给法官在办案中掌握、定夺。

1861年通过的"Larceny Act"法案正式认定，如果上市公司董事和经理有意进行实质性虚假陈述，则负有刑事责任。但即使如此，在执行中要证明犯者是"有意"行为，谈何容易！尤其是要做刑事定罪，举证要求远比民事定罪难。另一方面，在19世纪70年代之前英国没有公诉检察官，不管是刑事诉讼还是民事诉讼，受害者只能通过私诉来得到司法补救。19世纪70年代中期英国政府设立公诉检察官后，多年主要忙于其他刑事诉讼，还无法兼顾证券欺诈等刑事诉讼。

直到1939年，英国的证券市场可谓是百分之百的自由市场，靠诚信、交易所与证券公司自律及合同法维护交易。政府没有行政监管，许多与证券相关的法律还没成文，只能靠法院按判例法精神在实践中不断造法，通过判例给市场树立规则。在20世纪20年代和30年代，股市操纵与虚假陈述盛行，1929年世界范围内的股灾，1933年和1934年美国的证券立法，这一连串事件给英国巨大的推动。于是，1939年英国第一次通过《证券欺诈禁止法案》，后于1958年进一步对其修正。到1988年，专门设立"重大欺诈专案办公室"，加重对证券欺诈的刑事和民事处罚。

以法院作为监管股市和上市公司的最主要渠道，显然缺陷不少。第一，尽管英国议会可通过立法和法官判例来偏袒、保护股东，但这远不足以平衡股民与上市公司经理间的信息不对称，不足以弥补经理对资产的使用控制优势。第二，法院必须司法公正，无法明显偏护股东方。第三，法院的介入必须是被动的，必须要有人起诉，法官才可介入。无人起诉时，法官无权主动立案调查、起诉。因此，仅仅依靠法院对股市行为进行监管，漏洞不少。

"纯法院"模式侧重的是对市场规则的监管，而不管交易内容和市场参与审批。除法院通过判例树立规则外，英国议会通过立法直接树立规则，差别在于后者是对已经成形的一贯现象树立原则性规则，前者侧重于对新现象树立规则或对具体案情树立细则，通常两者间会有互动。比如，1844年第一部成文《公司法》通过后，经过1855、1879、1900、1928、1929年的多次修正，到20世纪30年代和40年代，英国的《公司法》对上市公司信息披露要求等已经非常具体，反映了法院多年判例的内容。作为自律机构的伦敦证交所为了不触犯法律并保留其民间机构的法人身份，也时常主动推出新的规则。比如，1948年它主动要求所有上市公司必须提供经过独立审计的财务报表，1965年正式要求各上市公司提供半年度财务报表，等等。因此，法院的判例造法和议会的立法，间接地使伦敦证交所变成了一个自律的市场监管机构。这也是在两百年无"英国证监会"的情况下,英国得以不断发展证券市场并成为欧洲最大的金融中心的秘诀。

1948年修改《公司法》时,英国议会正式授权其贸易部为证券市场行政监管机构,具体授予的权力包括:立案调查权,从银行和其他金融机构抽调被查人员的账户记录权,以全体股东的名义对上市公司及其要员提出民事公诉权等。但贸易部只对《公司法》条款有小范围的解释权,不可超越这些范畴。1986年英国通过《金融服务法》,授权成立"金融服务监管局",把原来给予贸易部和伦敦证交所的监管权集中于一家,使英国政府更多地介入证券市场监管。但英国自1948年后的许多证券立法措施都受美国的影响,最近50年证券监管的变化基本是模仿美国相应的举措。

值得注意的是,尽管直到1986年才有真正的"英国证监会"(金融服务监管局),但早在1951年英国的证券市场就已很发达,不仅有近3500家公司上市,而且那时的股东分散度就很高。比如,只有约一半的上市公司包含持股量超过10%的大股东,多数股份由众多的中小股东持有。这说明,在"纯法院"模式下证券市场也可以发展。

—— 美国的经历

虽然1948年后英国主要仿照美国的证券监管改革,但在20世纪30年代之前,美国的证券监管几乎都照搬英国。也就是说,直到1934年前,美国也是"纯法院"模式,靠法院和国会来监督股市,此外无任何行政监管。比如,像伦敦证交所一样,纽约证交所在某种意义上以自律的形式起到了"行政"监管的作用,根据法院判例和国会立法动向,不断地调整上市公司的信息披露等要求。1817年纽约证交所正式以私营公司形式成立时,它只对交易所成员有具体的要求,到1853年才开始规定所有在该所上市的公司必须披露其总股盘的大小、财务资源多少等。1869年开始要求所有流通股必须在一家银行或类似金融机构注册登记。1895年才正式建议(但并不强制)各上市公司提供收入、利润和财务年报。1923年,该交易所自己成立了证券欺诈监察组。但因为它是民间机构,并没有实质性的调查或处罚权。

19世纪到20世纪头30年,美国股市享有充分的自由。从1921到1929年,美国的炒股热潮一浪高过一浪,第287页图一给出此期间纽约交易所股票的月交易量,1921年3月的总交易量只有162万股,但到1929年10月涨到1421万股。同一期间,道琼斯指数则从1921年1月初的72点上涨到1929年9月最高时的386点,9年间的涨幅达436%(见287页图二)。在这段股市疯狂期,庄家炒股、虚假陈述、上市公司内外配合操纵在华尔街特别盛行。

眼看着美国股市炒作火热,当时的政府和司法系统却无所适从。在没有政府监管部门的情况下,只能依靠法院的介入。但因为法院只在股东起诉时才能介入,这就碰到几方面的难处。第一,尽管庄家股市操纵盛行,但股价都在往上涨。即使股民想要对庄家起诉,因为没有受损,所以没有诉由。在二级市场交易受害时,通常以侵权法为基础提出起诉,但私诉条件之一是有侵权损害存在。第二,在无相应的行政法规情况下,任何政府部门(包括司法部)都无法直接或代表股东提起民事公诉。第三,司法部属下的检察官可以对市场操纵者提出刑事诉讼。但这样做一方面需要漫长的诉讼时间,另一方面对刑事责任的举证要求远比民事责任高,尤其诉方必须证明操纵者

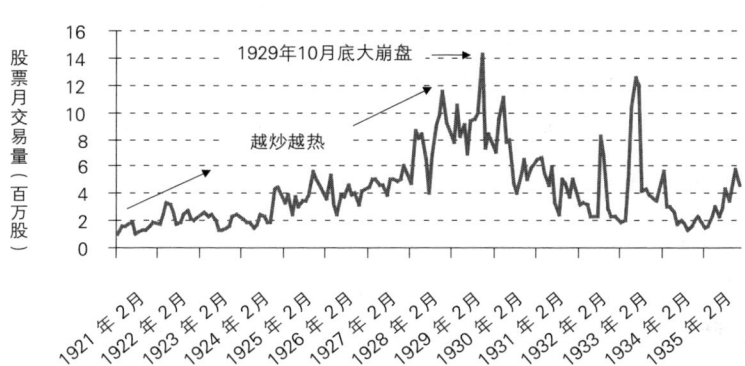

图一：美国从 1921 年到 1929 年的炒股热
（纽约证交所股票月交易量）

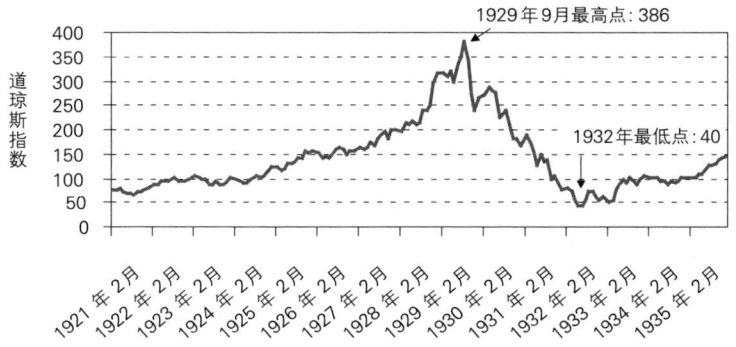

图二：道琼斯指数从 1921 年到 1935 年的表现

或欺诈者是"有意"行为。

美国股市被炒到1929年9月的最高点之后,当年10月23日至29日,道琼斯指数六天之内从333点跌到212点,跌幅为34%。这一暴跌随即触发了一场大的金融危机,因为那时美国股票质押贷款无上限,股票猛涨时投机者更愿借、银行更愿贷,但股票一旦大跌,那种因股票质押贷款产生的放大效应使许多投机者顿时破产,这一来许多银行也相继倒闭,进而引发了20世纪美国最大的一场经济危机,使众多公司破产,成千上万人失业。

到1932年7月,道琼斯指数已从三年前的386点跌到只有40点,跌幅几乎达到90%。按理说,暴跌之后受害股东可以向市场操纵者和其他责任方起诉索赔,但到那时许多责任方公司或个人已经破产,对他们起诉已无意义。另一方面,那时美国还没有采用集体诉讼,在证券领域执行集体诉讼还是20世纪80年代的事情,因此受害股东只能进行个人诉讼。对于多数股民而言,尽管受损百分比可能很高,但损失的总金额并不高,即使全部索赔成功,也不足以支付律师和其他诉讼费,因此对于多数股民来说,民事诉讼不仅太晚,经济上也不太现实。

那一场股灾和紧接而来的经济危机,迫使美国国会采取了一系列的立法并重建证券监管体系。1933年通过了第一部《证券法》,专门界定公司上市的各项要求。1934年通过了《证券交易法》,主要目的是规范二级市场的证券交易,尤其对市场操纵、证券欺诈的禁止条款成为日后打击证券犯罪的主要法律条文。《证券交易法》的另一个最重要的规定是正式设立美国证监会(SEC),作为联邦政府的"证券行政局和警察",标志着美国从"纯法院"监管进入"行政与法院配合"的监管模式,形成一种"政府既可主动监管,又可被动监管"的局面。

《证券交易法》授予美国证监会的主要权力如下：第一，有权制定信息披露规则，并监督和确保其执行，也拥有对《证券法》和《证券交易法》的解释权。第二，有权立案调查证券违法行为、发传票、搜集证据、抽调嫌疑对象的银行与证券账户记录，有权对违规者执行行政处罚。第三，可直接对市场操纵者、内幕交易者和其他欺诈者提出民事诉讼（公诉），这样可以避免出现"市场操纵行为存在，但股东无诉由"的局面。可是，证券刑事诉讼还是由司法部下属的检察官负责。

美国证监会的唯一宗旨是保护广大股民利益，以平衡前面讲到的股东与上市公司之间的信息不对称。给它授予的这些权力大大增加了政府监管的主动性。作为证券市场警察，它并不肩负任何"救市"和帮助政府执行宏观经济政策的责任。

那么，是不是美国证监会的权力不受约束呢？并非如此。第一，它受到法院的约束。具体讲，在对任何证券违法者的罚款超过一定数目时（具体数目由案件性质掌握），美国证监会必须向法院起诉，经过民事诉讼程序。第二，当美国证监会确定的规则违宪或与其他法律相悖时，任何机构和个人可向法院起诉。任何被处罚者不服时，也可向法院起诉。第三，国会有权召集证监会官员出席听证，可审查证监会的任何规章和决定。

当然，除20世纪20年代末、30年代初发生的股灾外，美国急速转向"行政与法院配合"的监管模式还有另一个重要原因。随着现代交通和通信技术的发达，参与证券投资的大众人数越来越多，证券市场已不再是当年少数有钱人的市场。从第287页图一看，即使在炒股热潮的1929年，最高的月交易量也不过是1400多万股，但今天纽约证交所一天的交易就超过12亿股。1989年时美国31.6%的家庭拥有股票，1995年达到40.4%，到1998年近一半的家庭（48.9%）有股票投资。参与证券市场的大众越多，虚假陈述和其他证券违法给社会带来的后果就越严重，政府主动监管就变得更有必要。

这一系列的监管改革大大增加了投资者对证券投资的信心，受到股民广泛欢迎。从这些改革讨论、听证、立法的开始，到美国证监会正式成立期间，道琼斯指数从1932年最低位的40点逐步回升到1935年底的近150点（见287页图二），几乎翻了4倍，可见投资者是多么欢迎这些保护股东权益的改革。到2000年，该指数已超越1万点，这些年也是美国经济发展最快的一段时期，进一步证明"行政与法院配合"模式的成功。今天，美国证券市场的监管与监督体系大约如图三所示，其中媒体起到了举足轻重的作用。没有财经媒体和法院，就不可能保证这些不同市场机构之间的独立运作与公平性。

图三：市场的不同监管/监督渠道

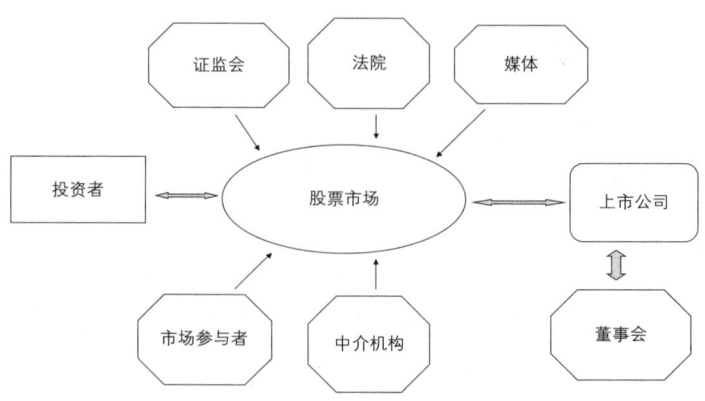

—— 中国的经历

中国的情况与英国和美国正好相反，采取的是"纯管制"模式，法院的介入至今还非常有限。1990年12月推出中国股市之后，监管概念与目标都发生了一系列转变，这些变迁为中国证券市场的进一步发展和经济改革奠定了良好的基础。开始推出股市时，主要动因是帮助国有企业集资。在深、沪两所运作了近两年后，1992年成立了国务院证券委和中国证监会，分别负责对证券市场的宏观管理和具体监管执行。同时各地方政府也有相应的证券监管机构，但都由相应的地方政府领导。由于在2001年之前执行的是全国统一上市配额和审批制，这种分散的管理导致地方政府之间争相抢夺上市名额，抢到名额后帮助本地国有企业"包装"上市的广泛"寻租"局面。1997年将地方监管部门改为由中国证监会统一垂直领导。1998年将国务院证券委合并到中国证监会。这一系列机构改革结束了原来的混乱局面，把权力都集中到证监会。

回顾这十几年，中国股市的发展可谓非常不容易。就当年的监管观念而言，"股东权益"还是一个陌生的概念，人们更多想到的是如何分配、争夺这些人为限制的上市"圈钱"机会，可能没有太多人想到还有"保护股东权益"的必要，更没想到还要法院介入证券市场建设。一个典型的例子是经过多年辛苦努力才推出、1999年7月1日生效的《证券法》，尽管起草与修改历经多年，生效也有几年，但至今还没出台相应的证券民事诉讼程序，这也从客观上使法院难以立即介入证券市场监管。

现在，证监会领导成功地把监管观念转变到以保护股东权益为重心，但在没有配套的市场机构、制度与司法建设环境下，单单一家证监会还不能如愿以偿，甚至在证监会不想要权的时候，其他政府机构还不断把更多权力往它身上推。在没有权力约束机制的状况下，证监会管制的内容和范围不断扩张，包括行业准入许可、律师事务所证券业务准入审批、会计师事务所证券业务审批、资产评估机构审批，以及对这些机构成员进入相关业务的资格审批、对基金管理公司从业审批等。

除了对证券行业进行管制外，证监会也享有相当独立的立法权，包括制定与证券相关的法律和法规。在证券市场的快速发展中，还不得不给予证监会一定的立法和规则制定权，以适应市场的变化。但其制定的法规不受全国人大常委会（立法机构）和法院的审查，即使与宪法或其他法律相悖，机构和个人也无法寻求法院裁决。另外，证监会不仅有权对证券违规、违法立案调查，而且有权做1～5倍的行政罚款，因此它掌握了相当的司法权。此外，2002年1月15日，最高法院规定只有经过证监会正式认定，受害股东才可对虚假陈述提出民事诉讼，这一规定更增加了证监会的司法权。因此，证监会拥有许多不受约束的立法、司法和行政权。

前面讲到，正因为在上市公司与股民之间存在严重的信息不对称，政府介入是为了帮助和保护弱势的中小股民。否则，如果上市公司与股民之间信息对称，势力也相当，那么两方应可以进行自由的对等交易，不需要也不应该有政府的介入管制。**政府只有在以下情况下才有必要介入市场交易中：第一，两方势力不对等、信息严重不对称；第二，强势方的侵权或违法行为会对公众产生伤害。**因此，证监会的所有运作都应以保护弱势投资者为根本宗旨。

如果证监会同时肩负"救市"、帮助国家执行宏观政策的责任，那不仅不会帮助平衡上市公司与股民之间信息和势力的不对称，反

而会加大这种不对称。在这些多重责任下，首先被牺牲的可能是股东权益，而不是其他。

那么，证监会是否可以取代法院呢？法院的功能是为社会公正地解决纠纷，这里的关键词是"公正"。既然证监会的定位是保护弱势投资者，在解决股东与上市公司经理间的纠纷时就不可能处于"公正"地位，对上市公司方不公平。另一方面，证监会拥有立案调查和证据搜集权，是"证券警察"，它自己的行为也应受到法院的制约。否则，它就是自己举证、自己判定，既是警察又是法官。让权力过度集中在证监会，也对其不公平，使压力和责任过于集中。因此，司法权应从证监会分离。

法院可以通过两种途径平衡证监会的权力和对其规章进行司法审查。第一，如果证监会的某种法规或决定与宪法和相关法律相冲突，任何机构和个人都可以直接向法院起诉，由法院裁决。或者，在这种法规影响到具体事项时，当事人可诉求于法院，通过法院的裁决来驳回与法律相悖的法规。第二，当证监会对任何证券违规或违法的行政处罚超过一定数目时，必须经过正常的诉讼程序通过法院裁决。比如，像2001年年初对亿安科技市场操纵者的4亿人民币处罚，案情严重到超出行政监管的范围，应当有法院介入。否则，一方面可能对被罚方不公，另一方面处罚执行困难。当然，目前许多法院判决也不一定就更公正，法院处罚的执行也不一定更有效，但那是另一种改革问题，也是司法改革目前讨论的焦点问题。

除了进一步完善证券立法外，全国人大常委会应当增加对证监会的监督。2001年成思危副委员长领导进行的对《证券法》执行情况的调查，已是一个极好的开端。但这种监督应该制度化和定期进行，全国人大常委会财经委应经常举行公开的证券听证会、保险业听证会等，以此来平衡证监会、保监会的权力。当然，人大的这些监督权在理论上得到宪法和相应组织法的保证，但应该具体实行。

—— 小结

之所以人们把转型国家的股票市场称为"新兴市场"（emerging markets），把它们区别对待，是因为这些国家都缺少一个配套的立法、行政和司法体系。像股市这样的大众市场，其成败恰恰又取决于一个国家的法治程度和司法效率。判例法系国家之所以有发达的证券市场，是因为它们的法治较强，对中小股东的权益保护较好。发展证券市场需要从建设配套的市场机构和机制做起。

英国直到1986年才有一个真正的证券行政监管机构，美国当然早在1934年就成立了证监会。但是，在此之前的100多年或200多年，它们的股票市场靠着"纯法院"模式来协调所有证券交易，总体来讲已经很发达。它们当年为什么能够成功呢？在我们这些习惯于计划经济、习惯于管制的人看来，这简直不可思议。尤其是英国，在没有行政管制的情况下，它们的证券市场和整个国民经济确实成功了。这些很值得我们思考和研究。

全国人大立法是一个周期很长的过程，而成文法系下的中国法院又不能在没有法律条文的情况下通过"判例"造法。这种体系意味着，今天快速改革的证券市场还不得不依靠行政管制，给了证监会一定的立法和规则制定权。但不能把权力过于集中。一方面，可通过全国人大常委会财经委的定期听证会和司法诉讼对证监会进行平衡。另一方面，可在证券领域试点判例法，把一部分证券规则制定权转移到法院，让法院在证券市场建设中起到更主动、积极的作用。

第 22 章
司法独立、判例法与股东权益保护

> 如果要建立真正有助于证券市场发展的司法制度、要保护股东权利,除了司法程序细节外,大的司法环境还必须改变。没有真正独立的司法,投资者就不会有真正可靠的法律保护。

在没有相配套的诉讼程序与诉讼手段的情况下,为什么再好的成文法律也无济于事?为什么法院需要独立行使审判权?为什么判例法优于成文法?为什么国有股必须退出上市公司股权结构?所有这些和类似的问题,都可以从最近几年有关证券民事诉讼的波折中得到很好的解答。

2003年1月9日出台的《最高人民法院关于审理证券市场因虚假陈述引发的民事赔偿案件的若干规定》(以下简称"1·9规定")至少使《证券法》赋予的部分股东民事权利有了得以维护的基础,一些细节性的规定,也让各地中级法院能够受理、审理虚假陈述类案件,而不是像前两年那样,总是一拖再拖。这是"1·9规定"的积极面。但这是否意味着中国股民的权利就有了实质性的司法保障呢?股民们是否因此就对股市投资更有信心了呢?在国有股从上市公司退出之前,在法院真正独立判案之前,可能很难指望股东权益

---

* 本文根据作者发表于《南方周末》2003年2月27日的同名文章改写而成。

真正得到公正的保护。

—— 司法程序与判例法

这些年全国人大常委会在立法上做了大量贡献，各类成文法律众多。可是，在司法方面却普遍落后，普遍缺乏相配套的诉讼程序和有操作性的司法解释，这些欠缺严重阻碍了法治进程，妨碍了市场经济的发展。以1999年7月1日生效的《证券法》为例，先是一些股民于2000年1月对红光实业相关责任人依《证券法》提出民事诉讼，同年5月一些股东对亿安科技启动民事赔偿诉讼。可是，由于到那时还没有相应的司法解释，法院将这些诉讼案一一驳回，不予受理。到了2001年9月，最高法院干脆发出暂不受理涉及虚假陈述、内幕交易、操纵市场三类民事赔偿的案件，于是各地法院不再受理新案，对已受理的则决定中止审理。

2002年1月15日，最高法院发布了有名的《关于受理虚假陈述引发的民事侵权纠纷案件有关问题的通知》（以下简称"1·15通知"），当时市场参与者与法律界以为这一下可以启动证券民事诉讼运作了，终于可以追究那些欺诈股民的行为人之责任了。于是，对红光实业、大庆联谊、渤海集团、嘉宝实业、ST九州的诉讼陆续送到相关法院。到年中，有些案件也开始庭审，但庭审之后除少数以和解或其他方式结案之外，其他的案件则迟迟不能做判决，原因是在虚假陈述与损害结果间的因果关系上（即谁有胜诉权）、损害计算方法、诉讼方式（单独诉讼、共同诉讼还是集体诉讼）等方面还存在许多疑问。于是，大家又盼着下一轮司法解释。

自从《证券法》生效到今天已经多年了，尽管在"1·9规定"

后对虚假陈述引起的民事诉讼已有可操作的细节，但内幕交易、市场操纵引发的民事诉讼还是被悬在空中。那么，我们不得不问：在中国社会与经济日新月异的情况下，为什么还要坚持这种漫长的成文法运作模式呢？为什么不可以在证券等领域试着按判例法模式让法官们在审理具体案件中去探索、掌握《证券法》的运作呢？

判例法的优势之一是自一部法律生效的第一天起，受害股民们就可到法院去起诉，法院会根据《证券法》及相关法律的精神去运作，这样就可避免漫长的等待时间。当然，我们会说地方法官没有审理证券类诉讼案的经验，他们怎么能审理、判决这类案件呢？其实，我们不应该忘记最高法院也没有证券类案件的判案经验，他们也只能凭自己的想象力和征求他人经验来写作、出台司法解释。从2001年的"暂不受理"通知到2002年"1·15通知"，再到2003年"1·9规定"的这一演变过程足以说明，在一开始就没有相应的审案经验的情况下，出台一部一般性的司法解释有多么艰难。最高人民法院的法官们已尽了他们最大的努力，但毕竟不能逃出证券民事诉讼在中国还是新鲜事的事实。相比之下，如果从一开始就让各地法院在具体审案中去摸索，在审案中征求证券专家与法律专家的意见，外加媒体的报道评论，那种互动过程到今天不仅会让《证券法》已经发挥相应的作用，而且会在这一判例法运作模式中训练出更多有经验、有法律思维能力的法官与律师。这种在具体判案中不断摸索、不断思考的特点也恰恰是美国有许多高水平、受到社会普遍尊敬的法官的原因，因为法律条文只能是原则性的，在具体运作中法官们必须有独立思考和创新的能力。

事实上，成文法司法解释的自上而下的特征也往往使一些解释条款与法律本意相悖，致使法律赋予当事人的一些权利被取消。以

"1·9规定"为例,第十九条第一款规定,如果原告股东"在虚假陈述揭露日或者更正日之前已经卖出证券",那么"人民法院应当认定虚假陈述与损害之间不存在因果关系"。这一条显然使一些被侵权受损、应当得到赔偿的股民被排除在法院大门之外。虚假陈述揭露日或更正日并不是虚假陈述实施日,因此只要张三是在虚假陈述实施日之后做了买或者卖的交易,那么由于张三支付的或得到的股价已受到虚假陈述的影响,所以他就被侵权,他的损害就应得到补偿。道理很简单,虚假陈述引发的证券侵权范围与持续性可以相当地广泛与长久,原因是虚假陈述会人为地影响股票价格,只要股价由此而被扭曲,那么不管任何人是否直接看到或听到过虚假陈述本身,只要他依据被操纵、被玷污的股价进行交易,那么他就受害于虚假陈述,他的被侵权是通过股价这种特殊传导体所导致。因此,即使张三在揭露日或更正日之前已卖出证券,只要他是在虚假陈述实施日之后卖出并能证明损害的存在,张三就应该有诉权,也有胜诉权。

判例法给予审案法官根据具体案情掌握分寸的权力,而自上而下的成文法司法解释则更侧重"一刀切"。"1·9规定"第三十条第一款规定:投资人可索赔的金额以实际发生的损失为上限,而实际损失则包括"投资差额损失"、佣金和印花税及同期银行存款利息(机会成本)。以投资差额计算损失显然在一些案件中合理,在另一些中不适当。比如,如果张三持有的ABC公司股价从虚假陈述实施日到揭露日之间共下跌30%,而同期上交所大盘也下跌了20%,那么要求被告ABC公司赔偿30%的损失则不合理。另一种情况是,ABC股价从实施日到揭露日之间下跌30%,而同期内大盘指数上涨20%,那么只要求被告赔偿30%的损失则太少,因为如果不是ABC公司的虚假陈述,在此期间张三本可以从大盘股市中赚20%的回报率。"一刀切"只会导致一些当事人的权利受到牺牲。

像《证券法》《公司法》《基金法》等这些专业性强并又是全新领域的法律，应减少成文法运作模式的成分，应当更多地依据判例法精神在实践中积累经验，在审案过程中也应该广泛邀请相应专家出庭作证或作为专家审判员。对诸如损失计算、侵权行为与损失间的因果关系等问题，让那些证券专家们来提供意见和建议。

——司法独立与股东权利

"1·9规定"从两个方面突出了司法的不独立，这两点都会以股东权利的牺牲为代价。司法不独立的一个方面是大家讨论较多的前置条件：要么有证监会或其派出机构对行为人做过处罚，要么有生效的法院刑事判决。行政处罚作为股民私诉的前置条件从根本上改变了《证券法》，这不仅使司法不能独立于行政，而且使股民的私诉权完全受制于行政部门的工作节奏与安排。当然，最高人民法院引进行政前置条件是考虑到如果不这样做，案件数量可能太多，但这样做是否让股东权利牺牲太多呢？

"1·9规定"基本认定证券民事诉讼必须由发行人或上市公司所在地的中级法院审理，这一规定或许也是出于审案效率的考虑。但是，众所周知，各地法院在人事、财政和住房等福利上都由本地政府支配，而上市公司又是当地政府经济工作的重中之重。因此，在这种人事与财政都不独立于当地政府的情况下，外地股民到被告上市公司所在地的中级法院起诉时，法院的地方保护主义可想而知。就像在"媒体与财富"部分的分析中看到的，当被告媒体是外地的，那么原告所在地的法院会明显偏向于判外地媒体败诉。因此，只能在被告上市公司所在地的中级法院起诉这一规定，必然导致司法不独立，而且又以股东权利的牺牲为代价。为改变这一局面，改革法院系统的结构势在必行，让各法院在财政、人事上都独立于各地政府。

司法不独立的另一种表现是证券民事诉讼的受理、审理进程受政府换届等政治因素的直接影响。由于众所周知的原因，2002年下半年证券民事诉讼基本处于停顿状态。"1·9规定"第五条把诉讼时效定为从行政处罚决定日或刑事判决生效日算起两年，可是，这两年的诉讼时效期却并不会因某些大会而延长。这又不利于受害股东行使诉讼权。

—— 国有股减持与流通股股东权利

不管上市公司有无虚假陈述或内幕交易，国家作为多数上市公司的控股股东不会去做索赔诉讼。一方面，这使证券类侵权诉讼难以对上市公司责任人形成足够的威慑，因而不利于惩罚欺诈者；另一方面，由于在国家作为股东与流通股股东之间的利益不对称，这种不对称会直接或间接影响司法解释条款的内容和审案法院的行为，比如，法院会为了"保护国有资产"而轻判被告上市公司。因此，国家持股总会影响司法公正。

另外一个相关的事实是，尽管许多基金和机构投资者都持有已受到虚假陈述行政处罚的上市公司的股票，可是，迄今为止已受理的索赔案件中，还没有基金公司和机构投资者以原告的身份参诉。业界人士原来都以为只要有了基金管理公司，有了机构投资者，他们自然会更好地监督上市公司改善公司治理，而且一旦上市公司有违法行为，这些机构投资者会比个人股民更勇于使用法律武器。可是，到了今天，他们一个也没露面。为什么呢？说到底，还是一个所有权问题：只要这些基金公司、证券公司、机构投资者是直接或间接国有的，那么基金公司管理层就没有激励去主动起诉或参诉。从这方面也进一步说明基金业、证券业民营化的重要性。否则，不能指望基金公司、证券公司会帮助改进上市公司治理、保护股东权益。

最高人民法院已做了广泛的努力来增强对股东权利的保护，促进证券市场的发展。合理的司法解释可以让《证券法》对证券市场发展起到积极的作用；如果司法解释更多侧重于限制性条款，那自然会降低《证券法》应有的效率，其作用反而更消极。此外，**如果要建立真正有助于证券市场发展的司法制度、要保护股东权利，除了司法程序细节外，大的司法环境还必须改变。没有真正独立的司法，投资者就不会有真正可靠的法律保护。**

第 23 章
"判例法"的优势

> 判例法是基于"自下而上"的原则,基于第一线的法官根据具体案情去掌握运用的精神,由此"造"出的法律更能反映对专业、对具体案情较了解的法官的判断,能反映普通人的观念,使法律的可操作性提高。

世界上不少国家有股市,但股市在不同国家起的作用,及其带来的经济发展程度却千差万别。为什么会这样?这当然是一个很复杂的问题,有许多像自然资源、历史、文化等这种比较客观的因素,但也有一些是今天或许人们还可以改变的、本来就是人为的因素,比如司法体系。在中国,民事责任诉讼是一个相对较新的事情,由于历史原因,中国更侧重于刑事诉讼和行政处罚。正因为民事诉讼还处于"改革"的阶段,是否可先研究一下哪种司法体系更有利于经济,有利于证券市场的发展,然后在还不算太晚的情况下选择一种"最优"的体系呢?

本章重点比较两种不同的法律体系:判例法系和成文法系。比较的尺度有两个:第一,对股东权益的保护条款;第二,其资本市场发达的程度。目的是看哪一种法律体系更侧重于股东权益的保护,哪一种更有利于证券市场的发展。上一章中我们已介绍,成文法

---

* 本文根据发表在《新财富》2002 年 2 月号的同名文章改写而成。

采取的是一种"从上而下"的造法原则，对起草法律、立法人员的"想象力"要求很高，否则就会出现"暂不受理"的情况。其立法周期、解释周期特别长。相反，**判例法是基于"自下而上"的原则，基于第一线的法官根据具体案情去掌握运用的精神，由此"造"出的法律更能反映对专业、对具体案情较了解的法官的判断，能反映普通人的观念，使法律的可操作性提高。**因法官受到相关法律原则和以往判例的约束，也保证了执法的准则不会随时间而变化。

—— 多种股东权益指标

本章引用到的实证数据来自哈佛大学教授 Fafael La Porta 和 Andrei Shleifer、耶鲁大学教授 Florencio Lopez-de-Silance 与芝加哥大学一位教授 Robert Vishny 的一系列研究论文。其中，一篇题为《法律与金融》，1998 年发表在《政治经济学期刊》；另一篇题为《决定外部融资的法律因素》，1997 年发表在《金融学杂志》上。以下我们把这两篇文章称为"LLSV 文"。该文系统地分析了不同法系下股东权益保护和证券市场发展间的关系。他们根据各国商法最初的来源把 49 个国家或地区分成四大系：以英美为主的判例法系国家或地区（还包括澳大利亚、加拿大、新加坡、以色列、印度、爱尔兰、南非、中国香港等），法国成文法系国家（包括法国、比利时、意大利、墨西哥、荷兰、印尼、西班牙、菲律宾、土耳其、葡萄牙、希腊、巴西、阿根廷、智利、埃及等），德国成文法系国家或地区（包括德国、奥地利、瑞士、日本、韩国和中国台湾），以及北欧成文法系国家（丹麦、芬兰、挪威和瑞典）。

为了便于比较各个国家或地区对股东权利的综合保护程度，

LLSV按以下方式分类定义各指标：

第一，"一股一票"：如果一国或地区的商法或公司法要求普通股"一股一票"的话，那么该项等于1，否则为0。有的国家不仅禁止有"无投票权"股票和"一股多票"股票同时并存，另外也禁止给每一股东的可投票数加上限（也就是，不管持股多少，单个股东能投的票数受到限制）。如果如此，该项也等于1，否则为0。

第二，"邮寄代理股票"：如果一国或地区允许股东以邮寄方式代理投票，那么该项等于1，否则为0。这是方便股东行使权利的方式。

第三，"股东大会时无股票冻结"：如果商法或公司法允许公司要求在股东大会期间各股东暂停出售任何股票，那么该项等于0，否则，如果股东即使在股东大会期间也可继续交易股票，这一项指标等于1。

第四，"累加投票权"：在选举董事会时，如果公司法允许任何股东把他所有的票集中投向一个（或几个）董事候选人，或者少数股东可按其持股比例选派同样比例的董事会成员，则该项等于1，否则为0。比如说，董事会共有9个席位，那么每一股可投9票。一种可能是这9票必须分投在9位不同的候选人身上，这种规则实际上给大股东（尤其是控股股东）过多的或完全的对董事会席位的控制权，使小股东在选举董事时实际上无发言权。相反，如果每一股的9票可全部或集中投向某一董事候选人，那么中小股东也可选上一定数量的董事进入董事会。因此，这种"累加投票权"应该是保护中小股东的重要指标之一。

第五，"保护小股东的机制"：如果小股东可通过司法途径对管理层或董事会的决定进行挑战，该项指标等于1。另外，如果在中小股东反对公司发生重大变化（如被兼并）时，他们有权要求公司按一定价格将他们持有的股票买回——这是一种让小股东权益得到保护的有效方式，如果如此，该项指标也等于1，否则为0。

第六,"优先购股权":公司增发新股时,现有股东可优先购买(除非股东主动弃权),以给其保留现有持股比例的机会。如果如此,该项指标等于1,否则为0。

第七,"召集非常股东大会所需比例":任何股东有权随时召集股东大会,但召集方必须得到一定比例股东的支持。该比例越小,越能保护小股东之利益。该项一般在1%到33%之间。

第八,"小股东权利综合指数":此指数是上述第二到第七项指标之总和,其中,若"召集非常股东大会所需股票比例"低于10%,则第七项指标等于1。这一综合指数的取值必须是在0到6之间。

上述几项股东权利指标中,尤其以第四、五、六和七项为最重要。当然,还有其他的股东权项,比如,巴西、智利、哥伦比亚、希腊等法国成文法系国家,要求上市公司必须把每年的净利润按不低于某个比例(在20%到50%之间)分红给股东。但除法国成文法系国家外,其他法系国家都没有这种法律要求。

第306页表一给出四大法系国家或地区的股东权益指标情况,其中有几点值得注意。第一,多数国家或地区并没有从法律上要求"一股一票",以德国法系国家或地区对该项要求最普遍。第二,判例法系国家或地区最普遍允许邮寄代理投票,而法国、德国成文法系国家或地区基本都要求股东亲自出席,而不允许邮寄。第三,判例法系国家和北欧国家都允许在股东大会期间股票交易继续自由进行,而德国和法国等成文法系国家则趋向于禁止交易。第四,在"累加投票权"这一项上,北欧诸国都不允许以集中投票方式选举董事,因此在北欧,董事会完全由大股东控制。在其他法系中,该项基本类同。第五,在"保护小股东"权益机制方面,也就是在小股东权益受到牺牲时,他们有无司法或其他途径寻求保护呢?判例法系国家这一点上

表一：各法律体系和一些国家或地区的股东权利指标明细表

数据\指标\国别	一股一票	邮寄投票表决	股东大会前无股票冻结	累加投票权	小股东保护机制	优先购股权	召开非常股东大会所需比例
澳大利亚	0	1	1	0	1	0	0.05
加拿大	0	1	1	1	1	0	0.05
中国香港	0	1	1	0	1	1	0.1
新西兰	0	1	1	0	1	0	0.05
新加坡	1	0	1	0	1	1	0.1
南非	0	1	1	0	1	1	0.05
英国	0	1	1	0	1	1	0.1
美国	0	1	1	1	1	0	0.1
判例法系平均	0.17	0.39	1	0.28	0.94	0.44	0.09
阿根廷	0	0	0	1	1	1	0.05
比利时	0	0	0	0	0	0	0.2
巴西	1	0	1	0	1	0	0.05
法国	0	1	0	0	0	1	0.1
意大利	0	0	0	0	0	1	0.2
墨西哥	0	0	0	0	0	1	0.33
荷兰	0	0	0	0	0	1	0.1
菲律宾	0	0	1	1	1	0	—
西班牙	0	0	0	1	1	1	0.05
法国法系平均	0.29	0.05	0.57	0.29	0.29	0.62	0.15
奥地利	0	0	0	0	0	1	0.05
德国	0	0	0	0	0	0	0.05
日本	1	0	1	1	1	0	0.03
韩国	1	0	0	0	1	0	0.05
瑞士	0	0	0	0	0	1	0.1
中国台湾	0	0	0	1	1	0	0.03
德国法系平均	0.33	0	0.17	0.33	0.5	0.33	0.05
丹麦	0	0	1	0	0	0	0.1
芬兰	0	0	1	0	0	1	0.1
挪威	0	1	1	0	0	1	0.1
瑞典	0	0	1	0	0	1	0.1
北欧法系平均	0	0.25	1	0	0	0.75	0.1

最强（平均指标值为0.94），北欧国家次之，最差的为法国成文法系与德国成文法系国家或地区。像在法国、意大利、德国、瑞士、比利时和希腊，小股东没有太多渠道因反对管理层或董事会决议而得到某种补救。第六，除法国成文法系国家外，在其他国家或地区都相对较容易召集非常股东大会，一般要求有10%左右的股东支持即可。

图一给出各法系国家"小股东权利综合指数"的平均值。综合而言，英美判例法系国家与地区对小股东权利保护得最好（平均指数为3.39），北欧次之（平均为2.5），德国成文法系为2，而法国成文法系最差（平均1.75）。

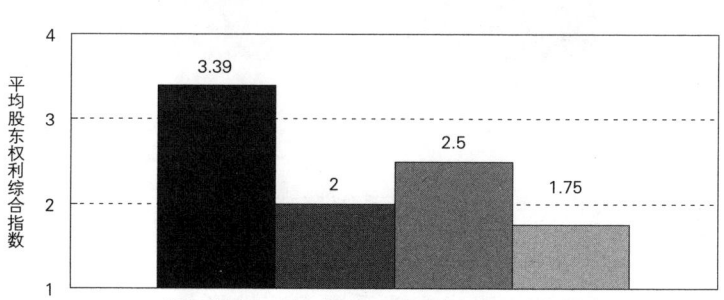

图一：各法律体系下"小股东权利综合指数"的平均值

—— 保护股东权利与证券市场发展

我们可从几个方面来衡量一个国家或地区证券市场发展的程度。第一个指标是"股市总市值与该国或地区国民生产总值（GNP）之比"（简称"股市/GNP"）。这一指标考虑到不同国家或地区的经济规模有别，因此不能简单以股市规模的大小来衡量。显然，股市/GNP越高,股市发展程度越强。图二给出四大法系国家或地区的平均情况。可清楚看到,英美判例法系国家或地区的股市最发达(股市/GNP平均为1.05),德国成文法系次之(0.70),北欧第三(0.64),法国成文法系最低(0.45)。因此,对小股东权益保护越强,一个国家或地区的股市则越发达,其中以判例法系为最突出。

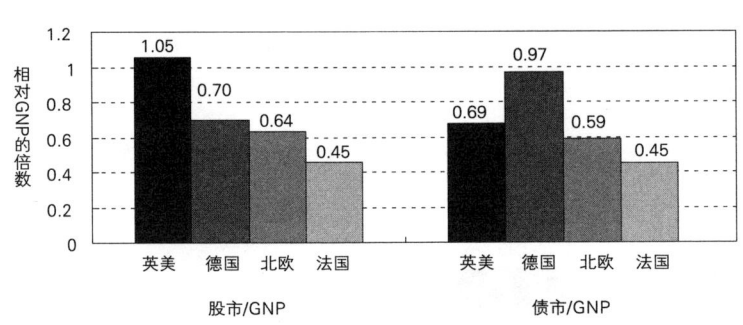

图二:各法律体系下股票市场和债券市场的发展程序
(相对各国国民产值)

另外,我们也可看看各法系国家或地区债务市场的发展情况。这里用到的指标为"债券市场总值与GNP之比"(简称"债市/GNP")。图二中,德国成文法系国家或地区债务市场最发达(债市/GNP之比平均为0.97),英美判例法系次之(0.69),北欧紧跟(0.59),法国成文法系最弱(0.45)。就像大家所熟悉的,德国、日本、中国台湾、韩国是有名的侧重银行和债务融资的国家或地区,相应地它们对债权人的保护也最突出。

当然,如果把股市/GNP和债市/GNP加起来,我们可看到,就总体资本市场发展而言,还是英美判例法系国家或地区最发达(总比值为1.74),德国系次之(1.67),法国系最差(0.90)。

第二个测度一个国家或地区股市发展程度的办法是看平均每百万人口有多少家公司上市。这一尺度侧重一国或地区人口的多少，而不是其经济规模。另外，也不管每个上市公司的大小，都同等对待。图三显示，英美判例法系国家或地区平均每百万人口中有35.45个公司上市，北欧平均有27.26个上市，德国成文法系有16.79个，法国成文法系只有10个。

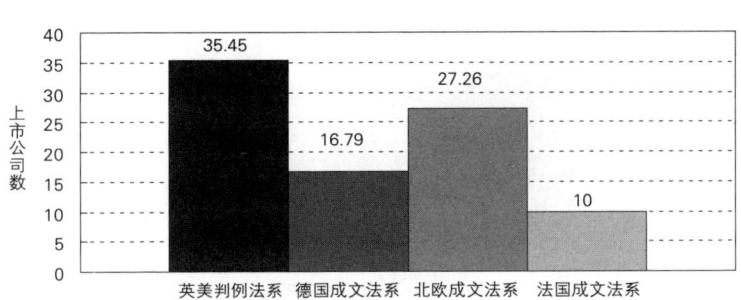

图三：各法律体系下平均每百万人口的上市公司数

平均每百万人口有多少公司上市

对中小股东权利的保护程度显然对证券市场的发展举足轻重。下面，我们也可以进一步分析外部融资程度跟"小股东权益综合指数"之间的关系。一般而言，对中小股东权益的保护越差，上市公司股权分散程度会越低，股份越会集中在大股东手中。相反，对中小股东保护越强，相应的信任程度就越高，上市公司就越容易向众多投资者融资，股份持有的分散度会越高。在现实中是否真的如此呢？

LLSV用"每个上市公司三个最大股东之外的持股总市值"与该国或地区GNP的比例来衡量持股分散度，并称其为"外部融资比例"。这个比例反映的是那些分散持有的股票价值相对该国或地区的

GNP 到底有多大。图四给出各法系国家或地区的平均外部融资比例。从这一指标进一步看到，英美判例法系国家或地区的持股分散度最高（0.60），德国系次之（0.46），北欧第三（0.30），法国系最后（0.21）。这显然说明，在英美判例法系国家或地区，中小投资者最放心把钱投出去，委托上市公司去经营他们投入的资金与企业。

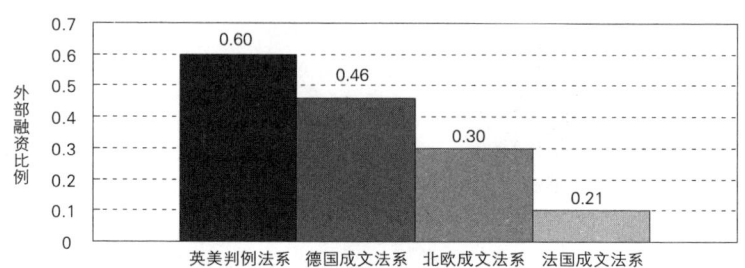

图四：各法律体系下的外部融资比例
（各公司三位最大股东之外的持股总市值与 GNP 的比例）

上面我们是按法律体系对各国或地区的分类，另外，我们也可按"小股东权利综合指数"的高低将这 49 个国家或地区分成三组："最差"（该指数最低的 1/4 国家或地区），"中等"（中间的一半）和"最好"（该指数最高的 1/4）。第 311 页图五显示出这三组国家或地区的"平均外部融资比例"和"平均每百万人口的上市公司数"（以看出相应股市总体发展程度）。其中，"小股东权利保护"最差组的平均外部融资比例为 19%，中等组为 39%，而最好组为 58%。这三组的平均每百万人的上市公司数分别为 12.05、20.03 和 35.68。因此，保护中小股东权益的程度最终是决定股市发展成败的重要条件。

最后，我们分析"法治"与股市发展的关系。关于各国或地区

图五：股东权利保护（按"小股东权利综合指数"排）和股市发展程度

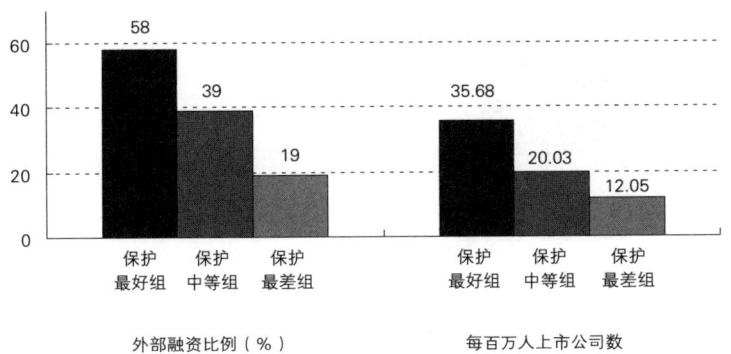

法治的程度，有一份月刊《各国风险评估指南》对拥有股市的各国或地区在 0 到 10 之间进行评分（越高越好），该刊物为各个国际投资经理和国际商务职业提供一种权威性的评估，已经成为从业者普遍接受和参考的权威性指标。按照这一指标，我们可重新把 49 个国家或地区分成三组："法治最差"组（最低的 1/4 国家或地区），"法治中等"组（中间的一半）和"法治最好"组（最高的 1/4）。从第 312 页图六中我们看到，法治最差的国家或地区平均每百万人口有 8.51 个上市公司，法治中等的平均为 22.36，而法治最好的平均每百万人口有 33.08 个上市公司。另外，这三组国家或地区的平均"债市/GNP"分别为 0.34、0.63 和 0.70。因此，法治越好的国家或地区，其股市和债务市场都越发达。

—— 判例法也应是中国的选择

正如财经媒体这几年所强调的，保护股东权益与法治是中国证

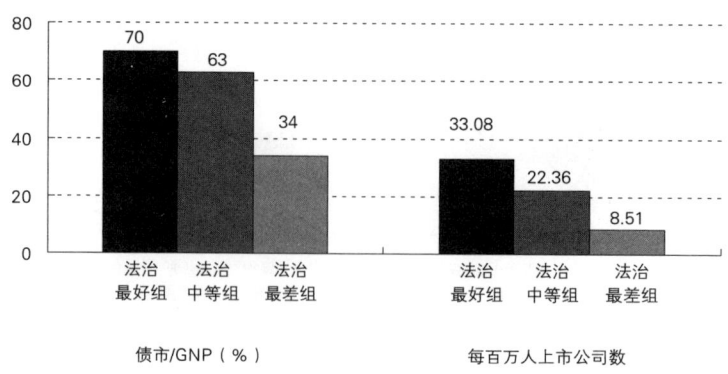

图六：法治程度和证券市场发展

券市场发展、整个经济发展的必要条件。本章介绍的几位著名教授多年的研究结果，也从 49 个国家或地区的经历验证了这一点。同时，这些数据也证实了判例法对证券市场和经济发展的好处。

为什么判例法系国家或地区普遍对股东权益保护得最好，从而使其证券市场最发达呢？正如上一章讲到，判例法体系最有利于法治在不同时间的一致性，因为法官在今天审理案件时不能不依照以往的判例。在经济领域，这些年我国改革的惊人成果证明：**如果让在市场第一线的从业者决定经济事务，那么就最能发挥经济领域各方的潜力与能力，最可能达到资源的有效配置。在司法中，判例法也强调由处于第一线的法官遵照相应法律原则去审案，因为他们最直接了解诉讼案件的细节。**或许正是因为由处在第一线的法官去掌握对法律原则的操作细节，使判例法系国家的证券诉讼准则更能反映普通股民的声音，使判案的法官更能为股民利益着想。长此以往，判例法系国家自然形成了最强的股东权利保护体系。

第 24 章

集体诉讼是保护股民的有效方法

> 在受侵害者众多，又无经济激励去单个诉讼索赔的情况下，集体诉讼是一种最有效的司法程序，也最有利于社会安定，有利于司法公正。

2002 年 1 月 15 日，最高人民法院通知各地法院，暂时可受理由虚假陈述引起的证券民事索赔案。出于多种实际考虑，高院暂时只允许单独（个人）诉讼，兼有必要的共同诉讼。比起 2001 年 9 月 21 日的"暂不受理"，年初的"通知"已使我国证券市场基础建设往前迈出了一大步。但作为证券民事诉讼的下一步，设置并推广集体诉讼应是首要的项目。

为看清集体诉讼的必要性，我们不妨以银广夏为例。照 2002 年年初通知的虚假陈述诉讼前提条件，受害的前银广夏股民暂时还不能正式上诉索赔。即使证监会正式确认银广夏的虚假陈述，如果众多银广夏股民均提出个人诉讼，将会带来许多实际运作上的问题。

---

* 本文原文发表于《新财富》2002 年 4 月号。郭峰律师、贾纬、张勇健、周帆法官、石宏对此文亦有贡献。

——缺乏集体诉讼难以向银广夏索赔

根据巨潮资讯网提供的资料，截至1999年年底，银广夏共有5万多名流通股股东。对于即将发生的众多对银广夏的单独诉讼，可能出现的问题如下：

第一，多数受害股民根本就不会去起诉。原因是经济上不合算。这5万多股民的平均持股量大约为2000股（流通总股本为1亿多股）。假如平均每股因受欺诈而损失15元（银广夏在2000年最高价达40多元，2001年9月后跌至每股5元左右），那么每个股民平均受损约为3万元。尽管每位股民的索赔数目可为3万元，但实际可得到的赔偿通常要少于这个数。根据银广夏公布的2001年年中报看，其净资产（股东权益）到2001年年中仅为约5.18亿元。也就是，如果总共有4万股民起诉的话，平均每人可从银广夏得到的赔偿不过1.2万余元（不包括银广夏董事、高层管理人员和中天勤会计师事务所应做的赔偿额）。但即使如此，这1.2万元的上限赔偿费还得支付律师费、诉讼费、股东自己须花的时间和亲自去银川打官司的差旅费。因此，多数股东的利益仍将受到更大的损害。

第二，个人诉讼给银川中级法院的工作量太大，浪费法院的资源。即使最后只有5000名股民起诉，每一个案的诉讼文件与证据以1千克算，这些个案文档加在一起就达5000千克。另外，即使每一诉讼案只须花1个小时，银川中级法院共须花5000个小时。按每天8小时算，法院须花625个工作日才能处理完，大约要3年时间。这些计算还只是针对银广夏一个公司，还有其他有虚假陈述的公司呢？

第三，正因为银广夏今天所剩的净资产仅有5亿余元，众多受害股民会竞争起诉，谁能起诉得早，得到赔偿的可能性就越大，可得的赔偿额就越多。越是晚诉，越可能一分钱赔偿都得不到。在法律上，这极不公正。

第四，按前面的粗算，如果有5000名或更多股民分别进行个人诉讼，诉讼案的数目和持续的时间会过于分散被诉公司的注意力，消耗其资源，甚至可能迫使其破产。当然，这种消耗或许对其他上市公司构成足够的威慑，但另一方面，也可能导致一些社会资源的浪费。

以上几个方面说明，个人或者多人的共同诉讼难以了结对类似银广夏的索赔诉讼。

——集体诉讼优于共同诉讼成为股东民事索赔的普遍手段

集体诉讼起源于12到13世纪的英国，后于1966年正式纳入美国"联邦民事程序法"。20世纪60年代和70年代中，美国的集体诉讼还主要应用于消费品民事责任类案件中。在证券类民事案中的应用集体诉讼主要是从1980年开始，这主要是由于相对共同诉讼，集体诉讼有其优势，下文将会有说明。

除英美之外，其他允许集体诉讼的国家或地区包括加拿大、澳大利亚、新西兰、马来西亚、韩国和中国台湾。除韩国和中国台湾以外，其他国家均为判例法系国家（这也从另一方面说明了上一章指出的为什么判例法系国家对中小股东权利保护最好，法治最强，证券市场也最发达）。

那么，什么是集体诉讼（也叫集团诉讼）？

以集体诉讼运用得最广泛的美国为例，多人诉讼大约分两种。第一种是"共同诉讼"（joinder），由多位受害人结合一起诉讼，事由必须相同，案发时间与内容也一样，一般要求共同参诉者每人出庭作证或发誓申明,每人得亲自参诉。这种形式比个人诉讼效率要高些,也节省一些资源,但改进不是太多。像将来对银广夏之类的民事诉讼,即使允许共同诉讼,要求众多参诉人一一登记、分别出庭,也是一个繁琐、漫长的过程,而且没有从根本上解决上面说到的前三条理由。

第二种是"集体诉讼"(class action),由一位或两位原告(也称"牵头原告"或"首席原告")代表众多受害者提出起诉,首席原告和被代表的数目众多的原告在诉由上必须相同,在利益上必须一致。在诉讼过程中,只有首席原告代表所有其他(匿名的)原告参加,包括与律师交涉、进行和解谈判、搜取证据、为开庭做准备等。一旦达成和解或得到法院的判决,所有参诉的成员(甚至包括未参诉的受害者)都不可再以同样事由对被告方提出起诉。

集体诉讼与共同诉讼的主要差别有:

第一,参加共同诉讼的每位成员必须亲自直接参诉,对整个诉讼过程负责。而集体诉讼中除首席原告外,其他所有受害者都不须直接参诉,甚至也无须知道有这样一个诉讼案在进行,一旦赔偿额被确定,各间接参诉的受害人均会按比例得到一份赔偿,任何不愿参诉的受害者必须亲自申请退出,否则就算自动参诉。

第二,共同诉讼需要律师进行较多的组织工作,把参诉各方组织在一起。而集体诉讼中无须组织多人,律师只须与首席原告交涉,因此也不会带来任何社会稳定的问题,反而可以一次解决众多股东的索赔问题。

第三,共同诉讼中各参诉者自己对律师费与其他费用负责。而集体诉讼中都采用"胜诉才收律师费"的方式,也就是律师按"诉讼风险"收费,部分诉讼费用先由首席原告支付,而所有其他匿名的受害者都不需要支付任何费用,这最有利于中小股东权益的保护

（尽管中小股东得到的赔偿金额通常不多，但至少得到了赔偿）。

第四，共同诉讼中全部或多数参诉者都得出庭或提供证词。而集体诉讼中只须首席原告出庭或提供证词，这使诉讼过程相对简单。正因为集体诉讼中绝大多数原告是匿名、不直接参诉，整个过程需要法官的介入，包括首席原告、首席律师、律师费等都得经过严格司法程序由法官决定。

在美国，证券集体诉讼之所以于1980年才开始运用，是因为在此之前，每位参诉股东必须宣誓申明他确实是根据被告的虚假陈述而决定买进或卖出股票的，必须证实其买卖股票与被告欺诈行为间的因果关系。这一举证要求使证券集体诉讼完全成为不可能。

但1970年的一些判案奠定了"市场欺诈理论"（fraud-on-the-market theory），也就是在公司要员通过虚假陈述或其他操纵行为使股价上涨后，根据操纵后的价格交易，该股票持有者就自然受到欺诈行为的侵害。因此，受侵害股东不需要亲自提供证词，只要有记录证明其交易时间是在虚假陈述之后，即可建立欺诈与交易的因果关系。

这些里程碑性的案例为证券集体诉讼清除了最后一道障碍，从1980年年初开始，集体诉讼成为美国保护股东权益的最有效的司法程序，也是最普遍使用的股东民事索赔手段。

——美国历年证券集体诉讼情况

第318页图一给出了自1991年至2001年美国各联邦法院受理的证券集体诉讼案数。

除2001年外，其他各年受理的案件数都在200件左右。这些年美国上市公司总数大约为1.1万家，因此每年约有2%的上市公司

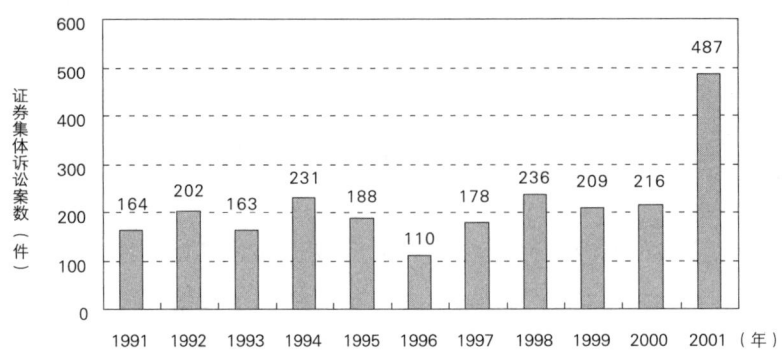

图一：1991 年至 2001 年美国证券集体诉讼案数

被股东提出集体诉讼。其中，1996 年的集体诉讼总数仅为 110 件，原因是那年美国国会正在审议《个人证券诉讼改革法案》（Private Securities Litigation Reform Act，PSLRA），该法案旨在给上市公司要员一定的"言论安全区"，提高证券诉讼举证责任标准，减少边界性诉讼案。该法案通过后，当年律师界与法院还不十分清楚如何在此法案下运作，使 1996 年提交的诉讼案特别少。之后，证券集体诉讼案的举证重点都转向上市公司的财务表、季报和其他正式公布的材料，从中找寻虚假陈述、假账、内幕交易的证据。

2001 年的集体诉讼案高达 487 件，创历年新高，主要原因是 1998 年、1999 年和 2000 年网络股、高科技股大涨，然后从 2000 年中开始又不断下跌，致使许多股民损失重大，为索赔创造了条件。以往的经验是，股价上涨时证券诉讼少，但下跌时集体诉讼就多。

从第 319 页图二中我们看到，所有证券集体诉讼案中有 60% 的指控涉及虚假陈述、财务造假，56% 涉及内幕交易。也就是说，许多诉讼案中既有虚假陈述，同时又伴随着内幕交易。

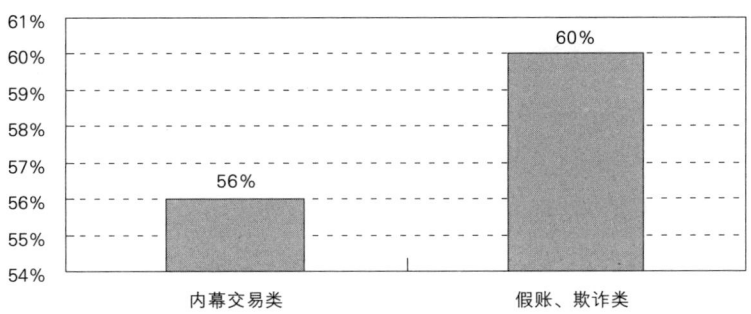

图二：证券集体诉讼按指控类型分

第320页图三显示，2001年的487件案件中有49%是起诉科技业上市公司，银行金融类公司占总数的3%。从图二和下页图三中可见，上市公司所有权与控制权的分离、股东与管理层之间的信息不对称，是导致虚假陈述的根本基础。这种分离与信息不对称在科技类公司中表现得尤其突出。由于科技类股价涨跌的幅度较大，对消息的敏感度高，同时它们的收入与利润又最不好预测，极容易使股东与管理层间的信息不对称达到极端。在股民的预期极为偏离时，上市公司的经理们更有压力去做假账或给出误导性陈述。因此，科技公司更容易被起诉。

第320页图四显示，只有8%的集体诉讼案在一年内就了结（通常是因为被法院驳回），共有26%的诉讼在两年内了结（驳回或和解），在三年内了结的只占所有案件的39%。因此多半的案件要持续三年以上，这也说明虚假陈述、违反股东权益的代价较高。

第320页图五给出证券集体诉讼案的平均赔偿费，1991年达成和解的平均每案赔偿费为630万美元，1999年为1290万美元，

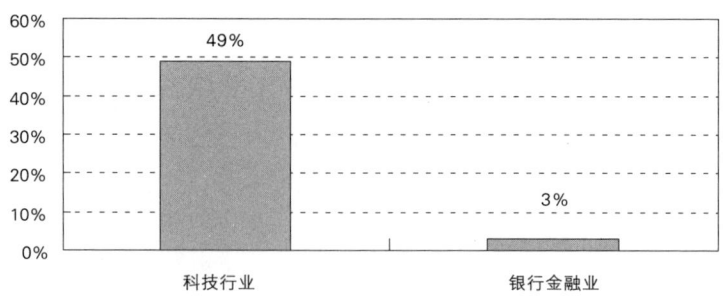

图三：证券集体诉讼按行业分（2001年）

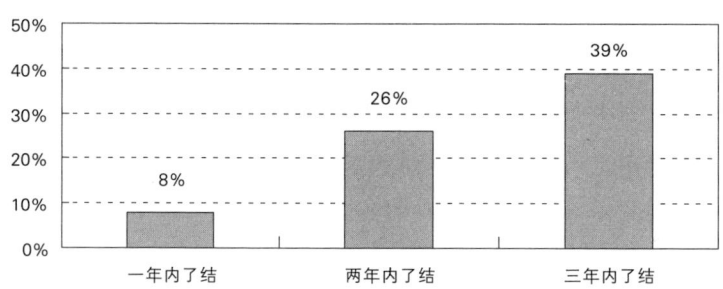

图四：集体诉讼案官司打多久？

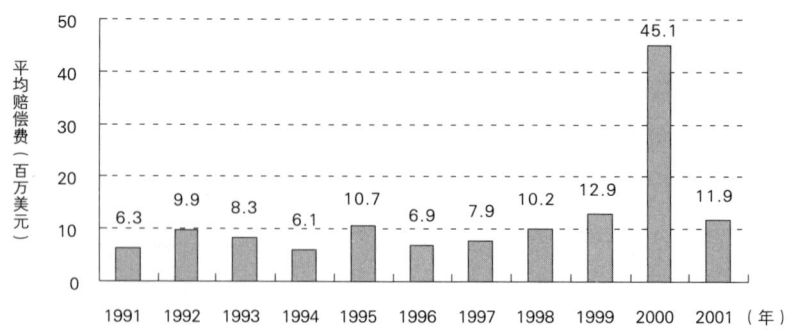

图五：证券集体诉讼案平均赔偿费

2000 年则为 4510 万美元。2000 年之所以格外高，是因为山登公司一案的赔偿费就为 31.85 亿美元，创历史纪录。

股东得到的赔偿费通常是索赔损失额的 6%～10%。另外，过去 11 年中平均有 81% 的证券集体诉讼案在开庭前和解，18% 被法院驳回，只有 1% 的诉讼案走完一审全过程。可见，美国的法官一般都尽量鼓励各方达成和解，以减少社会成本，也减轻控辩双方的负担。

此外，在达成庭外和解的案件中，如果有假账类指控，则赔偿费比其他类诉讼高 30%；如果假账指控被证实，则赔偿费要多 90%；如果五大审计公司之一也为被告，赔偿费则平均多 79%。有意思的是，为了维护信用，不让持久的诉讼程序损害其名声，在五大审计公司之一也被起诉时，如果法院不驳回诉讼案，每次都早早达成和解，不会持续到开庭的那一天。

最后，第 322 页图六显示了证券集体诉讼案每案的平均律师费。自 1991 年开始，胜诉律师费基本呈上升趋势，1991 年达成和解的平均每案的胜诉律师费为 210 万美元，到 1999 年和 2000 年则超过 400 万美元。整个 11 年中最高的一次是对山登公司的股东集体诉讼，在 2000 年达成和解时法官批准的胜诉律师费为 2.63 亿美元。比较第 320 页图五和下页图六，我们看到胜诉费平均约为总赔偿额的 30%。

正是这种风险大但数额高的律师费，使原告律师即使先不收费，但照样有充分的激励为原告方利益效劳，集体诉讼才得以应用。也正是这种风险费让众多受害的小股东在无法支付律师费的情况下，能够通过司法得到部分补救。此外，由于胜诉费很高，美国有一些律师所（如在纽约的 Milbery Weiss）专门投身于证券集体诉讼，每天、每时去跟踪各上市公司的财务报告与新闻发布，把今天的陈述与过去的做对照比较，去搜集虚假陈述证据，为下一个集体诉讼做

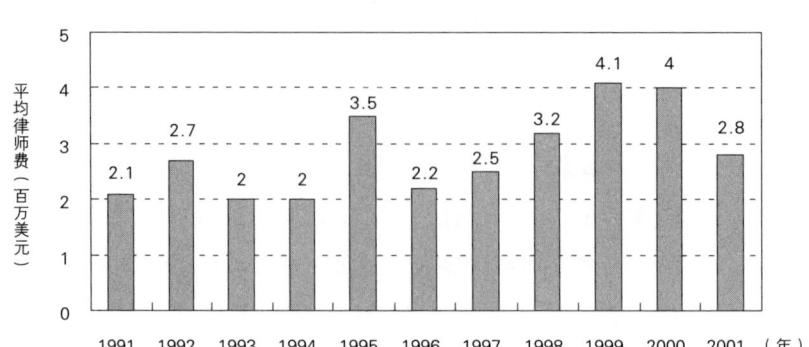

图六:证券集体诉讼案平均律师费

准备。这种跟踪的目的是为了赚钱,但其社会效果却是规范了证券市场的运作,保护了中小股东。

—— 集体诉讼实施的条件约束

按美国"联邦民事诉讼程序法"第二十三条,只有在以下4个条件均满足时主管法官才可将一个多人诉讼案定为"集体诉讼"。

第一,集体成员众多。起诉方律师必须证明,受损人数多到无法进行"共同诉讼"的程度。

第二,各成员诉由应相同:要么有同样的法律问题,要么有同样的侵权事实。

第三,首席原告的指控应该与其他成员的指控一致,两方的利益也必须一致,以保证首席原告真能代理其他成员参诉、谈判等。

第四,首席原告必须确实能代理其他集体诉讼成员参诉。一方面,这要求前者与后者无利害冲突;另一方面,这要求所推荐的首席原告真正能为其他成员的利益去努力，也就是尽管首席原告可能有能力代理所有成员，但他也必须有足够多的时间与精力为整个诉讼集体去争取权益。

诉讼集体成员一般根据某一时段内买进（或卖出）某股票的事实来界定，所有满足这一条件者自然成为诉讼集体之一员。如果由此定义的诉讼集体满足上述四个条件，主管法官将正式立其为集体诉讼案。办案过程的其他细节，在此仅补充以下几点：

第一，一旦首席原告选定，其他诉讼集体成员均不直接介入，因而成为"缺席原告"或"匿名成员"。正因为此，诉讼过程中的许多重大事项都由法官在与首席原告协商的情况下，代表缺席原告的利益做决策。比如，首席原告可推荐"首席律师"，但在选定首席律师之前，法官一般邀请多家合格律师所参加投标。一旦所有的律师费投标收到后，法官给首席原告推荐的律师一种优先权：首席原告推荐的律师要么接受最低的费用投标并成为首席律师，要么就放弃机会，让投标最低的律师所成为首席律师。这种投标过程可保证以最低的费用为诉讼集体找到最合格的律师代理。

第二，诉讼和证据调查过程中，法官一般都禁止被告方去直接召见或骚扰缺席原告成员，以避免被告方以这些手段影响原告集体的一致性，也禁止被告方去误导任何原告方成员。

第三，一旦与被告方达成初步和解条件，首席原告和律师所需要立即刊登广告，通知其他集体成员，并给他们反对和解或退出集体诉讼的机会。此后，法官举行正式和解听证，听取各参诉成员对和解条件的意见。如果听证会表明和解条件足够合理，法官会正式批准协议。

一旦双方达成和解或得到法院的判决，法官最后还得审定两项事情。第一项是如何分配和由谁来分配赔偿费。这项工作一般是由专门从事集体诉讼赔偿分、送的独立服务公司负责。另一项是律师胜诉费。在集体诉讼中,首席原告不能与律师直接锁定律师费,而是通过前面介绍的投标过程确定,但在最后支付胜诉费之前,法官还得举行最后听证,在确信合理的情况下胜诉费和其他律师费才可支付。因此,与个人诉讼和共同诉讼不一样,整个集体诉讼过程都得到法官的监督,以保护缺席原告的利益。

—— 有好的法律条文还须有相配的诉讼程序

上一章谈到,判例法系国家证券市场最发达的原因之一是它们对股东权利保护最好、法治也最强。它们之所以能实现最好的股东权利保护,不仅在于法律条文上如此,也在于从诉讼程序上给中小股东许多便利。相比之下,在大陆法系的德国,其书面成文法给股东的保护很多,但一旦股东权益受到侵害,要想上法庭得到赔偿,其侵权诉讼程序上的种种障碍使受害的股东只好望而却步。也就是说,书面上法律条文可以完美,但如果没有相配的诉讼程序提供便利,那也无实效。

在受侵害者众多,又无经济激励去单个诉讼索赔的情况下,集体诉讼是一种最有效的司法程序,也最有利于社会安定,有利于司法公正。

第 25 章

美国如何对待内幕交易

> 美国打击"内幕交易"的法律实践中惯用的理论大体有两种。一种理论认为，内幕信息本身是无形产权的一种。这种财产的所有权应当属于公司本身，这种信息应当以最能促进公司股东福利的方式进行使用。非法的内幕交易等同于对私有财产的侵犯。

1999 年 5 月，深锦兴科技有限公司（以下简称"深锦兴"）发布公告，称亿安集团成为深锦兴的最大股东之前，罗成执掌的亿安集团已经与深锦兴的第一大股东深圳商贸投资控股公司进行了几个月的谈判。随着谈判的深入，深锦兴的股价小步紧跟，从上一年 9 月的 5.7 元涨至 20 元有余，成交量也不断放大。不久，深锦兴改名为亿安科技，接下来的消息与发展更加连续不断，内幕交易也进一步升温。2001 年 4 月 25 日，中国证监会对此间唱主角的四个庄家以"联手操纵"为由罚款 8.98 亿元。但实际上，亿安科技案中不仅有违规操纵，而且有严重的内幕交易。比如，这四个庄家中三家的法人代表都姓罗：董事长罗成及其妹妹和司机。公布的处罚中并未涉及这些个人，也不是针对内幕交易。

如果这种案件发生在美国，那会怎样呢？他们会怎样举证？以何种方式立案？由于该案触犯的《证券法》与《公司法》条款特别

---

* 本文基于作者与岳峥共同发表在《新财富》杂志 2002 年 1 月号的同名文章改写而成。

多，也因为其行为与性质特别离谱，近些年在美国还真不容易找到这么赤裸裸的内外联手的证券案。美国股市的规范，其功劳还得归属于美国证监会。

1933年以前，美国股市可以说是真正意义上的自由市场，既没有严格的证券法律，又没有相关的监管机构。1929年10月的股灾给美国带来了史无前例的经济大危机，那次大危机不仅给人们带来了深重的痛苦，也从根本上提出了规范股市的必要。于是，1933年国会通过《证券法》，1934年通过《证券交易法》，并于同年成立美国证监会。历经多年的摸索，美国证监会被授予多种稽查、执法权，包括可以给予证券交易有关的法人和自然人传票，这意味着任何忽视其传票的人均犯有"阻碍司法程序罪"，任何在被传票作证时说谎的人均犯有"伪证罪"。它也可从银行和证券公司抽调任何嫌疑者的账户记录。因此美国证监会是证券交易的"警察"，并可直接立案提出民事起诉。当然，从本章的案例中我们也会看到，美国证监会并不是为所欲为，它也必须举证，很多案件都得由法庭判决，而且在任何人对它的决定不服时也可以到法庭对证监会起诉，因此举证责任很重。

本章集中分析的案例发生在IBM收购莲花（Lotus）软件公司的过程中：

原　　告：　美国证监会
被　　告：　洛琳·卡萨诺（Lorraine Cassano），她的丈夫及其他23名个人投资者和证券从业人员
诉讼原由：　IBM公司于1995年6月5日宣布收购莲花软件公司。IBM的女秘书洛琳·卡萨诺在此前将内幕告诉丈夫，然后其丈夫又告诉朋友，朋友又告诉朋

友，一直往下传了 6 层。获得此内幕的朋友们事先购买了莲花股票和股票期权，共获利 130 万美元。

在 2001 年 8 月 27 日纽约南区法官为此案的最后一个诉讼做出判决后，该案经过 5 年的努力总算结束。这项诉讼案在美国引起很大反响，不仅因为其规模是自 1934 年证监会成立以来最大的，也因为内幕消息都源于一个非常普通、贫困的女秘书，其他 24 名被告均不是 IBM 和莲花软件公司的雇员，都为普通老百姓，多数在此前从没碰过股票。更有意思的是，除洛琳·卡萨诺的丈夫以外，这些被告的内幕消息都不是直接来自洛琳，而是通过"朋友告诉朋友"的方式一层一层往下传，最远的被告离洛琳相隔 6 层之远，有些当初连洛琳是谁都不知道。但是在证监会提供的证据面前，陪审团还是判 6 层之外的被告犯有"内幕交易罪"。在该案审理中，众多被告无法充分证明自己的清白，最后除三名被告无罪外，其他人要么提前妥协和解，要么被判有罪，也导致三名被告个人破产。

在美国，内幕交易罪的判定跟被告是否为公司的雇员无关。当然，如果是公司雇员（尤其是经理），举证就更容易，情况也更严重。在下面介绍的辩论中，我们会看到，法官关注两点：**第一，在决定买卖该股票时，被告是否知道自己得到的信息是内幕消息。第二，如果他知道这是内幕消息，那么他是否知道这消息是来自 IBM 或莲花软件公司的雇员，或对这两公司之一负有诚信责任的人士？** 这两点中，后者更重要，因为内幕交易之所以属非法，关键在于内幕信息是公司拥有的无形资产，那么因为公司所有雇员都对其股东负有诚信责任，在他们掌握内幕信息时无权去利用这信息去牟私利。由此类推，当局外人从对公司负有诚信责任的内幕人手中得到内幕信息时，这种诚信责任就自然延伸到此局外人身上。

由于该类诉讼在中国还是新鲜事,下面我们对此案的全过程做一介绍。从中我们可看到像亿安科技等等这样的中国内幕交易案应该如何处理。

—— 案件背景

IBM是国际商用机器公司的简称。它建立于1896年,是世界上最大的信息技术公司。从1924年开始,IBM在信息技术发展的每个里程碑阶段都处于领先地位。1950年以前,它垄断了数据处理行业,主要是打卡机、读卡机和卡片等的生产。1950年以后,公司在传奇领导人汤姆·沃森(Tom Watson Jr.)的领导下,迅速进入计算机行业。到1991年为止,公司年收入已达648亿美金,在全球雇用了超过34万员工。当时的主业包括大型主机系统、小型计算机、个人计算机和网络设备。但是,IBM在信息产业全面进入个人电脑时代时,连续犯了几个战略上的失误。IBM利用开放性的系统结构打败了过去的对手苹果电脑公司、数字设备公司和王安公司等。但是,由于英特尔公司和微软公司分别控制了硬件和软件的行业标准和关键部件,IBM陷入受制于人的境地。一方面,与微软公司合作开发的操作系统OS/2遭到微软的拖延和竞争,未能成为业内主流。另一方面,在硬件市场个人电脑日益成为大众商品,大型机市场迅速萎缩的情况下,电脑销售的利润越来越薄。1992年和1993年,公司遭受空前的利润损失。公司董事会迅速做出反应,聘请了外来的管理名人路易·郭士纳(Lou Gerstner)担任首席执行官。郭士纳针对IBM的历史包袱和现状果断进行改革和改组。公司放弃以往僵硬的人才管理制度和保守的公司文化，迅速转向以个人电脑为中心的网络时代。郭士纳还着重加强了公司在软件和服务方面的投入。他认识到，尽管 IBM 在当时的软件销售高于微软公司，但这些软件的未来增长十分有限，并且没有像微软"Windows"那样的拳头产品。于是，郭士纳展开了一系列的收购兼并活动以增强公司在软件上的长远竞争力。从 1995 年 3 月开始，IBM 向莲花软件公司提出友好兼并的建议。

莲花软件公司是美国最优秀的软件公司之一，最著名的产品包括 Amipro 文字处理和 1-2-3 表格软件。莲花软件公司也是推出组合办公软件的先驱之一。进入 20 世纪 90 年代，莲花软件公司遭到微软公司的强有力竞争，微软最终夺取了办公软件几乎全部的市场。但在办公软件市场上，莲花的拳头产品 Lotus Notes 仍然占据统治地位，一半以上的跨国公司都用莲花的产品来进行内部信息的交流和管理。

IBM 看中了莲花的这些技术优势，莲花也需要 IBM 这样的巨大财务实力和销售支持才能与微软进行激烈竞争并得以生存。但是整个合并过程却是一波三折，资本市场一直无法对形势做出判断。这可以从莲花的股价走势中看出。在合并消息宣布之前，莲花软件的股价一直徘徊在 30 到 35 美元之间。

IBM 很早就开始在探讨与莲花软件的友好合并。但是，莲花公司的首席执行官吉姆·曼兹（Jim Manzi）坚信莲花当时的困境只是暂时的，王牌产品 Lotus Notes 会继续保持在协作软件领域的优势地位，因此不必出售莲花公司。资本市场认为，IBM 会设法说服曼兹，或者等待微软公司带来更多的市场压力。华尔街也认为，由于曼兹在任期间，莲花软件的股价一直低迷不振，他与几个关键技术开发人员关系僵化，如果 IBM 接管公司，曼兹很可能被迫离职，所以曼兹一定会进行防御性动作，如"毒丸计划"和"白马骑士"等。这种矛盾给合并带来了许多不确定因素。没有人敢于对这两只股票轻易下注。

但事情的进展出乎大多数人预料。郭士纳上台后，通过大幅度的重组和削减成本使IBM积累了近100亿美元的现金储备。郭士纳认为Lotus Notes可以作为IBM在网络时代竞争的核心产品。郭士纳放弃了传统的IBM工作方式（逐渐增加出价，等待莲花软件公司自己回心转意等），果断地采取了行动。1995年年初，郭士纳在得知自己友好合并提议被曼兹拒绝和莲花软件开始实施"毒丸计划"后，亲自打电话给曼兹，指出IBM将采取果断行动。

由于郭士纳和曼兹都曾在世界著名的麦肯锡管理咨询公司工作，曼兹显然对郭士纳的风格有所了解。感觉到事态严重和IBM的强硬态度，1995年5月29日曼兹飞抵纽约，与董事会做出最后协商。5月30日中午，曼兹打电话给郭士纳说"希望了解他心里到底是什么打算"。两人商定在纽约著名的圣派特立克教堂前秘密碰面，并一起前往IBM在纽约曼哈顿拥有的一间公寓中交谈了两个多小时。郭士纳肯定了IBM对莲花的意向，并对曼兹个人做出了一定保证。

5月31日星期三，在IBM的财务顾问瑞士信贷第一波士顿（Credit Swiss First Boston）的协助下，双方进行正式会谈。虽然郭士纳没有参加，但IBM派出了好几位高级主管。然而，据当时参与此项目的投资银行家事后透露，曼兹长篇大论地谈论Lotus Notes是如何珍贵和IBM应当如何保存莲花的独特企业文化等等，使整个会议像是个企业管理哲学探讨会。谈判进展不大。

6月1日IBM谈判小组对进展感到乐观。双方就员工待遇、收购价格和法律问题进行细致谈判。IBM同意让莲花保存原来的总部和销售队伍，独立于IBM现有系统之外。甚至莲花公司对同性恋伴侣的家属待遇都得以保留（这在传统的 IBM 文化中是难以置信的）。但是双方在股价上的分歧十分大。到了那天下午，绝望的 IBM 队伍离开了纽约城回到公司总部向阿蒙克（Amonk）汇报。

可是，到了晚上曼兹却打电话到阿蒙克说，他认为应当继续举行会议。IBM 和银行家们又回到纽约，发现莲花甩出了每股 68.5 美元的收购价。相对当时 30 到 35 美元的市场价，这太高了。

6 月 2 日星期五，郭士纳亲自出马。双方终于在原则上达成一致。莲花董事会和 IBM 董事会分别在星期六和星期日早上召开会议，讨论通过收购建议。

6 月 5 日星期一，IBM 宣布正式收购莲花公司。收购价高达每股 60 美元。由于此收购仍然属于敌意兼并，又经过两星期的马拉松谈判，6 月 11 日 IBM 最终以每股 64 美元收购了莲花公司超过 97% 的股票，总计金额 35.2 亿美元，是历史上最大的软件公司收购案之一。分析家指出，IBM 急于达成协议，是为了对付微软公司即将发布的竞争产品 Outlook。由于这次收购，IBM 终于可以在一个主要企业软件领域领先于微软公司。

—— 案件的发生

早在 1995 年 4 月底，一位叫洛琳·卡萨诺的 IBM 公司女秘书，在为上司复印材料时得知 IBM 正在考虑收购莲花。但是，她也知道谈判结果还不明，并一直关注事态的进展。此间，她也一直让她的丈夫罗伯特·卡萨诺（Robert Cassano）知悉这一切。6 月 1 日晚上，IBM 公司与莲花公司达成原则上协议后，洛琳·卡萨诺知道事情已告成功，并将于 6 月 5 日左右正式对外宣布。她也把此信息告诉丈夫罗伯特。罗伯特是一个寻呼机推销员，夫妇两人的收入仅满足日常生活开支，并不富裕。他们从来没有买卖股票，也没有证券户头。由于不懂得如何从这个消息中牟利，罗伯特与好友麦克·格林商议，格林于是购买了一些莲花公司股票，另外也买了一些莲花的股票期权。6月5日，IBM正式公布收购消息，格林卖掉了这些股票和期权，共获利1.7万美元。格林付给了罗伯特·卡萨诺3500美元以报答他的内幕消息。

同时，罗伯特·卡萨诺也打电话给另一好友杰瑞·马佐尼，请他代购一些莲花股票期权并分享利润。马佐尼的律师后来宣称，卡萨诺两次打电话给马佐尼，他都没有答应。只是第三次接到电话时马佐尼才决定买下850股莲花股票。6月5日再卖出时，马佐尼净赚了2.75万美元。他付给卡萨诺4000美元作为回报。

得到内幕并买下股票后，马佐尼于6月2日告诉朋友约瑟夫·佩特罗西洛（Joseph Petrosino），并声明这是从IBM雇员中得到的内幕以保证其可靠性。佩特罗西洛于是也购买了不少莲花的股票期权，等到6月5日之后卖掉时净赚了4.82万美元。他付给马佐尼1.78万美元以感谢他的内幕消息。此外，马佐尼还在当日告诉了他的堂兄彼得·马佐尼（Peter Mazzone），后者买下更多的莲花软件股票期权，净赚8.42万美元，并付4000美元给杰瑞·马佐尼作为谢金。

但事情并没有到此为止。第333页图一展示了整个消息扩散网的一部分。其他人的情况大致如下：

（1）马佐尼6月2日告知了约翰·梅尔维尔（John Melville）。梅尔维尔当天下午购下了许多期权，到6月5日净赚11.5万美元。

（2）马佐尼又打电话给理查德·克夫兰（Richard Cofrancesco），克夫兰因为自己没有股票账户，继而将此消息告诉了他堂妹的丈夫

图一：内幕信息传递层次网

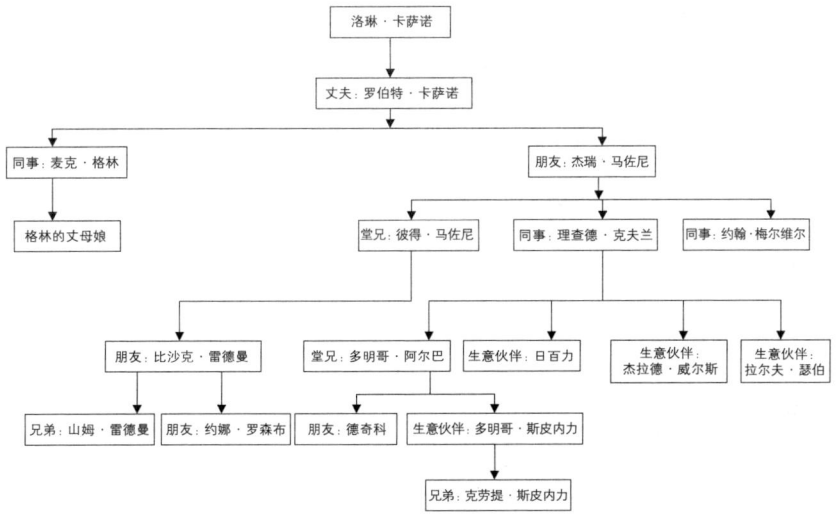

多明哥·阿尔巴（Domenico Alba）。当天，阿尔巴帮助克夫兰开了一个账户，克夫兰买入的莲花股票净赚了 2.46 万美元。

（3）阿尔巴自己购买的莲花股票期权净赚了 4.94 万美元。

（4）阿尔巴又进一步告诉他的生意伙伴多明哥·斯皮内力（Domenico Spinelli）和朋友约瑟夫芬·德奇科，这两人各获利 4.94 万美元。

（5）克夫兰还告诉其他三个生意上的熟人詹姆斯·日百力（James Ribellino）、杰拉德·威尔斯（Gerard Wells）和拉尔夫·瑟伯（Ralph Serpe）。

（6）彼得·马佐尼是当地一家熟食店的老板，他也告诉了生意上的熟人。

从图一中可以看出，马佐尼告诉的人最多。就这样人传人，朋友告诉朋友共有6层之多。

美国证监会最终发现,共有25人根据洛琳·卡萨诺的内幕消息在6月2日购买了莲花的股票和期权。6月5日,IBM正式对外宣布收购莲花公司,被告们总共获利达130万美元。大部分被告是生平第一次购买证券,更没碰过股票期权。他们的职业包括律师、医生、工程师、推销员、比萨饼店老板、打印机修理师和小学教师。可以推断,内部消息是他们进行交易的唯一根据——这是后来证监会调查的重要出发点。正因为他们不是老手,内幕消息一经传出就不可收拾。所有涉案人均是纽约市或新泽西州居民,许多属于同一个社区。

—— 美国证监会的调查

IBM公布收购莲花软件公司后,人们再回头一看发现,6月1日和6月2日这两天的莲花股票交易量比5月份任何一天的都高。从上面的描述中可以看到,这两天也是上述内幕交易者活动的高峰点。这些异常交易立刻引起证监会、证券交易所和期权交易所的注意。这些机构都有交易活动的跟踪和监察软件系统,一有异常举动,立刻会给监察人员打出提示信号。

发现这些异常交易后,美国证监会通知其在波士顿的办事处人员立即立案调查(莲花软件公司的总部在波士顿)。通过调出6月5日之前数天内莲花软件公司股票、股票期权的交易记录,他们首先对所有这些在此期间买进过该股票及其期权的股民账户进行分析,以此初步判定谁可能有嫌疑。尤其引起他们注意的是在此期间新开的账户,而且这些账户没有买进任何其他证券,只交易过莲花的股票和期权。道理很简单,如果这些新开的户头只买卖过莲花公司的证券，入市的时机把握得如此之准，实在是太巧合了。这一道理实际很重要，它也是美国证监会一贯使用的调查内幕交易的手法，因为这些新手的只买单只股票的交易记录一旦呈交法庭，被告就很难证明自己的清白。相反，如果被告是一个多年的股民，而且他的户头记录上有多个不同公司的股票，那么他完全可以说"我是碰巧买到莲花股票的"，这就会使证监会在法庭上难以站得住脚。

根据以上逻辑，调查人员首先找到阿尔巴和斯皮内力的交易记录。按照美国《证券交易法》给予美国证监会的特殊稽查权，调查员有权对嫌疑人发出传票、进行询问，也可向金融机构抽调任何账户。阿尔巴和斯皮内力在接受询问时，必须宣誓作证。两人均否认说除他们自己外还知道任何别人在同时期买过莲花的股票和期权。可是后来克夫兰和德奇科却供认说，他们曾经从阿尔巴和斯皮内力那里得知内幕消息，也彼此知道大家都在购买莲花的股票或期权。因此，阿尔巴和斯皮内力在宣誓作证时说谎，在美国司法程序中，这种撒谎构成"伪证罪"，本身足以导致坐牢。

实际上，美国证监会在1995年6月到1999年5月的4年调查中，对30多人做过多次传票和质询。这些涉案嫌疑人中，共有11人在宣誓作证时撒谎，进而犯下"伪证罪"，结果这些人先后坐牢3至6个月不等。其中，马佐尼因伪证罪在1999年坐牢6个月。

通过交易记录首先查出阿尔巴和斯皮内力，进而查出克夫兰和德奇科之后，调查人员根据他们的电话记录，沿着第333页图一中的传递网往上和往下追踪。对于美国证监会来说，为下一步以"内幕交易罪"起诉这些交易者，他们必须找出最初的消息来源，并且此消息源必须是IBM或莲花公司可能知情的雇员，或者是参与谈判的律师、会计师等，否则还不能构成"内幕交易罪"。换句话说，如果张三随便听人说"IBM 要收购莲花公司",不去查证说的人是否对任何一方有诚信责任,进而买下莲花的股票,那么张三的行为不构成"内幕交易"。经过近 4 年的传票调查和各种记录分析,到 1999 年年初美国证监会终于把整个"谁告诉谁"的内幕传播网查清,也掌握了足够证据和证词来证明最初的消息源是 IBM 的女秘书洛琳·卡萨诺。

——美国证监会正式以"内幕交易"起诉

1999 年 5 月 26 日,美国证监会正式对上述嫌疑人向纽约南区法院起诉,理由是"内幕交易"。纽约南区法院由于管辖着世界上金融机构和金融活动最密集的曼哈顿,一直是与资本市场相关案件最集中的法庭,本案的被告也都住在纽约周围。提出起诉的当天,卡萨诺夫妇、格林和斯皮雷尔(Spierer)就与美国证监会达成和解。其中,卡萨诺夫妇同意退回他们赚的 7500 美元,并支付罚金 1.5 万美元。在这类案件中,美国证监会的一般处理方式是要求没收被告非法获利及应缴纳的利息(根据非法获利金额和法庭得出结论或和解的时间计算)并对被告处以罚金(一般是非法所得的一倍以上)。将内幕消息透露给别人的被告,罚金不但包括自己的获利,还包括他人的非法所得。洛琳·卡萨诺和罗伯特·卡萨诺是内部信息的源头,本应当缴纳罚金 31 万美元,但是法庭考虑到他们的财务状况,最终予以豁免。事发后,洛琳·卡萨诺被 IBM 开除。

其他 21 名被告决定在法庭上与美国证监会争辩,他们坚信控方的证据不足以证明他们的行为构成"内幕交易罪"。作为控方的美国证监会确实面临不小的挑战,因为除了洛琳·卡萨诺以外,其他人都不是 IBM 或莲花的雇员，不直接掌握任何"内幕信息"。在辩方看来，他们对 IBM 和莲花公司的股东不应负有诚信责任。因此，当他们从朋友或其他人得到小道消息时，有权自由买卖股票。

美国打击"内幕交易"的法律实践中惯用的理论大体有两种。**一种理论认为，内幕信息本身是无形产权的一种**。一家公司进行的各种经济活动和决策行为，都会产生各种信息，如果此类信息对公司股价会产生影响，就是一种有价值的财产。这种财产的所有权应当属于公司本身，这种信息应当以最能促进公司股东福利的方式进行使用。内幕人接触到这些信息，就是接触到了公司财产，但是否有权使用这些"财产"为自己牟利，则由与公司签订的相应合同（雇佣合同、专业服务购买合同等）决定。美国法院把根据公司非公开重大信息进行证券交易定义为内幕交易。**非法的内幕交易等同于对私有财产的侵犯**，而美国立法的一个重要基石就是私有产权神圣不可侵犯，由此，对内幕交易的惩罚要格外严格。具体地说，内幕交易的范围不但包括公司的决策人和雇员，也包括为公司提供服务的专业人员如会计师、律师和处理信息的有关人员（出版机构、印刷机构等）。在实践中这个范围实际上也被延伸到包括所有从这些直接负有诚信责任的内部人听到内幕信息的人。

另一种理论认为，允许内幕交易有违市场经济中"公平"的原则。这种观点非常有理，因为企业内部人员比一般股民拥有更大的信息优势，因此应完全禁止内部人交易，把市场游戏规则拉平。但是，这个理论在美国的法律实践中通常不被法庭接受，原因是"公平"本身是一个模糊的概念，也因为信息不平等总是客观存在的事实。信息流向市场的过程决定了总会有一定的滞留，而非一下子出现在市场上。难以想象，公司会把经营决策的任何信息都不加保留地随时宣布，因为这会被同行业的非上市公司轻易利用，这显然不符合股东的最大利益。这种滞留的、非公开的信息不但为公司经理、董事、董事会秘书甚至普通员工所掌握，而且证券从业人员，即投资银行、证券分析员等也比一般股民拥有更多的内幕信息。股民在投资股票前，就应把这种"不公平"事实考虑在内。所以，在审理案件中，如果可以"不公平"作为股东讨还损失的根据，那么其可操作性就会很差，原因是不好区分一种"不公平"跟总是客观存在的事实上的"不公平"的差别。当然，有的现象可能比别的现象更"不公平"，但司法上不能以这种模糊概念作为定罪的标准，它缺乏可操作性。在司法实践中，美国证监会多次以维护市场"公平"作为论点提出诉讼，但美国最高法院在多数情况下都没有接受这种观点。结果，内幕交易案通常以产权理论作为诉讼依据。

1999年6月10日，第5名被告提出和解，同意支付13万美元（退还交易利润加罚金）。

—— 双方在法庭上的争辩

法庭受理此案后，进一步的举证责任在辩方。3个月后，辩方律师请示纽约南区法院将此案驳回，理由是控方证据不充分。为此负责此案的法官刘易斯·卡普兰（Lewis Kaplan）于1999年8月25日举行听证会，由双方进行辩论。最终，法官还是否定了辩方的请求，诉讼案继续进行。卡普兰法官在意见书中做了以下陈述：

"本案指控辩方违反了美国1934年《证券交易法》中第14（e）节以及该节中的14（e）-3法规（该节专门禁止与公司收购、兼并有关的内幕交易）。辩方认为，《证券交易法》中第14（e）节中针对的是证券欺诈行为，而控方不能指出具体的欺诈行为；控方也无法证明被告知道或有理由知道得到的小道消息来自 IBM 有关工作人员；控方不能提出任何事实来证明被告违反《证券交易法》，所以指控不能够成立，证监会的指控缺乏法律依据，因此必须撤销。

"证监会提出的指控中承认他们自己也对被告是否知道消息来自 IBM 并不确定。但是正如双方都承认的，根据《证券交易法》第 9（b）节，证监会只需要指出被告应有理由知道他们的内幕消息的最初来源，而不须证明被告实际上知道消息来自 IBM。这一点并没有更多可以争论的。那么，剩下的焦点问题是：本案中证监会已找到的证据是否足以证明被告应有理由知道消息是来自 IBM 雇员呢？

"控方并没有指控被告被明确地告知消息是从 IBM 泄露出来的。但是，控方提出的事实指出被告应当有理由知道这是内部人泄露的信息。这种大规模收购行为的信息一般是受到严密封锁的。第一，收购方一定不希望提醒被收购方，让后者采取防卫性措施。第二，收购方也不希望消息泄露到市场上，因为职业套利者会提前购买被收购的股票，从而将被收购方的股价提高。这对任何有金融财务意识的人，甚至是新手都是非常明显的。被告一定知道传给他们的消息会带来超常的利润机会，这从他们平时对金融财务知识掌握不多却急着开设证券账户并购买股票期权的行为可以看出。他们明显知道获利是可以保证的，说明他们知道消息是从 IBM 公司泄露出来。当时市场上并没有关于 IBM 意向和行为的这类信息或谣言，这也说明被告知道是从 IBM 内部得到的信息。在证监会的调查中，被告们还为购买证券的原因说谎，并谎称他们不知道其他人也在购买同样的股票和期权，这属于明知故犯。种种事实表明，控方陈述的证据足以推断每一个被告都知道消息来自 IBM 内部。"

请求被否定后，1999年9月13日，第6名被告提出和解，同意支付7.1万美元（退还内幕交易利润加罚金）。接下来，2000年2月16日和6月20日，分别又有2名和3名被告提出和解，一共同意支付48.7万美元（退还交易利润加罚金）。至此，只剩下14名被告继续辩护。

驳回诉讼的请求失败后，辩方律师又于2000年10月11日要求法庭对本案做出"即决裁判"，这在美国司法程序中通常是被告在正式开庭审判之前的最后一次努力，如果成功即可终止案件，回避开庭。但卡普兰法官又一次驳回辩方的请求，命令开庭审判按原计划进行。在为这一决定写的意见书中，卡普兰法官写道：

"本案中最关键的问题在于是否有足够的证据说明辩方不仅仅依据内幕信息进行交易，而且是在他们知道这是内幕消息的情况下进行的。对于这一问题，如果仅靠证监会提供的'谁告诉谁'的连锁传递网，或许这些证据带有偶然性，还不足给我们以充分的结论，但是，控方有许多其他的证据也说明存在内幕交易，并说明不少被告知道自己从事的是违法行为。比如说，不少被告以前从来没有交易过股票，也不知道期权是什么，恰好在IBM收购莲花公司之前的交易日，他们正好选中了莲花股票和其期权，这也过于巧合了。

"日百力是被告之一，他曾经撒谎说，他的股票经纪人在IBM公布收购莲花的前一个多月就给他推荐过莲花的股票。可是他的经纪人否认其事。更有甚者，在证监会对此案展开调查之后，日百力回到他的经纪人办公室，请他们帮助写一份对莲花公司的分析报告，并要求将日期改为远在IBM公司收购行为之前，以此来编造自圆其说的故事。这种行为自然构成'伪证罪'，而且说明嫌疑人对'有罪'的后果非常清楚和恐惧。

"其他被告也无法解释他们为什么正好在 IBM 收购莲花公司之前买下莲花的股票或期权。控方收集的被告间的电话记录也说明他们的内幕消息是来自洛琳·卡萨诺。多名被告在接受调查和本案审理期间也都有过值得怀疑的行为。比如,杰瑞·马佐尼的堂兄彼得·马佐尼供认过他确实知道自己当时掌握并传递给其他朋友的信息是内幕信息,他已经为此服罪。但是,在调查此案的过程中,当他被问及有关与其他被告的电话谈话内容时,他却以美国《宪法》第五修正案提供的保护为由,拒绝回答有关提问(按该修正案,任何人都有权拒绝回答对自己不利的提问)。其他不少被告也借用《宪法》第五修正案而拒绝回答许多与他们的证券交易有关的问题。按照美国以往的民事诉讼程序惯例,当被告或证人引用《宪法》第五修正案而拒绝回答关键性提问时,法庭可就此做出某种推论。有些被告在证监会进行调查时,引用《宪法》第五修正案的保护,但在本法庭审理此案过程中又不再引用《宪法》第五修正案,而是有问必答。这一点也说明被告们是有意先拒绝回答一些重要提问,等到把故事虚构好了再回答。辩方显然无法举出足够的证据来证明他们的清白。

"值得指出的是,本法庭知道控方提供的证据许多是偶然性的,因此我们应当尽量避免以推测来取代真理。但是,本庭也不能因此对本案做出即决裁判。这种涉及法律实质的案件,我们应当遵循应有的司法程序。"

—— 开庭审判及其结果

10 月 11 日请求"即决裁判"失败后,双方开始为 11 月底正式有陪审团参加的开庭审判做准备。在此期间,余下的14名被告感到胜诉希望越来越小,又有7名被告提出和解,包括阿尔巴、德奇科、斯皮内力、彼得·马佐尼、杰瑞·马佐尼、克夫兰和梅尔维尔。作为和解的条件,这7名被告分别退回内幕交易所获的利润加上1.5倍的罚金。全部没收收入加罚金高达83.9万美元。其中,斯皮内力和梅尔维尔由于罚金太高导致个人破产,因此只能支付各自罚金的一部分。

最后只剩下7名被告没有达成和解。2000年11月底至12月6日,纽约南区法院进行了6天半有陪审团参加的公开审判。原告和被告各自申辩后,12月7日陪审团对剩下的7名被告做出裁决。结果判其中4名被告违反《证券交易法》的第14(e)-3节,其余3名被告被判无罪。

2000年12月20日,卡普兰法官宣布了对被判有罪的4名被告及马佐尼和克夫兰的处罚。这6名被告一共被处罚58万美元(应退还的内幕交易利润加罚金),其中马佐尼被罚13万美元,克夫兰6.8万,日百力14万,克劳提·斯皮内力9万,瑟伯和威尔斯各7.5万。此外,法官还特别下令禁止马佐尼和克夫兰今后从事任何可能违反《证券交易法》第10(b)节相关的交易活动(这项法规禁止任何与证券交易相关的欺诈活动)。

—— 被告要求赔偿法律费用

在3名被陪审团判定无罪的被告中,有两人先后对美国证监会提出起诉,要求作为控方的美国证监会赔偿他们在整个案件审理中的律师费。此案也由纽约南区法院受理。

立案后,证监会的律师请求卡普兰法官将此案驳回,理由是两名被告的索赔要求不成立。为此，卡普兰法官于 2001 年 8 月 27 日举行听证会。随后，他宣布同意证监会的请求，将索赔案驳回。在对此进行的解释中，卡普兰法官的陈述如下：

"在两位被告经陪审团判定无罪后，他们要求证监会赔偿其律师费。这种要求不能满足。按照美国的民事诉讼法，判断是否应赔偿律师费的关键标准在于当初证监会对被告起诉的理由是否充分。如果当时起诉的理由充分，那么即使是陪审团判定被告无罪，原告也无须赔偿律师费和其他诉讼费用。在本法庭以前对此案的多次听证会中，证监会已经显示了充分的诉讼证据。尽管证监会提供的多为'偶然性'内幕交易证据，但我认为他们的证据不仅足够充分，而且是非常有说服力的。因此，对于陪审团判定这 3 位被告无罪，这些被告应该感到非常幸运才对。"

—— 小结

莲花股票内幕交易案是美国证监会 1934 年成立以来规模最大的一起内幕交易诉讼案，涉及 25 名被告。被起诉的被告多数并不是 IBM 或莲花的雇员，而是通过一层一层的传讯，最远达到 6 层之外的知情交易者也被起诉。处罚也不轻，导致了至少 2 名个人破产。

本案中唯一直接的内幕消息泄露人是 IBM 最底层的女秘书，而不是大权在握的高层经理。这种最底层雇员和社会中普通民众也会因为内幕交易遭到起诉，确实给中国证券市场的监管与发展带来很好的启示。比如，中国证监会应被授予更多的稽查、执法权，它应是中国证券市场的警察。此外，本案审理中对举证的要求和法官的侧重点，都应给我们提供了不少的启示。

第 26 章

追查"东京究"

该案是第一次从互联网的角度对美国与证券相关的法律提出挑战,美国司法界和证券业都甚为关注,其结果也非常具有里程碑意义。

市场操纵和股票交易有着一样长的历史,早在 300 年前的荷兰股市上就已盛行。股价操纵手段大致分两类:第一类,用自己或客户的钱在短时间内大量购进(或卖出)某种股票,使股价和交易量暴涨,以此来带入众多股民。等后者盲目跟入使股价涨够后,再卖出并锁定利润。这种方式也常以自买自卖的"对倒"形式出现。第二类,以操纵新闻或制造假消息来影响股价,比如在报纸、杂志、广播、电视等媒体上炒作。当然,在互联网流行的今天,这种方式变得更加容易,任何人都可成为"股评家",或在网站聊天室自称股票专家,散布谣言,人为哄抬或压低股价。当然,现实中市场操纵者可能综合使用上述两种或多种方式。比如,"超级庄家"吕梁采用的是"三合一"手法:组织资金进入"中科创业"制造"概念"重组,利用众多账户操控二级市场,同时在媒体造势。

---

* 本文基于作者与石宏共同发表在《新财富》杂志 2002 年 3 月号的同名文章改写而成。石宏是耶鲁大学法学院访问学者和全国人大常委会法工委经济法、民法专家。

对市场操纵者进行有效的法律制裁是一种共识，也是中国证券市场进一步发展的必要条件。那么，在法律上到底如何操作呢？就这一问题，我们在本章介绍美国的一些经历。在20世纪20年代和30年代美国股市上也盛行上述第一种手段，但在1934年美国国会通过《证券交易法》后，由于美国证监会的严厉监管，这种较原始的"对倒交易"操纵手段已很少使用。但用媒体操纵股价却仍然频频发生，其原因倒不是美国证监会监管不力，也不是法庭执法无效，而是在处理股价操纵案时举证艰难，而且时常遇到与其他法律甚至《宪法》相冲突的问题。

2000年1月5日，美国证监会对一名叫派克（Yun Soo Oh Park）的股评网站负责人提出起诉，案由包括三方面：首先，派克往往先买进一些股票，然后向他的网站用户推荐。在会员买进并使股价上涨后，他立即售出，获取利润。每次这样做时，他并没有披露自己已持有所推荐的股票这一事实，因而欺诈了网站会员。其次，派克在向网站会员吹捧某家公司之前，该家公司已向他赠送了不少股份，但在向会员推荐时他并没有披露这一交易。最后，在派克网站上公布的股票交易业绩实际是虚构的，因此也属误导。

诉讼过程中辩论的核心均围绕以下几点：第一，何种行为构成对美国《证券交易法》反操纵条款的违反？公民及公司法人是否可以公开讨论对任何股票的看法？哪种股评构成"市场操纵"罪？第二，如何看待美国《宪法》第一修正案所保证的言论自由权？根据第一修正案，每个人都有权私下或公开表达自己的观点和看法，这包括对股票的看法，因此，如何处理言论自由、新闻自由与"市场操纵"间的潜在冲突？第三，美国的《证券交易法》《投资顾问法》等都是在互联网出现之前产生的，那么，在互联网打破国界的情况下，这些法案中的反欺诈条款是否还可应用到互联网上的言行？被告辩称，他是在互联网上发布股评和投资建议的，因此他并非《投资顾问法》所界定的投资顾问，所以，依据《投资顾问法》的反欺诈条款来起诉他是违背《宪法》的。

该案是第一次从互联网的角度对美国与证券相关的法律提出挑战，美国司法界和证券业都甚为关注，其结果也非常具有里程碑意义。本案的详细介绍，一方面，可以让我们清楚地看到在美国的判例法下法院是如何面对新现象的；另一方面，也可显示：除了像庄家吕梁这种极端情况外，在股评家和假信息泛滥的今天，还有许多市场操纵行为值得中国证监会和媒体去关注、揭露、处罚。

——"东京究"案件背景

根据美国证监会的调查，大约于1998年4月6日，派克在纽约成立了一家"无名氏社会公司"（Societe Anonyme Corp.，以下简称SAC）。派克是这家公司唯一的股东和管理者，公司地点就在他纽约的家中。他的公司从未以任何方式在美国证监会注册。

1997年，派克开始在不同的公众财经网站公告版和聊天室中发布消息，这些场所都非常方便，用户可通过互联网发布和回复有关任何股票、投资和其他有关财经问题的消息或评论，传送速度快，收看面也广。1998年期间，派克以"东京究"（Tokyo Joe）的网名发布了数以千计的消息。1998年年初，这些公告版上的用户开始直接与派克联系，寻求有关选股和股票买卖的详尽信息。结果在1998年3月，派克创建了一个电子邮件表，向表上的每个用户寄出他的股票选择及一些简单的股评。1998年4月，派克建立了一家名为"东京究咖啡站"（Tokyo Joe's Cafe）的网站，该网站的会员月费为29美元，用户每天可以电子邮件方式获得派克当天的股票选择。该网站一直运作到1998年6月上旬或7月下旬。在此期间，派克实际上并未收取过该网站会员的费用。

1998年7月，派克成立了另一个网站——"东京究"，域名为TokyoJoe.com，该网站继续由派克控制运营。从1998年7月到12月间，东京究网站包含两个区域：一个是对所有人开放的内容有限的公众区，另一个是仅对付费用户开放、内容更为详尽的用户区。1998年7月到1998年11月间，会员费为每年299美元。付费会员在基本服务项之外，每天还收到派克当天推荐的股票单电子邮件，并可无限制地进入东京究网站的会员区。

1998年11月，网站的收费结构进行了调整：新的用户可以选择6个月付249美元，或者选择每个月付49美元成为会员。1998年12月，派克在网站会员区增加了聊天室功能。该聊天室作为论坛，支持派克和SAC的会员在网络上进行双向对话，讨论派克的股票选择和其他股评意见。聊天室非常活跃，讨论通常集中在几只容易操纵的小股票上。

1999年1月，派克将会员费提高至每月100美元，而会员服务也增加了登录其网站的聊天室。在1998年7月至1999年5月之间，SAC的会员由大约200人增加到3800人。

1999年6月，派克再次调整了收费结构，每月会员费还是100美元，但是要登录交互聊天室，每月还须多付100美元。据美国证监会调查，派克共收取了超过110万美元的会员费。

派克通过该网站电子邮寄、张贴和讨论根据当天市场及交易情况制定的各种股票推荐。一天之中，他会不定期地更新其网站内容。

通常，派克会先写好并寄出有关其股票推荐的电子邮件，随后再张贴在网站的会员区；接着，派克在会员区聊天室里进一步讨论他推荐的股票；再后，派克在网站的所有互联网用户都可登录的公众区张贴其股票建议；派克还经常在其他网站的互联网公告版张贴上述内容，以进一步扩大他对所推荐股票的影响。

那么，他的影响到底有多大呢？例如，在1999年8月中旬，当派克最初在其网站上发布消息，预测IMA（Information Management Associates）公司的股票将上升到14美元时，该股票的价格仅为4美元左右。因此，他极力推荐。他的推荐产生了巨大的交易量。事实上，几天之后，该只股票真的上涨到14美元，并在该价位停留了短暂的时间。但是，当这些现象发生时，IMA公司并没有发布任何经营情况的消息。最终，该只股票的价格又回落下来。

美国证监会诉称，派克通过向其网站数以千计的用户提供建议和其他扩散方式，事实上他充分具备了操纵他将买入或卖出股票的价格的能力。例如，他经常有目的地鼓励会员购买某只他已持有的股票，从而抬高价格，接着他再售出股票，并获得利润。而他的所作所为已构成了市场操纵、倒卖股票的行为。另外，派克经常几天内都一直推荐、抬高他自己持有的一只股票，声称该股票将上升至某个预期价格，而同时他自己则很快抛售手中所持有的该只股票。为了说服投资者采纳他的建议，派克涉嫌发布多份评价甚高的证词，声称这些证词是来自会员，但实际上这些证词都是他自己编造的。此外，他在网站上公布说他以前推荐的股票有多么成功，也给出一些业绩报告数据，但这些业绩数据是假的或有严重的误导性。比如，他会只给出推荐成功的几只股票的表现，而不告诉你那些推荐不成功的股票的情况。

派克还经常谎称 SAC 正在购入某只股票，但事实上他的公司已经拥有了该只股票或正在售出。派克从不向他的会员披露他已拥有所推荐的这些股票，从不告诉他们实际存在的利益冲突。美国证监会还诉称，派克在"吹捧"某家公司股票之前，作为交换他已接受了该公司赠送的股票和其他补偿，对此他一点也没向会员披露。

—— 诉讼的法律依据

从 1999 年 7 月到 2000 年 1 月，美国证监会使用它的调查权，从不同的证券公司和网站公司传唤证人、调阅文件。通过调查，美国证监会搜集到充分的、足以起诉派克和其公司的证据。从得到的证据看，对派克的行为可从三方面提出起诉：

第一，正如派克对 IMA 公司股票的操纵所显示，在纯属无中生有的情况下，通过发表股评把其股价从 4 美元抬高至 14 美元，然而，一个月后这只股票的价格又回至 5 美元左右。这种操纵让所有以高价买进该股票的股民受害。这表明是有意欺诈，股民受损和这种欺诈有充分的因果关系——这几个要素加在一起，违反了美国《证券交易法》第 10（b）节和 10（b）-5 规则中与证券交易相关的反欺诈条款。

美国法庭在裁定被告是否违反第 10（b）节和 10（b）-5 规则时，通常不管被告是否自己从操纵中得益，而更侧重于这种操纵是否有意，是否导致投资者受损，是否可证明其因果关系。

第二，派克通过设立、运作其网站公司，有组织地通过"先购进股票，接着推荐抬举该股票，然后再抛售"的欺诈方式，使自己获取暴利。这一行为违反了美国 1940 年通过的《投资顾问法》第 206

（1）节中的"投资顾问"注册要求和206（2）节中的反欺诈条款。该条款与《证券交易法》第10（b）节和相应的10（b）-5规则的主要差别在于，前者要求操纵者是靠提供投资建议、股评来赚钱的"投资顾问"。这一差别非常重要，因为派克的网站会员每月必须付费，那么派克就由此对会员担负法律上的诚信责任。在此诚信关系下，如果派克还操纵、欺诈会员并从中获利，这就构成对诚信责任的严重违犯，因此，在举证责任和性质上《投资顾问法》第206（2）节中的反欺诈条款更易应用（因为美国法庭对这一反欺诈条款的争论较少），处罚也更重。

第三，某公司先给派克赠送股票和现金，然后派克再向其会员积极推荐该公司股票，这种幕后交易违反了美国1933年通过的《证券法》第17（b）节，该节禁止任何人（尤其是记者、新闻机构及其他媒体机构）在私下受贿后再发表对行贿公司股票有利的言论。美国法庭在对该节中的反欺诈条款判决中特别注重受贿方是否已同时披露这种私下交易。如果在公开发表有利言论时，受贿方已公开披露这种交易，那么就不构成对该法律的违犯。

2000年1月5日，美国证监会向美国伊利诺斯北区联邦法院提出民事诉讼，对派克的指控包括四项。

第一项指控：派克违反了1934年的《证券交易法》第10（b）节和相关的10（b）-5规则，因为他在13起交易中没有向其网站会员披露，在他推荐一些股票之前自己已买进这些股票，并打算在价格上涨时抛售这些股票。此外，张贴在派克网站上的股票推荐业绩报告事实上是错误的，有严重误导性。因此，犯有欺诈罪。

第二项指控：派克违反了1933年《证券法》第17（b）节，因为在派克向网站会员和公众"吹捧"某家公司股票时他并没有披露，作为对其推荐的交换条件,他已接受了该公司赠送的股票和其他报酬。

第三项指控:派克违反了1940年《投资顾问法》第206(1)节,因为他没有在美国证监会注册自己为"投资顾问"。

第四项指控:派克违反了《投资顾问法》第206(2)节,因为作为"投资顾问",他在13起交易中没有向其网站客户披露,在推荐一些股票之前自己已买进这些股票,并打算在价格上涨时抛售这些股票。因此,犯有"投资顾问"欺诈罪。

—— 案件审理程序

在法院受理本案后,派克在2000年4月下旬提出动议,根据《联邦民事诉讼程序管理条例》12(b)-6和9(b)节,要求驳回证监会的起诉。他特别要求驳回第三、四项指控,因为他没有义务遵守《投资顾问法》。具体理由有:第一,他并没有提供"个人化的"投资建议,所以不算法律意义上的"投资顾问";第二,他是在互联网上传播他的股票推荐及投资建议,因此1940年的《投资顾问法》无权管辖到电子空间中的活动;第三,通过这两项指控,美国证监会试图监管、审查被告对股票的评论内容,这是侵犯第一修正案赋予被告的言论自由权的行为。

被告还提出动议要求驳回第一项指控,辩称证监会针对被告没有向其网站会员披露重大信息的指控不成立,因为被告没有义务披露原告方声称应披露的信息。另外,被告要求驳回美国证监会的所有指控,因为它完全不符合《联邦民事诉讼程序管理条例》第9(b)节的要求。派克的律师辩称,美国证监会的指控不是基于具体的事实证据,而是基于一些"听起来像是有欺诈行为",但不能以具体事实细节证明，而是靠零碎事情凑在一起的故事；以欺诈行为提出的合理诉讼，必须根据《联邦民事诉讼程序管理条例》第9（b）节举出具体的事实证据。

在收到被告要求驳回起诉的动议后，受理此案的法官科克拉斯（Kocoras）于2000年5月4日举行了有关该动议的听证会。在听取了原、被告双方的辩论后，法官驳回了该动议，并判定美国证监会的起诉已陈述了充分的诉讼理由，这些理由表明：派克是《投资顾问法案》所界定的"投资顾问"，因此派克受该法案的反欺诈条款的约束。法官在判决书中对辩方律师的各项理由一一做了回答。下面我们来细看法官的各项陈述。

（一）有关司法标准

有关驳回动议的司法标准，法官陈述如下："在决定是否驳回一项诉讼案时，最主要的检测标准是：指控理由是否有充分性，而并非决定案件的实质结果。如果想以'指控不成立'为由来驳回一项诉讼案，进而给被告免去所有责任，判断标准必须非常高，被告方必须举出非常强的理由。在衡量驳回起诉这种动议时，法庭应基于对原告有利的立场来分析原告列举的证据，并且认可原告指控中被充分申明的事实。不能因为未确证的指控而驳回原告的诉讼。除非原告绝不可能证实其指控，否则对被告的起诉还是要进行。虽然如此，如果要否决被告要求驳回的动议，原告也必须提供充分的事实来阐明其起诉的根本原因。"

（二）关于证据的确凿性

被告辩称，因美国证监会的所有指控都基于欺诈，所以它的指控必须符合民法中9（b）规则提出的要求，也就是要举出具体、确凿的证据，被告称美国证监会并未做到。因此，被告提出动议要求驳回所有指控。9（b）规则的解释是："在指控欺诈时，控方必须举出确凿的证据。"为了能够满足9（b）规则的要求，原告必须指明几个要素，即"谁、何时、何地、何种行为"，须阐明"时间、地点、错误陈述的内容及做出错误陈述的人"。

法官认为，美国证监会已充分满足了这一规则的要求。它已指出，派克通过其网站（地点）向注册用户提供虚假、有误导性的信息及建议。美国证监会提供的证据表明，当派克在其网站张贴股评时，他同时还向注册用户个人发送电子邮件，告知他们这些投资建议及股评。美国证监会还提供了五个具体的有关派克欺诈的个案，详细给出他是在何日通过其网站发布其欺诈性的陈述，并描述了派克的欺诈行为。其中的一个例子称：在1998年12月11日，派克购入了16000股VLNK（Vialink）公司股票和8000股期权。12月14日，派克将VLNK股票强力推荐给其网站会员，后者不少人跟着购买该股票。派克并未披露他已拥有VLNK的股份，也没有披露就在他公开推荐的前一分钟，他以限价出售的方式卖掉他持有的股份。在这天派克推荐之后，VLNK的交易量达到457000股，比派克推荐之前一周的平均日交易量上升了945%。同时，VLNK的收盘价从12月11日的7.38美元上升到12月14日的8.50美元。在12月14日，派克在获利价位抛售出他所有的VLNK股票和期权。

尽管证监会指出派克做了错误的陈述，但被告依然辩称美国证监会仅仅将被告欺诈的对象界定为"注册用户"或"网站会员"，这还远不具体、不够确凿。但法官认为，由于美国证监会已指明了"何人"为"做出错误陈述的人"，在这种情况下，控方只须指出被欺诈者为注册用户或网站会员即可。因此证监会已"合理地指出被告在该欺诈计划里的角色"。

被告还辩称，为证明"派克报告的以往业绩是虚假的"指控，控方必须给出他谎报交易业绩的具体股票名称，否则指控不能成立。法院裁定，美国证监会已充分证明了派克谎报以往推荐的股票的收益情况。美国证监会诉称，自 1998 年 4 月上旬起，派克在其网站的公众区张贴和持续更新他以往交易的业绩，称这些交易业绩反映了自 1998 年 1 月他所推荐的股票的最新业绩。通过使用这些虚构的交易业绩，派克继续吸收会员。然而，派克夸大了交易成绩——在报表中，他将每只股票的最高价作为其售出价（尽管实际上他并不是在该价位售出）。当派克实际亏损时，他却声称盈利。控方还陈述了派克夸大其业绩的其他操作行为。这些证据足以确认派克的错误陈述，控方无须再列举新的事实。

（三）有关第三和第四项指控

在否定被告要求驳回第三、第四项指控的动议时，法官陈述如下："被告提出动议要求驳回第三、第四项指控，称由于他从不提供任何个人化的投资建议，所以他并不是'投资顾问'，也没有义务遵守《投资顾问法》。被告还辩称对其使用《投资顾问法》将违反第一修正案。本庭将对上述论点依次评论。

"根据《投资顾问法》，美国证监会指控被告违反了该法第 206（1）节和第 206（2）节。控方诉称，依据该法，派克和其公司均应算是'投资顾问'，而被告辩称《投资顾问法》不适用于他，因为他不属于该法案所界定的'投资顾问'的范畴。《投资顾问法》的相应定义如下：

"'投资顾问'即指以下述手段换取报酬的任何人：（1）直接地或者通过新闻刊物、出版物及作品著述，向他人提供有关证券价值、有关证券买卖、有关证券投资的建议或咨询服务，或（2）发表或发布证券研究、分析报告，对证券的价值或可投资进行评论。但是，这些不包括……（D）为满足公众传播目的、面对大众的公益性报纸、杂志、商业或财经出版物的出版商。

"原、被告双方均主要援引美国最高法庭对'罗维诉证监会'一案的裁决，来支持各自的对被告是否构成'投资顾问'的立场。被告诉称，'罗维诉证监会'一案确立了这样的原则：要被认为是一名'投资顾问'，他必须从事'个人化的'投资建议服务，也就是'针对用户的个人情况来提供相应的投资建议'。证监会则称，'罗维诉证监会'一案根据上述的基本定义界定了投资顾问的含义，并检验了《投资顾问法》对出版商的具体排除条款，所以，被告并不能像'罗维诉证监会'一案中的被告那样不受限于《投资顾问法》。本庭认为，对于'投资顾问'定义的解释原、被告双方都不完全正确，正确的解释介于两者之间。

"最高法院回顾了《投资顾问法》的立法历史及法律条款的语言来确定'投资顾问'的定义。本庭意识到，国会'主要关心的是监管那些提供个人化投资建议的投资顾问，以及与个人化投资建议相关的出版活动'。同时，因考虑到对该种出版活动的监管不能与第一修正案保护的言论自由产生冲突，国会澄清道：'它并不试图通过许可对非个人化的出版活动的监管来限制媒体的自由。'因此，'投资顾问'的定义排除了不从事个人化投资建议服务的那些人。自然地，那些'为满足公众传播目的的公益性报纸、杂志、商业或财经媒体出版商都不包括在投资顾问的定义内'。因此，一种出版物的实质是否为'提供个人化投资建议'是决定其是否为投资顾问的关键,被告这样的解释是正确的。

"然而,出版物是否是《投资顾问法》所界定的'个人化投资建议',很大程度上取决于该出版物的内容能否满足对非个人化或大众媒体的排除条款。在'罗维诉证监会'一案中,最高法院不仅考察了罗维的时事通讯是否向其读者提供个人化的建议,还从对出版物排除条款的分析,判定罗维的时事通讯是为满足公众传媒目的的公益性出版物,并确定罗维不属于'投资顾问'的范畴。最高法院还评述,罗维通过时事通讯提供的非个人化投资建议满足非个人化出版物的免责条款,这一决定是与国会的意愿一致的。

"在'罗维诉证监会'一案中,美国证监会试图查封罗维发行的时事通讯,因为罗维没有按《投资顾问法》进行正规注册。个人用户须支付一定的费用才可订阅罗维的半月刊,该时事通讯包含投资建议及股票评论。最高法院裁定罗维无须遵守《投资顾问法》,因为他的出版物属于排除条款所界定的公益性出版物。因此,他并不是'投资顾问'。

"在裁定罗维的出版物属于排除条款所界定的公益性出版物时,最高法院陈述道:'公益性出版物应当包含中立的评论,应当是中立的分析,而不是出于吹捧目的来散播促销性的资料和信息。此外,这种出版物应当是定期发行的。'法庭裁定罗维的出版物为'公益性的',因为'它们是由仅从事出版业的人出版的,而且它们不同于任何以报纸、杂志或财经出版物形式出现的个人化发行物的内容。并且,没有迹象表明它们包含虚构的或是误导性的信息,也没有迹象表明它们有意吹捧那些和出版方利益有关的股票'。

"在本案中,被告辩称他没有提供个人化的服务,因为他们并没有一对一地告知注册用户去购买、出售或者持有股票;然而他的申辩并不足以将被告排除在'投资顾问'的范围之外。被告必须证明其网站的股票推荐内容既是公益性的,又是面对大众、非个人化的。美国证监会诉称,被告发布的内容不符合其中任一条件,因为被告所提供的分析是出于吹捧目的的促销性资料,发布的内容并非中立。在其网站上,被告通过以下几种方法说服注册用户购买、出售或持有某只股票:张贴热情洋溢的推荐词,有误导性的过去投资收益报告,力劝用户在股票达到目标价格之前一直持有该股票,并错误地阐述 SAC 购进某只股票的意图。被告辩称其发布内容并非个人化时,强调他发布建议时并没根据每个注册用户的具体需要进行调整。例如,他在聊天室内讨论的是派克的股票选择而非注册用户的股票选择。然而,被告没意识到他的股票选择经常会成为或就是注册用户的投资选择。即使被告的建议的确不是根据某个注册用户的具体需要提出的,被告的发布内容也无法称为'公益性的'。此外,他直接向用户个人发送电子邮件,通过电子邮件一对一地向注册用户提供有关投资选择的建议,并在其网站的聊天室内一对一地解答注册用户提出的问题。因此,被告发布的内容恰恰不是'罗维诉证监会'一案中的出版物的互联网版,无法称其为面对大众的常规媒体。"

(四)《投资顾问法》中的反欺诈条款是否与第一修正案冲突

被告援引第七巡回法庭在 CTS 公司(Commodity Trend Service, Inc.)诉美国期货监管委员会(以下简称"期管会")一案中的裁决,以下简称此案为"CTS 案"。CTS 公司的主要业务是提供商品期货价格的走向图和其他技术分析服务,因此带有商品期货顾问性质。派克称,对其使用《投资顾问法》的反欺诈条款将不合法地限制其言论自由，而这是违反第一修正案的。被告通过循环论证提出其观点：首先声称《投资顾问法》的注册要求是违宪的，接着得出结论对其使用《投资顾问法》的反欺诈条款也是违宪的。法官对此做的陈述如下：

"CTS案为解释《商品交易法》的有关限定奠定了基础。被告在援引CTS案的判决意见时没有区别《商品交易法》和《投资顾问法》，也没有区别注册标准和反欺诈条款的差异，因此得出了错误的结论。在CTS案中，期管会试图起诉以财经分析、出版为主业的CTS公司，来强化《商品交易法》的注册要求。毋庸置疑，CTS公司属于《商品交易法》所界定的'商品期货顾问'。CTS公司辩称，使其约束于《商品交易法》的注册要求是违宪，期管会对《商品交易法》的适用范围的解释过于广泛。最初，地区法院认为CTS公司的表面质疑不充分，并驳回了该质疑，裁定CTS公司发表的对期货市场的评论'毫无疑问'是商业言论，是属于《商品交易法》注册要求的范围。在地区法院如此裁定后，CTS公司上诉到第七巡回法院，后者推翻了地区法院的裁决，并发回到地区法院，要求地区法院重审该案。巡回法院裁定CTS公司的出版物并不是商业性言论，并裁定这里确实涉及第一修正案保护的言论自由问题。在重审时，地区法院的定案结论为：对CTS公司的注册要求违反了第一修正案，这种要求构成了对言论自由权的限制。CTS公司进一步辩称，由于注册要求是违宪的，导致使用《商品交易法》中的反欺诈条款来对其进行制裁也是违宪的。法院驳回了这一意见，裁定注册条款的违宪并不意味使用反欺诈条款也是违宪的。

"被告所忽略的区别是，《投资顾问法》所界定的'投资顾问'并不包括提供非个人化投资建议的顾问。国会出于对第一修正案的考虑，特别把那些通过各种渠道发布非个人化信息或股评的行为排除在《投资顾问法》的范畴之外。因此，在本案中，如果被告发布的股票推荐都是针对具体个人的，那么他应被视为'投资顾问'，那他就是国会通过的《投资顾问法》监管的对象。这里，被告并不质疑'要求那些提供个人化投资建议的人注册'这一条款是否符合宪法。并且，被告也未能提供其他论点来证明《投资顾问法》反欺诈条款的违宪性。相应地，本法院无须继续对反欺诈条款是否符合宪法做学术论证。被告对于《投资顾问法》中反欺诈条款对本案的适用性的整个质疑，都是基于'要求提供非个人化投资建议的人注册是违宪的'这一前提提出的，因此，被告的质疑不具有效力。

"法院只须指出，因为本案中的股评言论是商业性的，所以应受到反欺诈条款的监管。尽管《宪法》第一修正案保护言论自由，但欺诈性的言论不受任何保护。因此，《投资顾问法》的反欺诈条款可以合法地适用于'投资顾问'。"

（五）美国证监会的指控是否有效

被告辩称，美国证监会没能根据《证券交易法》第10（b）节和10（b）-5规则提出有效指控，并称："美国证监会必须证明被告有向其网站会员披露的义务，而美国证监会并没证明这一点。"被告辩称，他任何错误的陈述都跟证券交易无关，因此，他不必承担《证券交易法》第10（b）节和10（b）-5规则所规定的义务。法官对此做的陈述如下：

"要根据10（b）-5规则提出有效的指控，控方必须证明，有披露义务的人的确做过错误陈述或隐瞒过重大事实。被告辩称，尽管美国证监会指控被告隐瞒过重大事实，但证监会并未能证明被告有披露义务。

"一般而言，如果一方没有披露义务，那么即使没有披露，也不构成欺诈罪。但，一旦两者间存在诚信责任或委托－代理关系，受托方的披露义务就存在了，因为委托方有知情权。美国证监会声称，因为被告是'投资顾问'并且介入了倒卖股票的行为，所以他应该负有披露义务。《投资顾问法》界定的'投资顾问'有义务披露其倒卖股票的行为，但该义务是否也能理解为《证券交易法》规定的披露义务尚无定论。在《投资顾问法》下，'投资顾问'必须完全披露他们自己围绕其所推荐的股票的所有买卖情况。但在《证券交易法》第10（b）节和10（b）–5规则下，被告即使是'投资顾问'也并不必然意味他有披露的义务。这是两部不同的法律。

"但是，在本案中被告和他的注册用户之间有诚信责任关系，因而他有义务向这些注册用户披露其倒卖股票的行为。依前所述，被告和其注册用户间每天有频繁的电子邮件联系。尽管被告多数时候是针对一个群体而非一个个人推荐股票和投资建议的，这并不意味这些注册用户没有给予被告足够的信任。况且，被告也的确给用户个人发送过电子邮件，保持过一对一的联系，也在网络聊天室内回答过用户个人的提问。还有，显而易见的，注册用户对被告的股票建议给予了相当的信任度，否则他们怎么会花不菲的费用来获取这些在他处几乎可免费得到的信息和服务呢？这些信息和服务实际上可从别的网站、有线电视节目和报纸上免费获得。

"被告的情形类似于'Zweig诉Hearst Corp.'一案中的专栏作家。在任何一种情况下，给别人推荐某只股票并为此投资建议收费的人，都有义务披露他在这些股票中所存在的利益。在'Zweig诉Hearst Corp.'案中，一家报纸的专栏作家在其专栏中极力称赞某只股票，但并没披露在发表该文之前他自己已经以低价购入了该股票，并准备在他的文章引致股价上升时售出。第九巡回法院裁定，尽管专栏作家通常没有义务披露他们自己的财务状况，但《证券交易法》第10（b）节和10（b）-5规则还是要求他们在某些情况下必须披露。法庭裁定，只要专栏作家'有意图'在鼓励人们购买某只股票后自己从中获利，那么他就有披露的义务。因此，是否有'通过推荐来给自己创造倒卖股票获利'的意图是决定有无披露义务的关键。

"由于原告提供的事实表明被告与其注册用户之间存在诚信关系，因此被告有义务披露他要倒卖股票的意图。基于此，美国证监会对被告提出的指控是恰当的。"

（六）关于"与证券买卖有关的"这一条款的争论

美国《证券交易法》第10（b）节和10（b）-5规则禁止以任何形式、用任何手段进行"与证券买卖有关的"欺诈活动或言论。这一条款是美国证监会打击市场操纵、欺诈甚至内幕交易的最常使用的武器，因此引起的争论也最多。那么，在本案中法庭如何看呢？

被告辩称，美国证监会并未根据《证券交易法》第10（b）节和10（b）-5规则所要求的，来证实所指控的欺诈行为"与证券买卖有关"。被告声称因为他并不提供个人化的投资建议，因而他的任何股评都不能被认为"与证券买卖有关"。

法官对此陈述说："《证券交易法》第10（b）节和10（b）-5规则禁止与证券买卖有关的欺诈行为。美国最高法院主张，该要求'应被灵活地、而不是机械和僵化地理解'。美国证监会已陈述的事实表明被告从事了'与证券买卖有关的'欺诈行为。美国证监会诉称，被告向其注册用户散播关于一些股票的虚假信息，以抬高这些股价。在被告发布建议后,这些股票的交易量往往急剧上升。这些事实表明,被告的错误股评至少使某些注册用户购买这些股票,否则,这些股票的交易量怎么会无中生有地急剧上升呢?注册用户向被告付费,以获得有关股票买卖的建议。既然向被告支付了这些费用,可以想象,注册用户将根据建议进行投资。基于以上理由,美国证监会的指控已充分表明被告的欺诈行为与证券买卖'有关'。"

—— 诉讼案结论

2000年5月5日,法官否定了派克要求驳回起诉的动议。之后,美国证监会和被告均进入开庭审判的准备阶段。原、被告双方均须雇用法律和财经专家提供研究观点及证词。

2001年2月,在庭审开始之前,被告派克申请与美国证监会庭外和解。接着,在2001年3月8日,地区法院的法官批准了这一和解方案。据和解方案,派克及其公司同意支付总计754630美元的金额。在这总额中,279696美元为被告及其公司通过13起倒卖股票交易和1项非法股票推介获得的总利润,45238美元为上述利润在庭审判决前应支付的利息。因此,整个应退赃金额为324934美元。民事罚款与非法利润的数量相等,为279696美元,对派克在其网站张贴错误和误导性的过去交易结果的罚金为150000美元,罚款总额为429696美元。另外,派克被禁止继续从事投资建议或交易股票,也被禁止在将来操纵股价。

在达成了庭外和解之后,美国证监会执法委员会主任沃尔克(Richard H. Walker)说:"本案建立了突破性的先例。那些想通过互联网提供投资咨询的从业者,要承担和其他投资顾问同样的义务与责任。"沃尔克先生还补充说："今天的和解结果表明我们不会支持推荐股票时不披露可能的利益冲突，也不会支持其他欺诈行为。无论这种行为是在网上还是在其他地方发生，性质都一样。"美国证监会中西区总监科菲（Mary E. Keefe）说："我们要求派克和其网站支付一笔巨额的罚金并退还他们从非法交易和推荐中获得的利润。这样做，是在向股票咨询从业者和股评家们发布一个明确的信息，如果你误导客户，我们将严格地追查你。"